SCHRIFTENREIHE DER FSM

FREIWILLIGE

SELBSTKONTROLLE

MULTIMEDIA

DIENSTEANBIETER e.V.

(HRSG.)

1

Prüfgrundsätze der FSM

FSM e.V. (HRSG.)

MG 2011
FORUM VERLAG GODESBERG

Bibliographische Information der Deutschen Nationalbibliothek

Die Deutsche Nationalbibliothek verzeichnet diese Publikation in der Deutschen Nationalbibliografie; detaillierte bibliografische Daten sind im Internet über http://dnb.d-nb.de abrufbar.

2. erweiterte Auflage, Mönchengladbach 2011
Umschlaggestaltung:
Anja Peter, querfeld 1 - Kollektiv für Gestaltung
Berlin, www.querfeld1.com
Herstellung: Books on Demand GmbH, Norderstedt
Printed in Germany

ISBN 978-3-936999-89-1 (Printausgabe)
ISBN 978-3-936999-90-7 (Onlineausgabe/PDF)

Die Onlineausgabe steht zum kostenlosen Download zur Verfügung unter: www.fsm.de

ISSN 1863-740X

Vorwort

Die FSM Prüfgrundsätze sind Vorgaben für die Mitglieder des FSM Beschwerdeausschusses bei der Bewertung von Internet-Angeboten auf Ihre Jugendschutzkonformität. Daneben können sie jedoch auch Anbietern von Telemedienangeboten eine praktische Hilfestellung bei der Bewertung ihrer Inhalte sein. Die FSM Prüfgrundsätze wurden von Experten der Medienwissenschaften und des Jugendmedienschutzrechts innerhalb einer Arbeitsgruppe des FSM-Beschwerdeausschusses in Zusammenarbeit mit der FSM Beschwerdestelle erarbeitet. Dabei wurde besonderer Wert darauf gelegt, das Dokument in einer interdisziplinären Zusammenarbeit zu entwickeln, um Aspekte unterschiedlicher Fachrichtungen für die Bewertung von Internetseiten hinsichtlich ihrer Jugendschutzrelevanz mit einzubeziehen.

Hintergrund der Prüfgrundsätze ist der am 01.04.2003 in Kraft getretene Jugendmedienschutzstaatsvertrag (JMStV). Die FSM ist als Einrichtung der Freiwilligen Selbstkontrolle nach dem Regelwerk des JMStV seit 2005 anerkannt und übernimmt dadurch ehemals öffentliche Aufsichtsaufgaben für ihre Mitglieder. Voraussetzung für die Anerkennung nach dem JMStV ist unter anderem, dass geeignete Vorgaben für die Entscheidungen der Prüfer bestehen, um in der Spruchpraxis einen wirksamen Kinder- und Jugendschutz zu gewährleisten. Bei der FSM übernehmen die ehrenamtlichen Mitglieder des Beschwerdeausschusses diese Prüfaufgaben. Durch die Anerkennung der FSM als Einrichtung der Freiwilligen Selbstkontrolle steht dem Beschwerdeausschuss bei Beurteilungen von Inhalten ein Spielraum zu. Die FSM Prüfgrundsätze haben hierbei die Aufgabe, den Beurteilungsspielraum der Prüfer durch Vorgaben einzugrenzen, um somit auch eine übereinstimmende Prüfpraxis des Beschwerdeausschusses zu gewährleisten. Darüber hinaus stellt das Dokument eine wichtige Informationsgrundlage für die Mitglieder des Beschwerdeausschusses dar und kann auch für Anbieter von Telemedien herangezogen werden, um die eigenen Angebote unter Jugendschutzgesichtspunkten rechtskonform zu gestalten. Mit Hilfe der interdisziplinären Arbeitsgruppe nehmen die FSM Prüfgrundsätze die Herausforderungen des Jugendmedienschutzes im Internet in besonderer Weise wahr.

Für diese 2. Auflage wurden die Prüfgrundsätze sowohl in juristischer als auch in medienwissenschaftlicher Hinsicht überarbeitet, da seit der ersten Auflage in diesen Fachbereichen zahlreiche neue Erkenntnisse gewonnen wurden.

Ich danke allen Autoren für ihre inhaltlichen Beiträge sowie ihr außerordentliches Engagement bei der Erstverfassung und Aktualisierung der FSM Prüfgrundsätze in der 2. Auflage!

Sabine Frank
Geschäftsführerin der FSM
Berlin, April 2011

Die FSM Prüfgrundsätze wurden 2005 durch eine Arbeitsgruppe des FSM Beschwerdeausschusses in Zusammenarbeit mit Mitarbeitern der FSM Beschwerdestelle erarbeitet und vom gesamten FSM Beschwerdeausschuss verabschiedet.

Die Beiträge wurden in der Arbeitsgruppe angefertigt und diskutiert durch: Thorsten Feldmann, Uwe Gladitz, Dr. Daniel Hajok, Dr. Achim Hackenberg, Clemens Kurowski, Imme Pathe, Anja Schleyer und Oliver Weiß. Im Anschluss wurde das Dokument dem gesamten FSM-Beschwerdeausschuss zur Diskussion gestellt und Änderungswünsche eingearbeitet.

Die zweite Auflage wurde im Herbst 2010 durch eine erneut zusammengetretene Arbeitsgruppe umfangreich aktualisiert, da seit der 1. Auflage zahlreiche Änderungen sowohl hinsichtlich der Art der Angebote im Internet und deren Nutzung durch Minderjährige als auch in der juristischen und medienpädagogischen Bewertung verzeichnet werden konnten und auch neue medienwissenschaftliche Erkenntnissse vorliegen, die eine Änderung der Prüfgrundsätze erforderlich machten.

Basierend auf den Beiträgen der ersten Auflage haben die Änderungen verfasst: Martin Drechsler, Thorsten Feldmann, Stephan Dreyer, Dr. Daniel Hajok, Imme Pathe, Dr. Achim Hackenberg, Otto Vollmers, Sandra Walter.

Inhaltsverzeichnis

Inhaltsverzeichnis

Kapitel 5
Definition der vom Beschwerdeausschuss zu prüfenden Bewertungseinheit bei Telemedien (das „Angebot“)

Kapitel 6
Kriterien für die Bewertung von unzulässigen Angeboten i.S.d. § 4 Abs. 1

Kapitel 1: Zielsetzung

Diese Prüfgrundsätze dienen als Anleitung für die Beschwerdeausschuss-Mitglieder bei der Durchführung der Beschwerde- und Aufsichtsverfahren. Neben den Prüfrichtlinien konkretisieren diese Prüfgrundsätze die gesetzlichen Anforderungen des JMStV und liefern Vorgaben für die Entscheidungen des FSM Beschwerdeausschusses. Die Prüfgrundsätze sollen sich auf die Prüfpraxis beziehen und werden regelmäßig in Anpassung an neuere Entwicklungen auf der Grundlage praktischer Erfahrungen entwickelt und fortgeschrieben und ergänzen die Prüfrichtlinien. Im Unterschied zu den Prüfrichtlinien sollen diese Prüfgrundsätze die Problematiken und Fragen, die sich bei der Anwendung des JMStV, insbesondere der unbestimmten Rechtsbegriffe, ergeben, umfassender behandeln. Sie sollen die medienpädagogischen und juristischen Aspekte vertiefen, um somit eine allgemeine Grundlage für die vom Beschwerdeausschuss vorzunehmenden Bewertungen bei der Anwendung des JMStV zu bilden.

Kapitel 2: Kindheit, Jugend und neue Medien: Sozial- und medienwissenschaftliche Grundlagen zur Sozialisation, Mediensozialisation und Mediennutzung von Heranwachsenden

Bei der Prüfung von Internetangeboten im Sinne des Jugendmedienschutzes sind nicht nur das jeweilige Angebot (Aufbau, Kontext, Gesamtzusammenhang und besondere Wirkform), sondern auch die wesentlichen Merkmale zu berücksichtigen, die Kinder und Jugendliche als potentielle Nutzer problematischer Internetangebote kennzeichnen. Diese Notwendigkeit leitet sich aus dem aktuellen sozial- und medienwissenschaftlichen Diskurs ab, indem klar darauf verwiesen wird, dass mögliche negative Implikationen der Rezeption bestimmter Medieninhalte nicht die Folge monokausaler Medienwirkungen, sondern das Resultat komplexer Zusammenhänge sind, in denen viele Faktoren sowohl seitens der Medien als auch seitens der Nutzer eine Rolle spielen. Seitens der jungen Rezipienten sind dabei vor allem folgende Dimensionen zu berücksichtigen: die Persönlichkeitsentwicklung bzw. Sozialisation des Menschen im Allgemeinen und der Jugendlichen im Speziellen, die Bedeutung der Medien als Sozialisationsagentur und die Funktionen, die sie im Kinder- und Jugendalltag erfüllen, sowie die konkreten Zugänge der Heranwachsenden zu den Medien im Allgemeinen und zum Internet im Speziellen.

2.1. Persönlichkeitsentwicklung des Menschen

Der wesentliche, für den Zusammenhalt und das Funktionieren moderner Gesellschaften unabdingbare Anspruch an die Entwicklung eines Menschen besteht darin, sich zu einer sozialen und gesellschaftlich handlungsfähigen Persönlichkeit zu entwickeln. Im neueren wissenschaftlichen Diskurs, insbesondere in Soziologie und Pädagogik hat sich hierfür der Begriff „Sozialisation" etabliert. Die juristische und für die Beurteilung von Medieninhalten im Sinne des Jugendmedienschutzes verbindliche Definition von Entwicklungsbeeinträchtigung und -gefährdung geht im Kern auf dieses wissenschaftliche Verständnis zurück, bzw. ist daran angelehnt. So werden im neu gefassten § 5 Abs. 1 JMStV als ent-

wicklungsbeeinträchtigende Angebote diejenigen definiert, „die geeignet sind, die Entwicklung von Kindern oder Jugendlichen oder ihre Erziehung zu einer eigenverantwortlichen und gemeinschaftsfähigen Persönlichkeit zu beeinträchtigen".
Die Entwicklung des Menschen zu einer sozialen und gesellschaftlich handlungsfähigen Persönlichkeit wird im sozialwissenschaftlichen Kontext heute als ein interaktiver Prozess aufgefasst und dabei die Wechselseitigkeit der Beziehungen zwischen Individuum und Umwelt herausgestellt (vgl. z.B. Hurrelmann 2002 und Zimmermann 2003). In einer weitgehend anerkannten Definition ist Sozialisation die Entstehung und Entwicklung der menschlichen Persönlichkeit in Abhängigkeit von und in Auseinandersetzung mit den in der Gesellschaft existierenden sozialen und dinglich-materiellen Lebensbedingungen (vgl. Hurrelmann 2002). Sozialisation ist demnach keine lineare mono-faktorielle Determination der Persönlichkeitsentwicklung, keine passiv-hinnehmende Prägung des Menschen, sondern der lebenslange Prozess der produktiven Auseinandersetzung des Menschen mit seiner inneren und äußeren Realität, die von ihm angeeignet, verarbeitet, bewältigt und auch verändert wird. Zwei grundsätzliche Phasen sind dabei zu unterscheiden: 1. die primäre Sozialisation und 2. die sekundäre Sozialisation (vgl. z.B. Hurrelmann 1995 und Berger & Luckmann 1980).

zu 1.)
Die primäre Sozialisation findet in der frühen Kindheit statt. Sie ist grundlegend und schwer revidierbar. Es werden elementare soziale Regeln und Umgangsformen erlernt, die Grundstrukturen der Persönlichkeit in den Bereichen Sprache, Denken und Empfinden herausgebildet und die fundamentalen Muster für soziales Verhalten entwickelt. Die primäre Sozialisation ist überwiegend in den familiären Rahmen eingebettet und von den Beziehungen der Kinder zu den Erziehenden, insbesondere zu den Eltern und älteren Geschwistern, gekennzeichnet. Störungen und Beeinträchtigungen der Persönlichkeitsentwicklung junger Kinder liegen dementsprechend häufig im Spannungsfeld problematischer Familienverhältnisse (z.B. Alkoholismus, Arbeitslosigkeit, Trennung der Eltern) begründet, die mit ihren möglichen negativen Implikationen (z.B. Flucht- und Vermeidungsverhalten, Aggressionen, Ori-

entierungslosigkeit, Resignation, Selbstwertprobleme der Eltern) die primäre Sozialisation der Kinder beeinträchtigen können.

zu 2.)
Die sekundäre Sozialisation beginnt etwa nach Vollendung des dritten Lebensjahres. Hier werden die Verhaltensmuster, die sich bei der primären Sozialisation herausgebildet haben, weiterentwickelt und variiert. Dabei erlernt das Individuum, welche Verhaltensweisen in einer bestimmten Situation erwartet werden, tolerierbar sind oder Tabus verletzen. Es wird mit gesellschaftlichen Konventionen, Normen und Werten konfrontiert, wobei ihm eine Vielzahl sozialer Umgangsformen, Regeln, Denkweisen und Einstellungen vermittelt werden. Die sekundäre Sozialisation erfolgt weniger im familiären, sondern vor allem im außerfamiliären Bereich durch die Instanzen institutionalisierter Erziehung, Bildung und Ausbildung, durch die Gleichaltrigengruppen und durch die Massenmedien, wobei die verschiedenen Instanzen ihre Bedeutung für die Persönlichkeitsentwicklung erst im Gesamtzusammenhang entfalten. Störungen und Beeinträchtigungen der sekundären Sozialisation, etwa durch bestimmte Medieninhalte, sind dementsprechend in komplexe Bedingungszusammenhänge eingebunden und lassen sich allenfalls auf wesentliche Momente reduziert erklären, beispielsweise wenn Jugendlichen durch die Medien problematische Werte und Einstellungen vermittelt werden, die in den Erziehungs- und Bildungsinstanzen nicht adäquat hinterfragt und anderen gegenübergestellt werden und im direkten sozialen Umfeld der Jugendlichen dann aufgegriffen, be- und verarbeitet und von einzelnen mit spezifischen individuellen Dispositionen internalisiert werden.

2.2. Sozialisation Heranwachsender

Wesentliche, auch für die Wahrnehmung und Verarbeitung von Medieninhalten notwendige Kompetenzen bildet der Mensch bereits in seiner Kindheit aus. Insbesondere im Spiel und spielerischen Umgang mit anderen Kindern sowie in der Eltern-Kind-Beziehung wird bis zum Grundschulalter die Sprache als Schlüssel zu Erkenntnis und Möglichkeit der eigenen Mitteilung ausgebildet, das situative Denken wandelt sich zum empirischen, auf eigene Erfahrungen beruhenden Denken und das Verhalten orientiert sich mehr und mehr an gesetzten Normen und Werten. In den ersten Schuljahren ist der Erwerb der Schriftsprache von besonderer Bedeutung. Die Fähigkeit, Lesen und Schreiben zu können, ist gewissermaßen die Eintrittskarte für eine umfassende Aneignung der dinglich-materiellen und sozialen Umwelt und eröffnet Kindern nicht zuletzt auch die Möglichkeit, die neuen Medien gemäß eigenen Interessen und Bedürfnissen zu nutzen.

Die ersten Schuljahre prägen in besonderem Maße auch die soziale und moralische Entwicklung des Menschen. Leistungsbereitschaft wird aufgebaut, Sozialkompetenz erworben und die eigene Stellung in der (auf längere Dauer ausgelegten) sozialen Gruppe „Schulklasse" gesucht und gefunden, wobei Schulleistung, sportliche Fähigkeiten, materieller Besitz, Herkunftsmilieu, Äußerlichkeiten u.a.m. bedeutsam sind. In dieser Zeit eignen sich die Kinder auch Normen für das eigene Verhalten sowie wichtige Maßstäbe für ihr Sozialverhalten und ihre Leistungsfähigkeit an. Nicht zuletzt beginnt in den Schulkontexten, aber auch bei den Peergroup-Aktivitäten ein für die Identitätsentwicklung bedeutender Abgleich zwischen Selbst- und Fremdbild, für den einerseits eigene Gefühle und Gedanken, andererseits die Feedbacks von außen die Basis bilden. Die Entwicklung der eigenen Ich-Identität wird wenig später dann zum zentralen Thema des Heranwachsens.

Für die Sozialisation im Jugendalter lassen sich drei wesentliche Elemente bestimmen, die das Leben Jugendlicher entscheidend prägen und bei einer adressatenorientierten Begutachtung von Medieninhalten im Sinne des Jugendmedienschutzes mit zu berücksichtigen sind: 1. die von der Pubertät und den damit in Zusammenhang stehenden psychischen Prozessen gekennzeichnete jugendspezifische innere Realität, 2. die sich daraus und aus den besonderen gesellschaftlichen Erwartungen und Ansprüchen ergebenden Entwicklungsaufgaben und 3. die in die gesellschaftliche Gesamtstruktur eingebetteten sozialen Organisationen und Systeme in ihrer besonderen Konstellation als jugendspezifische äußere Realität.

2.2.1. Körperliche und psychische Entwicklung

Die körperliche und psychische Entwicklung des Menschen in seiner Jugend ist ein in vielen Bereichen prägender, teilweise auch sehr belastender Abschnitt der Adoleszenz, der in etwa den Zeitraum zwischen dem 11. bis zum vollendeten 17. Lebensjahr umfasst und maßgeblich geprägt ist von den einschneidenden physiologisch-biologischen Veränderungen der Pubertät (Geschlechtsreifung und Hormonumstellung, Körperwachstum und Zunahme der Körperkraft) und den damit in Zusammenhang stehenden psychischen Prozessen (Auseinandersetzung mit der eigenen körperlichen Erscheinung, Entwicklung eines Selbstbildes, mentale Ablösung vom Elternhaus u.a.m.) (vgl. Oerter & Dreher 1995).

Im Gesamtzusammenhang von körperlicher Reifung und deren psychischer Verarbeitung ist das Jugendalter auch von wesentlichen Veränderungen im Bereich der emotionalen, sozialen, kognitiven und moralischen Entwicklung gekennzeichnet (emotionale Distanzierung vom Elternhaus, Veränderungen in sozialen Beziehungen, Entwicklung von gleich- und gegengeschlechtlichem Sexualverhalten, Ausbildung von Selbstwertgefühl, Selbstverantwortlichkeit, Konsistenzstreben, Devianz/Delinquenz u.a.m.). Die Pubertätsprozesse differieren in ihrer Gestalt, Intensität und Zeitlichkeit von Mensch zu Mensch und zwischen den Geschlechtern und werden individuell verschieden erlebt und empfunden, verarbeitet und bewältigt: „Nirgendwo sonst im Leben unterscheiden sich Gleichaltrige so deutlich voneinander wie im Jugendalter" (Oerter & Dreher 1995, S. 335).

Wesentliches Kennzeichen der physiologisch-biologischen Entwicklung ist der Maturitätsunterschied zwischen den Geschlechtern: Mädchen reifen früher als Jungen. Besonders bemerkenswert ist die bei Mädchen früher einsetzende sexuelle Reifung. Sie ist eine der wichtigsten Tatsachen des Jugendalters mit weit reichenden Folgen für die soziale und emotionale Entwicklung (vgl. Ausubel 1968). Die Veränderungen gehen oft einher mit einer hohen Sensibilität für die eigene Körperlichkeit, mit Selbstzweifeln, Verletzlichkeit, aggressiven Verhaltenszügen und Veränderungen im Beziehungsverhalten zu Familienmitgliedern (vgl. z.B. Baacke 1993 und Kromer 1995).

Die mit der physiologisch-biologischen Reifung in Zusammenhang stehenden spezifischen Prozesse in den einzelnen Entwicklungsbereichen werden entscheidend von der äußeren Umwelt der jungen Menschen und somit auch von den Medien und ihren Inhalten tangiert. Hervorzuheben sind in diesem Kontext die sexuelle Entwicklung, die soziale Entwicklung und politische Sozialisation, die moralische und religiöse Entwicklung und nicht zuletzt die Identitätsbildung und Selbstfindung von Heranwachsenden (vgl. Hackenberg et al. 2009 und 2010). Solche „Risikobereiche" sind bei der Abschätzung des Gefährdungspotentials bestimmter Medieninhalte auch besonders zu berücksichtigen (siehe hierzu auch Kap. 9.3. zur systematischen Berücksichtigung des Kriteriums Gefährdungsneigung in der Prüfpraxis der FSM).

2.2.2. Entwicklungsaufgaben und Identitätsbildung

Jugendliche müssen sich sowohl mit den besonderen biologischen und psychischen Reifeprozessen als auch mit kulturell und gesellschaftlich vorgegebenen Erwartungen und Anforderungen auseinandersetzen. Die sich daraus ergebenden spezifischen Entwicklungsaufgaben bestehen vor allem darin, die eigene körperliche Erscheinung zu akzeptieren, emotionale Unabhängigkeit von Eltern und anderen Erwachsenen zu erreichen, die eigene (männliche/weibliche) Geschlechtsrolle zu übernehmen, neue und reifere Beziehungen zu Gleichaltrigen beiderlei Geschlechts aufzubauen, sich auf Ehe und Familienleben vorzubereiten, sozial verantwortliches Verhalten zu erreichen sowie sich auf die berufliche Karriere vorzubereiten (vgl. Havighurst 1972 und Dreher & Dreher 1985). Eine besondere Bedeutung hat die Identitätsbildung bzw. Identitätsfindung. Sie ist das zentrale Thema des Jugendalters und findet ihren Ausdruck in der intensiven Beschäftigung des Individuums mit sich selbst und im häufigen Ver- und Abgleich mit anderen. Ein identitätsstiftendes Selbstbild bzw. eine stabile Ich-Identität zu entwickeln, ist die Voraussetzung für flexibles und situationsangemessenes soziales Handeln, für Selbständigkeit und Handlungskompetenz (vgl. z.B. Hurrelmann 1997 und Schäfers 1998). Die zentrale Aufgabe heißt, zwischen teilweise konkurrierenden Ansprüchen und Erwartungen zu balancieren, gewissermaßen so zu sein wie niemand und zugleich so zu sein wie alle (vgl. Krappmann 1969). Das erfordert auch verhaltensstabilisierende Elemente (Personen, Gruppen und Institutionen ebenso wie Werte, Bräuche und Sitten): Sie „erlauben eine Orientierung im Dasein, vermitteln Lebenssinn und Sicherheit für das Alltägliche nur solange, wie sie von einer größeren Gemeinschaft geteilt, überzeugend gelebt und in gewisser Weise verpflichtend gemacht werden können" (Schäfers 1998, S. 104).

2.2.3. Gesamtgesellschaftliche Bedingungen

Als Teil der Gesellschaft sind Jugendliche Teil eines komplexen Ganzen mit vielschichtig miteinander verwobenen sozialen Netzwerken, Systemen, Instanzen und Institutionen, was die Bildung und Aufrechterhaltung einer stabilen Ich-Identität heute schwieriger erscheinen lässt als vor ein oder zwei Generationen (vgl. Hurrelmann 1995). In gewisser Weise ist gesamtgesellschaftlich kein übergreifender, ordnender Sinnzusammenhang mehr existent, „der eine für den einzelnen nachvollziehbare Verknüpfung von Sozialstruktur und Einzelexistenz herstellen könnte" (Charlton & Neumann-Braun 1992, S. 108). Im Kontext dieser strukturellen Bedingungen leben die heutigen Jugendlichen in nicht mehr sinnhaft zusammenhängenden „Teilkulturen, Teilzeitwelten und Sinnkomplexen der Familien-, Schul-, Vereins-, Betriebs-, Sport-, Mode-, Beziehungs-, Medien- und Peer-group-Wirklichkeiten" (Ferchhoff 1999, S. 177). In ihrer konkreten Lebensführung und Lebensorientierung sind sie immer weniger durch traditionelle Normen und Selbstverständlichkeiten beeinflusst: Planung, Gestaltung und Kontrolle des eigenen Handelns gehen mehr und mehr in die Verantwortlichkeit des Einzelnen über (vgl. Charlton & Neumann-Braun 1992).
Die gesamtgesellschaftlichen Veränderungsprozesse werden zum einen begleitet von Bedeutungsverschiebungen bei den sozialen Netzwerken, die heute mehr und mehr auch medial geprägt und von medialen (Online-)Kommunikationsformen konstituiert und durchsetzt sind. Andererseits sind auch Bedeutungsverschiebungen bei den gesellschaftlichen Institutionen im näheren Umfeld der Jugendlichen zu beobachten, also bei den Instanzen und Agenturen, die eine vermittelnde Position zwischen Gesellschaft und Individuum übernehmen und die Heranwachsenden

mit Normen, Werten, Erwartungen und Rollen der Gemeinschaft vertraut machen. Die Sozialisationsinstanzen (v.a. Elternhaus und Schule) verfolgen dabei explizit das Ziel, Sozialisationsprozesse zu gestalten, die Sozialisationsagenturen (v.a. Peer-group und Massenmedien) vermitteln Werthaltungen und Verhaltensmodelle gewissermaßen nebenbei (vgl. z.B. Tillmann 2001 und Süss 2003).
In den letzten Jahren haben Peer-groups und Massenmedien an Bedeutung gewonnen: „Durch sie werden kulturelle, soziale, ökonomische und politische Strukturen in die Persönlichkeit ihrer Mitglieder und Nutzer transportiert. Ihre sozialisatorischen Leistungen treten immer stärker neben die von Familien und Erziehungs- und Bildungssystemen" (Hurrelmann 2002, S. 239). Lern- und Leistungserfahrungen in den schulischen Institutionen stehen Gleichaltrigengruppen als soziale Lernfelder und Medien als Übermittlungsinstanzen eines warenartigen Angebots von Leitbildern gegenüber (vgl. Fend 1997), wobei sich gerade die Bedeutung der Medien als „zentrale Sinnagentur" durch die Tendenz zur De-Institutionalisierung verstärkt (vgl. Charlton & Neumann-Braun 1992) und durch die Omnipräsenz im Jugendalltag auch gefestigt hat. Oder anders: „Die Prozesse der reflexiven Modernisierung haben auch das Leben der Jugendlichen erfasst. In einer Welt fortgeschrittener funktionaler Ausdifferenzierung der Gesellschaft und pluraler Lebensformen und -stile bieten gemeinsame Medien- und Konsumerlebnisse noch Orientierungspunkte für die Subjekte. Denn über diese Erlebnisse werden soziale Strukturen und neue Gemeinschaften hergestellt. Die Medien selbst sind zu verlässlichen Begleitern im Alltag nicht nur von Kindern und Jugendlichen geworden" (Mikos 2004, S. 157).

2.3. Mediensozialisation und Mediennutzung

Als Mittler menschlicher Kommunikation erfüllten Medien schon immer Sozialisationsfunktionen. Bereits die ersten medialen Kommunikate, Zeichnungen und Schriftzeichen hatten Lehrstoffe zum Inhalt, die ideologischer Art (z.B. Darstellungen von Gottheiten oder Aufzeichnungen religiöser Mythen) oder pragmatischer Art (z.B. Darstellungen des zu jagenden Wildes) waren (vgl. Schorb et al. 1991). Die Auseinandersetzung mit möglichen sozialisatorischen Funktionen setzte mit der massenhaften Verbreitung der

Medien ein und war von Anbeginn ambivalent: Einerseits wurden und werden die Medien als Garant für Freiheit, neben Legislative, Exekutive und Judikative als „vierte Kraft" im Staat und neben Elternhaus, Schule, Beruf und Erwachsenenbildung als fünfter Bildungsbereich positiv gesehen, andererseits wegen ihrer Inhalte (Gewalt, Werbung und Sexualität) auch negativ als Verführer und Gefährdung der Jugend (vgl. ebd.).

2.3.1. Wissenschaftliche Perspektiven

Ambivalent ist auch die wissenschaftliche Reflexion und empirische Forschung zu den sozialisatorischen Funktionen der Massenmedien. Bis in die 70er Jahre hinein erfolgte keine eigenständige wissenschaftliche Auseinandersetzung mit dem Zusammenhang von Sozialisation und Massenmedien. Mediensozialisation wurde im Kontext von (zumeist negativen) Medienwirkungen thematisiert und wird teilweise noch heute als Unterdimension der Beeinflussung der Menschen durch Medien thematisiert. Der Fokus liegt dabei auf den „Medienauswirkungen auf Kinder und Jugendliche, die sich auf den Prozess des Aufwachsens, des Sich-Veränderns und Werdens beziehen" (Sander & Vollbrecht 1994, S. 374).

Die Annahme von der Passivität der Mediennutzer ist in den letzten Jahrzehnten allerdings der Auffassung von einem aktiven und zielgerichteten Umgang der Menschen mit den Medien gewichen. Aus der kommunikations- und medienwissenschaftlichen Forschung in der zweiten Hälfte des 20. Jahrhunderts lassen sich drei grundlegende Perspektiven auf den Gegenstand „Mediensozialisation" extrahieren, die zumindest implizit in den verschiedenen Theorien, Ansätzen und Konzepten vorzufinden sind: 1. Sozialisation durch Massenmedien als gegenseitiger Beeinflussungs- und Wirkungsprozess. Massenmedien gelten hier als wichtige Faktoren, welche Einstellungen, Urteile, Wissen und zumindest vermittelt auch das Verhalten der Menschen beeinflussen. 2. Sozialisation durch Massenmedien als funktionaler Prozess zwischen Medium und Rezipient. Massenmedien werden hier als eines der Subsysteme der Gesellschaft verstanden, deren Funktionalität interdependent zu erklären ist. In der rezipientenorientierten Perspektive des „uses and gratifications approach" wird danach gefragt, was die Menschen mit den Medien machen. 3. Sozialisation als wechselseitiger Prozess zwischen Subjekt, Medium und Gesellschaft. Massenkommunikation wird hier als Teil des gesellschaftlichen Ganzen verstanden. Die massenmedialen Institutionen, ihre Strukturen und Inhalte, und die Rezipienten, ihre realen Erfahrungen und Mediennutzungs- und Verarbeitungsstrukturen, werden sowohl unter dem Aspekt ihrer gesellschaftlichen Eingebundenheit als auch unter dem Aspekt ihrer gesellschaftlichen Einflussnahme betrachtet (vgl. Schorb et al. 1991).

In der frühen deutschsprachigen Kommunikationsforschung, die sich direkt dem Phänomen „Mediensozialisation" zuwendet, wird darauf fokussiert, dass Medieninhalte einen Einfluss auf die Wertsysteme und die Einstellungen gegenüber dem Selbst haben, da die kognitiven Prozesse der Selbst- und Weltdeutung ein wichtiger Aspekt des Sozialisationsgeschehens sind und Massenmedien eine ungeheure Fülle kognitiven Materials verbreiten und damit zu einer wichtigen Quelle sozialisationsrelevanten Materials werden. Wesentliche Faktoren sind dabei 1. die Massenmedien und ihre Einbettung in die Lebens- bzw. Freizeitkontexte, 2. ihre Sozialisationsinhalte und 3. die vermittelten Sozialisationsprozesse (vgl. Bonfadelli 1981).

zu 1.)
Massenmedien haben bestimmte, ihnen eigene Vorteile und Einschränkungen. Sie unterscheiden sich von personalen Instanzen, gehen über soziale, geografische, zeitliche und sachliche Grenzen hinaus, haben eine vergleichsweise große Distanz zu den Rezipienten und bieten abgesehen von den neuen interaktiven Medien nur wenig Feedbackmöglichkeiten. Sozialisationsleistungen der Medien lassen sich erst dann erwarten, wenn ihre Sozialisationsinhalte von interpersonalen Sozialisationsinstanzen oder im Verbund mit anderen Medien mitgetragen werden oder wenn die Rezipienten aktive Eigenleistungen in Form von Vorwissen, Sensibilisierung, Interesse und Motivation mitbringen.

zu 2.)
Im Gegensatz zu anderen Sozialisationsinstanzen (v.a. Familie), die in zeitlicher, sozialer und sachlicher Konsistenz bestimmte Er-

ziehungsziele verfolgen, präsentieren die Massenmedien ein sehr breites, heterogenes und wechselndes inhaltliches Angebot. Zu einer Vielzahl inkonsistenter und einander zum Teil widersprechender Sozialisationsangebote kommen die zeitliche Diskontinuität und der rasche Wechsel der aufgegriffenen Themen, welche gezielte Sozialisationsleistungen der Medien einschränken.

zu 3.)
Medien vermögen nur sehr bedingt ihre sozialisationsrelevanten Inhalte der individuellen Situation der Rezipienten anzupassen. Mit Ausnahme der neuen interaktiven Medien vermögen die Massenmedien kaum, gezielt zu bekräftigen oder zu sanktionieren und eine Überwachung und Kontrolle im Sinne eines Lernprozesses zu initiieren. Allerdings können die Medien ihre Sozialisationsinhalte mit mehr Konsistenz, Variationsbreite und Mächtigkeit wiederholen. Doch letztlich sind sozialisierende Leistungen der Medien immer vermittelt und modifiziert durch interpersonale Kommunikations- und Einflussstrukturen wie Familie, Schule und Gleichaltrige.

Im aktuellen wissenschaftlichen Diskurs gilt Mediensozialisation nicht als eindimensionaler Vorgang linearer Medienwirkungen, sondern als ein komplexer, in den Gesamtprozess der Sozialisation eingebetteter Vorgang. Sie ist ein wechselseitiges Abhängigkeitsverhältnis von Individuum, Medien und Gesellschaft, in dem jeder Faktor den anderen bedingt: „Einerseits bestimmen die Medien die Inhalte gesellschaftlicher Diskussion und sind somit gesellschaftliche Einflussfaktoren, andererseits aber sind es gesellschaftliche Vorgaben, die festlegen, in welchen Grenzen mediale Artikulation möglich ist, und in welcher Gestalt die Inhalte sind. Das Individuum ist ebenso in die Gesellschaft und ihre formellen und informellen Grenzen eingebettet und unterliegt auch dem Einfluss der Medien. Es bestimmt jedoch in der Auswahl der Medien und in der Verarbeitung medialer Inhalte, welche Effekte diese haben können und es wirkt – zumindest als gesellschaftliches Subjekt – auch auf diese ein" (Schorb et al. 1991, S. 495).Der Mensch ist dabei in jeder Lebensphase zugleich Interpretator und Gestalter der Umwelt, das heißt er verändert die Umwelt für sich und andere durch sein Handeln (vgl. Theunert & Schorb 2004).

Gleich welche konkrete Ausdifferenzierung der aktuellen Sicht auf Mediensozialisation man letztlich wählt, aus unterschiedlichen Zugängen lässt sich ableiten, dass für die Betrachtung der Medien als Sozialisationsagentur viele Dimensionen, Zusammenhänge, Einflussfaktoren etc. berücksichtigt werden müssen. Zu beachten sind auf der einen Seite die übergeordneten Rahmenbedingungen (Gesellschaftsmerkmale, insbes. hinsichtlich der Individualisierungs- und Globalisierungsprozesse, Generationslagen und Generationsgestalten, Formen der Selbst- und Fremdsozialisation, Entwicklungsverläufe und Identitätskonzepte der Menschen u.a.m.), auf der anderen Seite die spezifischen Dimensionen der Mediensozialisation (Persönlichkeitsmerkmale der Menschen, Entwicklungen der Medienangebote, insbes. in Hinblick auf Kommerzialisierung und Konvergenz, Sozial-, Kommunikations- und Medienkompetenz der Nutzer, Eingebundenheit der Medien in Familie, Schule und sozialem Umfeld, Strategien der Fremdsozialisation im Spannungsfeld autoritärer, partizipativer und antiautoritärer Steuerung u.a.m.) (vgl. Süss 2003 und 2004).

2.3.2. Funktion und Bedeutung der Medien für Jugendliche

Insgesamt und für sich betrachtet erfüllen die Massenmedien unterschiedliche Funktionen; alle werden multifunktional genutzt (vgl. Vollbrecht 2002). Sie sind dabei in ganz unterschiedlichen Bereichen alltags- und sozialisationsrelevant. Dies zeigt sich im wesentlichen auf drei Ebenen: 1. hinsichtlich ihrer Einbettung in den Jugendalltag, in denen sich die grundsätzlichen Umgangsweisen spiegeln, 2. hinsichtlich der Funktionen für die (alltägliche) Lebensbewältigung, die in engem Zusammenhang mit den Interessen und immanenten, auch latenten Bedürfnissen der Jugendlichen stehen, und daraus abgeleitet 3. hinsichtlich der Bedeutung für die Persönlichkeitsentwicklung, die sich faktisch in allen wesentlichen Sozialisationsbereichen erkennen lässt.

zu 1.)
Jugendliche nutzen ein breites Repertoire an verfügbaren Medien; mit unterschiedlicher Schwerpunktsetzung, häufig parallel zu

anderen Tätigkeiten und nicht selten übereinander gelagert. Die Medien erfüllen dabei folgende Funktionen (vgl. Schorb 1995): Sie sind zum ersten Accessoires des Alltags, werden von den Jugendlichen in ihren Alltag eingeordnet, als ständiger Begleiter (früher Walkman und Minidisc-Player, heute iPod, MP3-Player, Smartphone u.a.m.), der dabei ist und als „Begleitmedium" kaum wahrgenommen wird. Medien sind zum zweiten auch Hintergrund des Alltags, werden von den Jugendlichen ihrem Alltag untergeordnet, als Hintergrund zu anderen Tätigkeiten (z.B. Hausaufgaben machen) benutzt. Medien sind zum dritten aber auch Regulatoren des Alltags. Zwar „unterwerfen" sich die Jugendlichen selten den Medien, sie ordnen ihren Alltag aber den Medien (partiell) unter, womit Mediennutzung zu einem tagesstrukturierenden Element wird. Das Spektrum reicht hier von der (werk-)täglichen Rezeption der TV-Soaps bis hin zu den habitualisierten Online-Zeiten der Mitglieder sozialer Netzwerke im Internet.

zu 2.)
Der Mediennutzung liegen bestimmte Erwartungen, Bedürfnisse und Interessen zugrunde, die sich aus der Lebenssituation des jeweiligen Individuums ergeben. Die Medien erfüllen für die Jugendlichen also nicht „nur" ihre gesellschaftlichen Funktionen, wie sie mit Information, Meinungsbildung, Kontrolle und Kritik, Bildung und Unterhaltung (vgl. z.B. Meyn 1999 und Deetz 1997) festgeschrieben sind, sondern übernehmen (auch) auf die konkrete Lebenswelt und den Alltag der Jugendlichen bezogene Aufgaben. In Rückgriff auf bereits ältere Konzeptionierungen, die auch heute noch gut anwendbar sind, lassen sich nachfolgend kurz beschriebene sieben grundlegenden Funktionen der Mediennutzung unterscheiden (vgl. Baacke 1976 und Schell 1993): Erstens die Informationsfunktion, die sich aus dem subjektiven Bedürfnis speist, wissen zu wollen, was auf der Welt und in der Gesellschaft vor sich geht (das Wissen der Menschen ist heute vor allem medial vermitteltes Wissen). Zweitens die Unterhaltungs- und Entspannungsfunktion, die sich aus den Bedürfnissen der Menschen (v.a. nach Ablenkung) speist und als bedeutendste Funktion der Medien gilt. Drittens die Integrations- und Meinungsbildungsfunktion, die insbesondere hinsichtlich der Wertvorstellungen, Verhaltensweisen und kulturellen Orientierungen bedeutsam ist und in engem Zusammenhang mit dem Eingebundensein der Ju-

gendlichen in die sozialen Gruppen (v.a. Familie und Peer-group) zu sehen ist. Viertens die Zeitfüller-Funktion, die eher Gewohnheit als den Jugendlichen bewusst ist. Fünftens die Qualifikationsfunktion, die nach dem Bedeutungsverlust von Büchern, Schulfernsehen- und Schulfunkprogrammen mehr und mehr mit PCs und Internet verknüpft ist. Sechstens die Funktion, (soziales) Prestige herzustellen oder zu festigen, das vor allem darin besteht, einen Kenntnisvorsprung zu haben bzw. eingeweiht zu sein und dadurch mit anderen ins Gespräch kommen oder mitreden zu können. Und siebtens die Funktion, fehlende interpersonale Kommunikation zu ersetzen.

zu 3.)
Massenmedien sind omnipräsent, besitzen eine Allgegenwart, der sich der einzelne nicht beliebig entziehen kann, haben eine hohe Glaubwürdigkeit und regen an, worüber die Menschen nachdenken. Sie setzen die Themen in der Gesellschaft. Nicht zuletzt daraus speist sich die Bedeutung der Medien für die Persönlichkeitsentwicklung, die sich faktisch in allen wesentlichen Sozialisationsbereichen zeigt, sei es bei der Entwicklung intellektueller und sozialer Kompetenzen, der eigenen Geschlechtsrolle und des sozialen Beziehungsverhaltens oder des persönlichen Werte- und Normensystems. Für die Jugendlichen sind die Massenmedien „Mittel der Kompensation ihrer Alltagserfahrungen und bieten ihnen als ‚Verallgemeinerungsinstanz' einen hohen Grad an sozialer Synthese bei ihrer Suche nach Sinn und Orientierung" (Schell 1993, S. 119). Nicht erst seit heute gewährleisten sie auch eine lebenspraktische Vermittlung zwischen Individuum und Gesellschaft (vgl. z.B. Dröge et al. 1979) und „liefern den Menschen kontinuierlich Muster für die Lebensgestaltung. Sie servieren professionell vorfabrizierte und routinisierte Praktiken für die Lebensführung und transportieren nebenbei Leitlinien für das soziale Ansehen und Leitbilder des erfolgreichen Menschen. Mit anderen Worten: Medien avancieren zu Vorgaben für die Ausformung und Stilisierung der ‚persönlichen' Identität" (Zimmermann 2003, S. 222).

2.3.3 Mediennutzung von Kindern und Jugendlichen

Nicht erst seit heute sind die Medien ein fester Bestandteil des Alltags von Kindern und Jugendlichen. Nach aktuellen Zahlen (vgl. MPFS 2009a) nutzten im Jahr 2009 die meisten Jugendlichen im Alter zwischen 12 und 19 Jahren täglich Handy (79%), Internet (65%), MP3-Player (64%) und Fernsehen (63%). Zwei Fünftel der Jugendlichen nutzen zumindest mehrmals pro Woche Tageszeitungen (42%) und Bücher (41%), ein Drittel Offline-Computer-/Konsolen-Spiele oder den Computer (ohne Internet) (je 35%), Zeitschriften/Magazin und DVDs/Videos (je 29%). Bei den Kindern haben die Medien einen geringeren Stellenwert. Zwar sahen 2008 bereits die meisten Kinder im Alter zwischen sechs und 13 Jahren (73%) täglich fern, die anderen Medien und hier vor allem Musik-CDs/-Kassetten, Computer, Bücher und Radio werden allerdings nur von den wenigsten täglich genutzt (vgl. MPFS 2009b).

Das Fernsehen hatte in den letzten Jahrzehnten einen besonderen Stellenwert für Kinder und Jugendliche. Für die Jugendlichen galt es bis in die 2000er Jahre hinein als deren Leitmedium (vgl. z.B. Barthelmes 2001 und Schell 1993). Obwohl sie das Fernsehen schon immer in geringerem Maße nutzten als Erwachsene und Kinder, weil andere mediale (v.a. Musik hören) und nichtmediale Aktivitäten (v.a. Kontakte mit Gleichaltrigen) den Alltag entscheidend mit prägten, war das Fernsehen lange Zeit die bevorzugte Freizeitaktivität der Jugendlichen und wurde von ihnen in verschiedenen Befragungen auch selbst als das wichtigste Medium eingeschätzt (vgl. z.B. Schmidbauer & Löhr 1997 und Feierabend & Klingler 2003). Diese enge Bindung zeigte sich auch darin, dass Jugendliche, wenn sie sich zwischen den verschiedenen Medien entscheiden müssten, am wenigsten auf das Fernsehen verzichtet hätten (vgl. Eimeren & Maier-Lesch 1997 und MPFS 2004).

Hinsichtlich des Leitmediums der jungen Generation hat sich gerade in den letzten Jahren ein bedeutender Wandel vollzogen. Nachdem Computer und Internet in rasanter Geschwindigkeit Einzug im Jugendalltag gehalten haben, haben die vielfältigen Nutzungsmöglichkeiten des Internets das Fernsehen als Leitmedium Jugendlicher offenbar abgelöst (vgl. MPFS 2009a und VZnet & iq digital 2010). Bei Kindern sieht das noch etwas anders aus. 2008 spielte das Fernsehen im Leben der 6- bis 13-Jährigen verglichen mit anderen Medien noch immer die größte Rolle. Trotz Computer, Internet und Spielkonsolen blieb Fernsehen für Kinder nicht nur die am häufigsten ausgeübten Medienbeschäftigung, sondern auch die beliebteste (vgl. MPFS 2009b).

2.4. Das Internet im Alltag von Kindern und Jugendlichen

Der Stellenwert von Computer und Internet hat in den letzten Jahren ohne Zweifel stark zugenommen, insbesondere im Alltag von Jugendlichen. Die gestiegene Frequenz und Dauer der Onlinenutzung ging vor allem zu Lasten anderer Medienbeschäftigungen (Lesen, Video schauen und Fernsehen), wobei hier insbesondere der Bedeutungsverlust der „alten“ Medien (Buch, Videorecorder und Fernseher) als Träger der Inhalte, die ihre konvergenten Formen in neuen Medien (E-Books, Videoportale, Handy-TV u.a.m.) gefunden haben, eine große Rolle spielt. Die beliebten nichtmedialen Freizeitbeschäftigungen (v.a. Freunden treffen und Sport) sind indessen bisher weitgehend stabil geblieben und rangieren bei den Freizeitinteressen der Jugendlichen nach wie vor weit oben (vgl. MPFS 2004 und 2009a).

2.4.1. Nutzungsweisen und Onlinepräferenzen

Mittlerweile haben bereits die meisten Jugendlichen in Deutschland einen eigenen Computer und Internet. Wenn nicht, dann konnten sie sich recht unproblematisch anderweitig Zugang verschaffen - im Haushalt, in der Schule, bei Freunden und Bekannten etc. Im Resultat nutzten 2009 fast alle Jugendlichen im Alter zwischen 12 und 19 Jahren (98%) das Internet, die meisten (90%) täglich oder mehrmals pro Woche. Damit waren fast doppelt so viele Jugendliche online wie fünf Jahr zuvor (vgl. MPFS 2004 und 2009a). Erst jüngst ist die aktuellste repräsentative ARD/ZDF-Onlinestudie sogar zu dem Ergebnis gekommen, dass im Frühjahr 2010 faktisch alle Heranwachsenden im Alter zwischen 14 und 19 Jahren (100%) zumindest gelegentlich online waren und die meisten von ihnen (58%) das Internet für sich wichtiger einschätzten als Fernsehen, Radio oder Zeitungen/Zeitschriften. Mit durchschnittlich 110 Minuten am Tag wurde das Internet von dieser Bevölkerungsgruppe auch zeitlich intensiver genutzt als die anderen Medien (vgl. Eimeren & Frees 2010).

Auch bei Kindern haben Computer und Internet in den letzten Jahren an Bedeutung hinzu gewonnen. 2008 konnten die meisten Kinder auf Computer und Internet im Haushalt zugreifen, ein Viertel der 6- bis 13-Jährigen hatte bereits einen eigenen Computer. Drei Viertel der Kinder, die den Computer nutzen, gehen damit auch ins Internet. Verglichen mit älteren Zahlen zeigt sich, dass Kinder immer früher online sind und auch Nutzungsfrequenz und -intensität zugenommen haben (vgl. MPFS 2009b).

Was die technische Ausstattung anbetrifft, sind Kindern und Jugendlichen heute keine engen Grenzen mehr gesetzt. Kostengünstige Hardware (PCs. Laptops, Netbooks etc.), Hardwarekomponenten (Speicherplatz, CD-ROM-/DVD-Laufwerk, Brenner, leistungsstarke Netzwerk-, Sound- und Grafikkarten etc.) und Peripheriegeräte (Drucker, Scanner, Boxen, DSL-Modem etc.) sowie bezahlbare Internet-Flatrates für den ganzen Haushalt haben in den letzten Jahren die Ausstattungsstandards auch von Heranwachsenden deutlich erhöht. Da verwundert es nicht, wenn zwei Drittel der Jugendlichen 2009 vor allem zu Hause online gegangen sind (vgl. MPFS 2009a). Mit internetfähigen Endgeräten (BlackBerry, Smart-/iPhone etc.), die es in kürzester Zeit zu großer Popularität gerade bei Jugendlichen und jungen Erwachsenen gebracht haben, ist bereits die nächste Etappe eingeleitet: die mobile Nutzung des Internets. Im Frühjahr 2010 ging bereits jeder Fünfte Online-Nutzer im Alter zwischen 14 und 19 Jahren (21%) mobil ins Internet. Bei den anderen Altersgruppen waren es teilweise deutlich weniger (vgl. Eimeren & Frees 2010).

Weitgehend stabil ist in den letzten Jahren die inhaltliche Ausrichtung der Internetnutzung Jugendlicher geblieben. Der Schwerpunkt lag und liegt bei der Kommunikation mit anderen, wobei wie gehabt vor allem die weiblichen Heranwachsenden die vielfältigen Kommunikationsmöglichkeiten schätzen. Hervorzuheben sind in diesem Zusammenhang Instant Messenger (ICQ, MSN etc.) und die Online-Comunities (schülerVZ, MySpace etc.), an denen kaum noch ein Jugendlicher vorbei kommt und die als neue Kommunikationsmöglichkeiten erheblichen Einfluss auf die Art und Weise der sozialen Interaktion insbes. in den Peergroups genommen haben. Abgesehen davon nutzen Jugendliche das Internet zur Unterhaltung, in dem sie sich zum Beispiel Musik runter laden, Videos und Bilder ansehen, und zur Information, nicht selten intendiert durch die Anforderungen von Schule und Ausbildung. Darüber hinaus sind insbesondere die männlichen Jugendlichen nicht selten online, um zu spielen (ebd.). Aktuelle Zahlen zur Onlinenutzung 14- bis 19-Jähriger im Frühjahr 2010 bestätigen die Kommunikation als den zentralen Nutzungsaspekt. Sie weisen auch auf die Entwicklung hin, dass Foren, Newsgroups und Chats an Bedeutung verloren haben, weil die beliebten Communities längst vergleichbare Angebote in ihrem geschlossenen System bieten (vgl. Buseman & Gscheidle 2010).

Bei der Internetnutzung von Kindern spielen kommunikative Aspekte noch keine so große Rolle. Bei den von 6- bis 13-Jährigen genutzten Anwendungen standen im Jahr 2008 Suchmaschinen an erster Stelle, gefolgt von der Recherche und Informationssuche (für die Schule oder für außerschulische Interessen) sowie der Nutzung spezieller Kinderangebote im Netz. Relevant für Kinder waren im Weiteren auch Online-Spiele, das ungezielte Surfen, die Nutzung von Angeboten, die sich nicht speziell an Kinder, sondern eher an Erwachsene richten, das Chatten und das Anhören von Musik. Insgesamt zeigt sich, dass die Onlinenutzung von Kindern wie bei den Jugendlichen vor allem zu Hause stattfindet, aber deutlich weniger zeitintensiv ist, und dass vor allem das beliebte Fernsehen den Kindern viele Einstiegsmöglichkeiten in die Onlinewelt bietet. Zumindest rangieren bei den genutzten Websites diejenigen von Fernsehsendungen und -sendern bei Mädchen wie bei Jungen ganz vorn (vgl. MPFS 2009b).

2.4.2. Gefahrenschwerpunkte

Es steht außer Frage, dass Kinder und Jugendliche heute gerade bei ihrer Internetnutzung 1. auf eine Reihe jugendschutzrelevanter Angebote (z.B. Pornografie und brutale Onlinespiele) treffen und 2. bei ihren kommunikativen Aktivitäten im Netz noch weiteren Gefahren (z.B. durch Preisgabe persönlicher Daten und Cyber-Mobbing) ausgesetzt sind. Denn die enorme Vielfalt und Vielzahl an Inhalten im WWW beinhaltet auch unzählige Angebote, die keineswegs für Minderjährige geeignet sind. Ob in Ländern mit anderen Vorstellungen vom Jugendschutz frei zugänglich für jedermann gehostet, in kennwortgeschützten Websites, Communities, Blogs, Foren versteckt oder per E-Mail-Spams massenhaft verbreitet, durch das Internet haben Heranwachsende es heute leichter als je zuvor, sich Zugang zu jugendschutz- und sogar strafrechtlich relevanten Angeboten zu verschaffen, und sie werden in bisher nicht gekanntem Ausmaß auch ungewollt mit ihnen konfrontiert (vgl. Hajok 2009a). Vor diesem Hintergrund wird die Notwendigkeit, den hybriden Charakter des Internets als privaten und öffentlichen Raum mitsamt der Chancen und Risiken zu erfassen, mehr und mehr zu einer wichtigen Entwicklungsaufgabe Heranwachsender.

zu 1.)
Die Nutzung jugendschutzrelevanter Angebote ist bereits früh mit empirischen Daten belegt und spätestens Anfang/Mitte der 2000er Jahre auch als ernstzunehmendes Problem thematisiert worden. 2004 kam die JIM-Studie zum Ergebnis, dass jeder zweite Jugendliche im Alter zwischen 12 und 19 Jahren (45%) bei seiner Internetnutzung bereits auf pornografische Seiten im Internet gestoßen ist. Vier Jahre zuvor waren es 30%. Eine deutlich geringere Relevanz wurde in der Studie für rechtsradikale Seiten konstatiert, von deren Existenz zwar die meisten Jugendlichen (62%) wussten, aber nur die wenigsten (13%) bei ihrer Internetnutzung darauf gestoßen sind.

Die Nutzung pornografischer Angebote hat in den letzten Jahren weiter zugenommen. Nach aktuellen Forschungsergebnissen sind heutzutage die meisten Jugendlichen via Internet schon mit Pornografie in Kontakt gekommen. Vor allem die männlichen Heranwachsenden nutzen quasi selbstverständlich entsprechende Angebote. Und auch für die Jüngeren ist das Thema bereits relevant geworden (vgl. Hajok 2009b und 2010). Insbesondere ältere Kinder berichten davon, bei ihrer Internetnutzung bereits auf Erotik- und Pornografieseiten gestoßen zu sein. Abgesehen davon zählten 2008 auch gewalthaltige Inhalte oder Bilder und Videos von Unfällen zu den unliebsamen Interneterfahrungen, die Kindern unangenehm waren oder ihnen Angst gemacht haben (vgl. MPFS 2009b).

Ein weiteres Problem bleibt der Spielebereich, der sich immer mehr in das Internet verlagert. Zwar sind brutale bzw. stark gewalthaltige PC-, Konsolen- oder Online-Spiele nach wie vor nicht so weit verbreitet, wie die öffentliche Diskussion zuweilen glaubhaft machen will, die Nutzung solcher problematischen Angebote hat aber zugenommen und ist vor allem bei den männlichen Jugendlichen durchaus ein Thema. 2009 nutzte jeder dritte 12- bis 19-jährige PC-, Konsolen- oder Online-Spiele-User (34%) auch die brutalen bzw. stark gewalthaltigen Angebote. Bei den gleichaltrigen Userinnen waren es nur 9% (vgl. MPFS 2009a).

zu 2.)
Seit längerem bekannt sind auch die Gefahren bei den kommunikativen Online-Aktivitäten der Jugendlichen. Insbesondere weibliche Heranwachsende, die den neuen Kommunikationsmöglichkeiten eher positiv gegenüber stehen, machen nicht selten unliebsame Erfahrungen mit sexuellen Anzüglichkeiten und Belästigungen (vgl. Flotho & Hajok 2010). In der wissenschaftlichen Literatur ist in diesem Zusammenhang auch von sexuellen Viktimisierungen (vgl. Katzer 2009) und Cyberbullying (vgl. Katzer & Fetchenhauer 2007, Staude-Müller et al. 2009) die Rede.

Dass solche Übergriffe bei der Onlinekommunikation Jugendlicher kein zu vernachlässigendes Randphänomen sind, konnte bereits eine Untersuchung aus dem Jahre 2005 nachweisen. Hier wurde festgestellt, dass mehr als ein Drittel der befragten Jugendlichen mit Chaterfahrung gegen ihren Willen nach sexuellen Dingen gefragt wurden, ein Viertel nach eigenen sexuellen Erfahrungen. Nicht wenige hatten sogar unaufgefordert Nacktfotos/Pornografiefilme erhalten oder sind bereits zu sexuellen Handlungen vor der Webcam aufgefordert worden (vgl. Katzer 2007).

Obwohl die kommunikativen Möglichkeiten bei Kindern nicht im Mittelpunkt ihrer Internetnutzung stehen, haben auch sie hier schon einige negative Erfahrungen gemacht. Relevant sind in diesem Zusammenhang einerseits unangenehme E-Mails (Kauf- und Sexangebote, Spams, Viren und Anmache), andererseits unliebsame Chaterfahrungen mit Leuten, die den Kindern unangenehm waren (vgl. MPFS 2009b).

2.4.3. Fehlende elterliche Kontrolle und Begleitung

Für die Begutachtung von Internetseiten im Sinne des Jugendmedienschutzes nicht unwesentlich ist letztlich auch die Frage, inwieweit Internetnutzung der Jugendlichen von den Eltern oder anderen Erziehenden (z.B. ältere Geschwister) kontrolliert und in Gesprächen thematisiert wird. Ebenso ist für die Begutachtung von technischen Kontroll- und Schutzmechanismen zu berücksichtigen, inwieweit die Erziehenden überhaupt Kenntnis von den verschiedenen technischen Möglichkeiten haben und welche Anforderungen sie an diese stellen.

Große Defizite zeigen sich nicht erst seit heute beim auf die Internetnutzung von Kindern und Jugendlichen bezogenen (medien-) erzieherischen Handeln in den Familien. Bereits zu Beginn der 2000er wurde festgestellt, dass die Eltern bei der Internetnutzung ihrer Kinder kaum Kontrollfunktionen übernehmen. Nach Zahlen aus dem Jahr 2002 wurde in den meisten Haushalten (70%), in denen Kinder und Jugendliche leben, die Internetnutzung in keiner Form kontrolliert. In der länderübergreifenden Perspektive ergab sich gerade für Deutschland ein Nachholbedarf, denn in anderen Ländern (z.B. US. und Italien) fand deutlich mehr Kontrolle statt. Von den vergleichsweise wenigen Eltern in Deutschland, die Kontrollmaßnahmen einsetzten, vertraute dann die Mehrheit auf Erlaubniserteilung und technische Kontrollmechanismen wie Filtersoftware und nur eine Minderheit begleitete und beobachtete die Onlinenutzung ihrer Kinder (vgl. Groebel & Gehrke 2003).

An dieser Ausgangslage hat sich in den folgenden Jahren nicht viel geändert. Noch immer besprechen oder kontrollieren hierzulande die wenigsten Eltern die Internetnutzung ihrer Kinder. Oft wissen sie gar nicht, was ihre Kinder im Internet treiben, und sind sich der realen Gefahren des WWW als weitgehend offenen privaten und öffentlichen Raum nicht hinreichend bewusst. Verglichen mit dem elterlichen Handeln in anderen Ländern schneidet das auf einen adäquaten Umgang der zu Erziehenden mit den neuen

Medien und Kommunikationsmöglichkeiten gerichtete Engagement der Eltern in Deutschland nach wie vor schlecht ab (vgl. z.B. European Commission 2008, Harris Interactive 2008).

Auch die öffentlich vieldiskutierten technischen Kontroll- und Schutzmechanismen, allen voran die Filterprogramme, haben bislang nur sehr schleppend den Weg auf die PCs und Laptops von Heranwachsenden gefunden. Bei der Befragung der Haupterziehenden von 6- bis 13-Jährigen im Rahmen der KIM-Studie gab im Jahr 2008 nur gut ein Viertel (27%) an, dass auf dem Computer, den das Kind am häufigsten nutzt, ein Filterprogramm sei, wobei die Kindersicherungen von T-Online und AOL sowie der Norton Internet Security-Filter präferiert wurden (vgl. MPFS 2009b).

Die Gründe für die noch geringe Verbreitung technischer Kontroll- und Schutzmechanismen sind verschieden. Auf der einen Seite wissen noch immer viele Eltern schlichtweg nicht von entsprechenden Angeboten oder wissen nicht, wo man sich über diese informieren kann. Auf der anderen Seite monieren viele, dass Filterprogramme zu wenig nach dem Alter differenzieren, kompliziert zu installieren oder Schutzsoftware sowieso wirkungslos sein. Vor diesem Hintergrund ist auch verständlich, wenn die Haupterziehenden bei den technischen Schutzvorkehrungen größten Wert auf die Wirksamkeit und eine einfache Bedienung legen (ebd.).

Die Defizite beim (medien-)erzieherischen Handeln in den Familien und die noch geringe Verbreitung technischer Kontroll- und Schutzmechanismen machen eindrucksvoll deutlich, dass der restriktiv-bewahrende Jugendmedienschutz nach wie vor eine besondere Bedeutung hat. Aber auch der befähigende Jugendschutz ist mehr denn je gefragt. Denn ein adäquater Umgang mit dem Internet erfordert Kompetenzen, die Heranwachsende nicht alleine im eigenen Medienumgang erlernen, sondern auch durch gezielte pädagogische Unterstützung erwerben müssen. Nicht zuletzt sind auch die Erziehenden gefordert. Sie müssen für die Chancen und Risiken des Internets sensibilisiert und durch die Vermittlung der notwendigen Kompetenzen dazu befähigt werden, die Internetnutzung ihrer Schützlinge auch angemessen begleiten und kontrollieren zu können.

Kapitel 3: Spezifika internet-basierter Medien

3.1. Zum Begriff der Wirkungsvermutung

Zur spezifischen Wirkungsweise des Mediums Internet bzw. von computergestützten digitalen Medien, welche durch das Internet als gemeinsames Daten-Netzwerk miteinander verbunden sind (vom PC bis zum internetfähigen Mobil-Telefon), gibt es inzwischen zahlreiche empirische Untersuchungen, welche jedoch eine Vielzahl an Wirkungsvermutungen zulassen (vgl. zusammenfassend: Simone Kimpeler, Michael Mangold, Wolfgang Schweiger 2007). Solche Wirkungsvermutungen ergeben sich, wie bei anderen Medien auch, aus den vom Medium transportierten Inhalten und der entsprechenden spezifischen Darstellungsweise und Nutzungsmöglichkeit (vgl. Michael Jäckel 2008). Darstellungsebene und Nutzungsoberfläche repräsentieren dabei die medienspezifische Ausdrucksform von und Zugangsmöglichkeit zu den jeweiligen Inhalten. Hier ist vor allem anzumerken, dass das Internet bzw. die damit in Zusammenhang stehenden neuen digitalen Medien gerade hinsichtlich ihrer Ausdrucks- und somit auch Zugangsmöglichkeiten in den letzten Jahren eine rasante Entwicklung gemacht haben, welche unter dem Begriff der „Medienkonvergenz" zusammengefasst werden kann (vgl. Martina Schuegraf 2008). Dabei geht es zum einen um das miteinander Konvergieren von unterschiedlichen, früher getrennt in Erscheinung tretenden sog. klassischen analogen Medienformen oder -diensten (z.B. Fernsehen, Radio, Zeitung oder Telefon), zum anderen um das Verschmelzen von bis dahin ebenfalls getrennt vorkommenden modernen digitalen Medienformen oder Diensten (von E-Mail, Messenger, Hyper-Text oder GPS-Navigation bis hin zu Comuterspielen). Insofern muss aktuell vor allem die Fähigkeit zur Konvergenz unterschiedlichster Dienste und Ausdrucksformen gewissermaßen als der grundlegende spezifische Charakter des Internet gedeutet werden. Dabei ist der interaktive Zugang durch einen individuellen Nutzer nach wie vor das Hauptcharakteristikum des Internet, dieser Nutzer kann aber heute mit den unterschiedlichen audiovisuellen, graphischen, textgebundenen bis hin zu geographischen Möglichkeiten der digitalen Technik über das Internet gleichzeitig und vor allem ‚datenvernetzt', also auch vom Endgerät unabhängig interagieren (Stichwort: ‚Cloud-Computing'). Diese Konvergenz ist heute zunehmend innerhalb eines quasi stufenlosen Kontinuums von individueller, d.h. sozialselektiver (z.B. im sog. Web-2.0), bis hin zu massenmedialer Form der Kommunikation (z.B. bei Film-, Radio- oder Fernseh-Online-Angebote) angesiedelt.

Dabei ist zu berücksichtigen, dass unabhängig dieser Entwicklungen, die jeweiligen Spezifika, die ein Medium auszeichnen zunächst ebenso wenig Konkretes über die medienspezifische Wirksamkeit aussagen, wie es die dadurch transportierten Inhalte tun (vgl. Drinck et. al. 2001). Denn, wie bereits die Deutsche Forschungsgemeinschaft (DFG) Ende der 80er Jahre festgestellt hat (vgl. DFG 1987), konnten trotz der intensiven Wirkungsforschung der letzten Jahrzehnte keine empirischen Evidenzen für eine mono-kausale und lineare Wirkung durch Medieninhalte und spezifische Darstellungsformen resp. Nutzungsweisen von Medien, erbracht werden. Nicht zuletzt deshalb hat sich in der sozialwissenschaftlichen Medienforschung bereits vor Jahren ein Paradigmenwechsel vollzogen, welcher heute den so genannten Rezipienten, User, Nutzer etc. von Medien (zurecht) mehr in den Mittelpunkt der wissenschaftlichen Betrachtung solcher Wirkungsvermutungen gerückt hat (vgl. Jäckel 2008). Dies ist hinsichtlich der Wirkungsweise des Mediums Internet auch der durch die Medienkonvergenz immer größer werdenden aktive Rolle des Rezipienten als individueller Mediennutzer geschuldet. Des Weiteren hat die Medienrezeptionsforschung vor allem gezeigt, dass bei der Frage nach der Wirkung medial vermittelter Inhalte auch immer auf die besondere Bedeutung des sozialen und vor allem des familiären Umfeldes verwiesen werden muss (ebd.). Jugendliche, die in einem intakten sozialen Umfeld aufwachsen und deren Eltern sich mit dem Medienkonsum ihrer Kinder auseinandersetzen und das Gespräch mit ihnen suchen, werden gegenüber entwicklungsbeeinträchtigenden Inhalten wohl kaum gefährdet sein (vgl. Drinck et. al. 2001). Allerdings ist auch hier wieder davon auszugehen, dass es viele Jugendliche gibt, die unter schwierigen Bedingungen aufwachsen und deren Eltern kaum mit den Mediennutzungsgewohnheiten ihrer Kinder vertraut sind. Nicht zuletzt deshalb geht man heute aus sozial- und medienwissenschaftlicher Perspektive sehr vorsichtig mit dem Begriff der Medienwirkung um und spricht von Wirkungsvermutungen.

Die Wirkungsvermutungen, die man u.a. auf die Spezifika des Internets und nicht nur auf die dabei transportierten Inhalte zurückführen kann, lassen sich heute nur im Sinne einer Phänomenologie des Internets beschreiben. Das heißt, das Internet bietet eine spezifische technische und ästhetische Darstellungsweise und Nutzungsmöglichkeit von Inhalten an, welche andere Kontextbedingungen und somit Vorstrukturierungsqualitäten für die Rezeption evoziert, als dies im Vergleich dazu die klassischen Medienformen, wie z.B. Fernsehen, Radio oder Printmedien produzieren (können). S. bieten z.B. Internetfernsehen oder Internet-Zeitungen unter Umständen ganz neue spezifische, d.h. andere Kontextbedingungen zur persönlichen Nutzung der Inhalte für den Rezipienten an als es beispielsweise die klassische Form des Fernsehens oder Zeitungslesens können (ebd.). Medienrezeption muss aus dieser Perspektive als eine Art „Medienangebot-Mediennutzer-Interaktion" verstanden werden, wobei sowohl der Mediennutzer, als auch das Medienangebot die Medienrezeption relational vorstrukturieren. Dadurch schaffen Mediennutzer und Medienangebot gemeinsam die Kontextbedingungen der Medienrezeption (vgl. Hackenberg 2004, 2007).

Für die Beurteilung der Spezifika des Internets heißt dies dann konkret: Wo liegen die eigenen „rezeptiven" Perspektiven aber auch Grenzen des Internets, und wie werden (z.B. durch den multimedialen bzw. konvergierenden Charakter etc.) neue bzw. andere Kontextbedingungen der Nutzung und Rezeption im Vergleich zu klassischen Formen des Fernsehens, Radios oder der Printmedien aber inzwischen auch des Computerspielens möglich und ggf. auch wirksam? Die Wirkungsvermutungen, die man einer internetspezifischen Darstellungsweise und Nutzungsform von (ggf. jugendschutzrelevanten) Inhalten zuschreiben kann, muss man daher als die internetspezifische „Vorstrukturierungsqualität der Rezeption" begreifen (ebd.). Das heißt: Spezifika internet-basierter Medien beschreiben zunächst ‚nur' die vorwiegend technischen, ästhetischen und haptischen Möglichkeiten einer „rezeptiven" – also einer für den Medienrezeptionsprozess evidenten – Vorstrukturierung von Inhalten oder Diensten, welche wiederum ‚nur' in

Relation zu einem individuellen und somit „aktiven Rezipienten" (z.B. typisierbar als spezifische Rezipientengruppe – vgl. Kapitel 4.) eine spezifische Wirkungsvermutung (nur hinsichtlich dieser Rezipientengruppe!) zulassen (ebd.).

3.2. Die Spezifika des Internet im Vergleich zu klassischen Massen- und Kommunikationsmedien sowie Computerspielen[1]

Im Vergleich zu den klassischen analogen Rundfunkmedien bzw. Massenmedien, wie z.B. Fernsehen und Radio

Das Internet unterscheidet sich von den sog. Rundfunkmedien Fernsehen und Radio vor allem in folgenden Punkten:

(1) Durch eine dauerhafte Präsenz von Texten, Bildern, Filmaufnahmen, Tonaufnahmen und Tonquellen, etwa durch sog. Podcasts oder Mediatheken:

Beispiel: Dadurch, dass das Internet erst durch sog. Server, welche Tag und Nacht in Betrieb sind, zum permanenten weltweiten Netzwerk wird, sind die Inhalte, der auf den Servern gespeicherten Daten – in etwa vergleichbar mit dem altbekannten TV-Videotext – grundsätzlich immer präsent und auch zu jeder Zeit verfügbar und abrufbar, während Fernsehen und Radio eine chronologische Programmstruktur haben und an feste Sendezeiten gebunden sind. Diese Permanenz der Verfügbarkeit gilt prinzipiell auch für die sogenannten hybriden Angeboten[2] wie etwa die Internetangebote der

1 Vgl. zusammenfassen zu den klassischen Medien: Pross 1974 und 1976 sowie zusammenfassend zum Internet: Hörisch 1997, Hackenberg 2004, 2007

2 Als hybride Angebote bezeichnet man Medienangebote, welche innerhalb verschiedener Medien interagieren, also z.B. sowohl als Fernsehangebot als auch als Internetangebot, Radioangebot, Printangebot etc. verfügbar sind. Die Websites der Rundfunkanbieter z.B. von Fernsehsendern sind solche hybriden Angebote, weil sie in der Regel sowohl Funktionen des Fernsehens als auch des Internets übernehmen, wenn z.B. Fernsehsendungen angeboten werden, welche aber anders als in der „üblichen" Programmstruktur des Senders unabhängig von einer Sendezeit als Download angeboten werden (vgl. Metzler Lexikon: Medientheorie und Medienwissenschaft 2002)

Rundfunk- und Fernsehanstalten, welche Sendungen, Filme, Musik etc. aus ihrem Programm zu jeder Zeit als Download bzw. Streaming auf ihren Homepages als sog. Podcasts oder in Mediatheken anbieten. Da das Internet heute aber auch (mehr denn je durch die sog. Web-2.0-Angebote) Produkt seiner aktiven Nutzer ist, die dadurch zu Teilnehmern werden, können z.B. einmal heruntergeladene Podcasts oder vergleichbare Download-Daten auch nachdem sie nicht mehr ‚offiziell' angeboten werden jeder Zeit auf anderen Homepages bzw. Servern oder Diensten, wie z.B. Youtube.com, verfügbar sein. Durch die grundlegende Struktur des Internet als sog. Hyper-Text sind sie durch Links und Suchmaschinen ggf. auch nach einer Löschung von der ursprünglichen Adresse andernorts auffindbar – daher ‚vergisst' das Internet auch nichts bzw. sind einmal eingestellte Daten ggf. schwer wieder zu entfernen. Andererseits können z.B. Podcast- oder Streaming-Adressen von den Anbietern jederzeit wieder (wie es für die öffentlich-rechtlichen Anbieter hinsichtlich ihrer Fernsehinhalte im Onlinebereich sogar Plicht ist) entfernt werden und eine erneute Suche danach bleibt dann erfolglos. Das Netz vergisst somit einerseits nicht, aber andererseits auch ganz schnell. Dabei ist dieser Prozess aus der Perspektive des einzelnen Nutzers insofern nur kontrollierbar, wenn er aktiv in den Prozess der Archivierung, z.B. als Youtube-Teilnehmer, der beispielsweise Fernsehinhalte hoch lädt, auch gezielt eingreift.

(2) Durch die Heterogenität des Angebotes in Folge von Medienkonvergenz und aktiver Nutzung:

Beispiel: Das *Internet resp.* seine *Homepages* und *Websites* haben in der Regel weder eine *homogene d.h. lineare* und *chronologisch ablaufende* Programmstruktur noch eine Dramaturgie- und Narrationsstruktur wie es z.B. Radio- oder Fernsehangebote haben. Vielmehr kann man als Nutzer einer Homepage z.B. einer Forschungseinrichtung, eines Autohändlers oder eines Forums über Archäologie aber auch eines Fernsehsenders über die Menü- und Bedienungsleisten der jeweiligen grafischen Oberfläche selbst seine eigene Chronologie und somit seine eigene Ablauf- und Programmstruktur und ggf. auch Dramaturgie des Angebotes zusammenstellen. Zudem kann man, anders als in den Rundfunkmedien, innerhalb des Angebotes vor und zurück gehen, also zwischen den einzelnen Websites und ihren konvergenten Einbindungen (Streamings, Mediatheken oder Podcasts) eines aber auch mehrerer Anbieter hin und her springen bzw. gleichzeitig mehrere Websites (mehrere Fenster) öffnen und dadurch mehrere Angebote parallel aufrufen.

(3) Durch die heterogene Verteilung von Angebot und Nachfrage der Inhalte und die notwendige Zuhilfenahme von Suchmaschinen:

Beispiel: Der Zugriff auf die Inhalte erfolgt im Internet nicht wie bei den Rundfunkmedien über die Auswahl von Sendekanälen, zwischen denen man zwar ‚aktiv' wählen kann, welche aber, wie o.g., eine lineare Programmstruktur vorgeben und man dadurch der Chronologie der Sender unterworfen ist (so können z.B. Fernseh- und Radiobeiträge nur zu gewissen Sendezeiten rezipiert werden), sondern der internetspezifische Zugang zu Inhalten erfolgt durch die zwar ebenfalls ‚aktive' Auswahl des Rezipienten von *einzelnen* sog. www-Adressen, welche aber ihre Inhalte permanent – zu jeder Zeit und (im Idealfall) in gleicher Form – auf Websites zur Verfügung stellen. Um die Zugriffsmöglichkeiten auf Rundfunkmedien zu erhöhen, z.B. um Sendezeiten nicht zu verpassen etc., wird das *Fernseh- und Radioprogramm* in der Regel vorab z.B. in *Printmedien* veröffentlicht. Da das Internet kein chronologisches Sendeprogramm braucht, aber die Heterogenität des Angebotes von Inhalten einen Überblick unmöglich macht (bzw. das Netz als sog. Hyper-Text durch weiterführende Links aufgebaut ist), ist der gezielte Zugriff auf Internetinhalte in der Regel nur durch Zuhilfenahme von so genannten Suchmaschinen möglich. Dadurch erscheinen private, öffentliche und kommerzielle Anbieter zunächst gleichberechtigt innerhalb des Internets durch ihre jeweilige www-Adresse repräsentiert. Gerade Web-2.0-Anwendungen, wie z.B. Youtube, haben in den letzten Jahren gezeigt, wie dieser Distributionscharakter des Internet nutzergenerierte Inhalte nicht nur möglich macht sondern auch Nutzungsverhalten, z.B. beim Fernsehen, allmählich verändert. Jedoch haben sich im

Laufe der Zeit auch im Internet eigene hierarchische Strukturen herausgebildet, wodurch der ursprüngliche Charakter von gleichberechtigten Anbietern im Netz heute neu bewertet werden muss. So lassen sich heute z.B. durch die heutigen Möglichkeiten zur spezifischen Listung von Suchergebnissen bei Suchmaschinen, zu groß angelegten Werbekampagnen oder zur wirtschaftlichen aber auch politischen Einflussnahme auch im Internet klassische Hierarchien der Realen Welt aber auch neue Strukturen der Hierarchisierung wiederfinden.

(4) Durch eine ‚höhere technische Tiefe' durch den interaktiven und multimedialen Zugang zu Inhalten:

Beispiel: Durch die je nach Homepage- und Website-Struktur mehr oder weniger ausgeprägten technischen Möglichkeiten zum Datenaustausch (z.B. für Up- und Downloads, Flashplay er etc.), wird zwischen dem Zugangsrechner des Rezipienten (Interface) und den Angeboten (Server), anders als bei den Rundfunkmedien, welche nur eine Datenrichtung (vom Sender zum Empfänger) kennen, eine Interaktivität zwischen Angebot und Nutzer ermöglicht. Dies geschieht z.B. durch:

- Down- und Upload von Datenpaketen (z.B. Programmen, Filmen, Musik etc.)
- E-Mails, Messenger
- Chatrooms
- Foren, Weblogs mit Kommentarmöglichkeit
- Videoplattformen, Soziale Netzwerke
- Spezifische Software, die speziell als Interaktionsinterface zwischen Rechner und dem Server dient (z.B. Flash-Software oder Live-Stream-Software etc.).

Auch der Grad der Multimedialität des Internet ist im Vergleich zu den Rundfunkmedien höher. Denn im Vergleich dazu ist das Internet einerseits ein eher textgebundenes (das heißt in der Regel mehr an schriftliche als an gesprochene Texte gebundenes) Medium, welches andererseits aber Text, Bild, Ton, Film, Navigationsleisten etc. innerhalb seiner gemeinsamen grafischen Benutzeroberfläche (des Bildschirms) bzw. durch die Lautsprecher in einer multimedialen Oberfläche miteinander ‚vereint'. Vereinfacht dargestellt: Das Internet bietet klassische Rundfunkmedien wie z.B.

Radio oder Fernsehen sowie auch deren Textfunktionen (bekannt aus dem Videotext) innerhalb einer gemeinsamen und vor allem interaktiven Benutzeroberfläche an. Bei bestimmten Angeboten gehen die Spezifika jedoch weit darüber hinaus und es entstehen neue Angebotsformen. Beispielhaft seien hier Browsergames genannt, bei denen die Nutzer durch aktives Eingreifen ein Spielgeschehen und somit das audiovisuelle Angebot des Bildschirms beeinflussen können.

Die Spezifika des Internet im Vergleich zu klassischen analogen Massen-Printmedien, wie z.B. Zeitung, Zeitschrift oder Bücher

Das Internet unterscheidet sich von den ebenfalls mit Text/Sprache und Bildern/Fotos arbeitenden Printmedien vor allem in Folgendem:

(1) Durch eine flexible Präsenz von Inhalten (Texten, Bildern etc.):

Beispiel: Das Internet bietet im Vergleich zu den Printmedien eine flexiblere, das heißt eine *'sowohl mehr als auch weniger permanente' Verfügbarkeit* von Inhalten an, weil Homepages als elektronische Seiten jederzeit aktualisiert und somit 'neu gedruckt' werden können. Jedoch kann das Internet auch jederzeit die *Zugriffsmöglichkeit* auf alle seine 'alten' Inhalte anbieten, falls diese auf dem Server gespeichert und für den Nutzer zugänglich gemacht sind. Einerseits bietet das Internet (je nach Angebot) also die Möglichkeit an, auf ältere Inhalte durch Links und Online-Archive permanent zugreifen zu können. Andererseits gestattet die ständige technische Aktualisierungsmöglichkeit auch die permanente Veränderung aller Inhalte auf den Homepages. *Hybride Formen* wie Internetzeitungen und Onlineangebote von Zeitungen, Zeitschriften, Lexikaangebote und auch digitalisierten Büchern, sog. E-Books, treten zwar wie Printmedien in Erscheinung: vergleichbare Rubriken und z.T. auch tägliche, wöchentliche etc. Beiträge bzw. PDF-Formate oder ähnlich Formate von Online-Artikeln oder E-Books, welche eine Veränderbarkeit zumindest erschweren. Sie unterliegen aber dennoch dem Phänomen der flexiblen Präsenz von Inhalten – so sind beispielsweise auch E-Books von Veränderungsmöglichkeiten betroffen, wie etwa durch automatische Updates von Neuauflagen oder lizenz-abhängigen Einschränkungen.

(2) Durch die Heterogenität des Angebotes von Textinhalten als sog. Hypertextstruktur:

Beispiel: Durch die technische Möglichkeit der Datenverarbeitung liegen Texte im Internet als sog. Hypertextstrukturen vor. Das heißt, weil der Text vergleichbar mit einem Word-Text-Dokument als Datensatz vorliegt (und theoretisch jederzeit und an jeder Stelle verändert, ausgeschnitten, kopiert, eingefügt etc. werden kann) kann man interne und externe Verweisstrukturen durch sog. Links auf andere Texte bzw. Textbausteine erzeugen. In der Regel kann der Text einer Website durch den Nutzer nicht verändert werden. Die Möglichkeit der sog. Link-Setzung und somit der Erzeugung einer Hypertextstruktur wird jedoch in der Regel dazu genutzt, um unterschiedliche Texte, wie z.B. einen Reisebericht auf der Website eines Reiseveranstalters mit aktuellen Hotelbeschreibungen der Hotelanbieter etc., miteinander zu verknüpfen. Häufig werden auch lange Texte, z.B. ein Online-Artikel als PDF oder auch ganze Bücher, welche online oder als E-Books zur Verfügung stehen, intern verlinkt, um dem Leser deutlich mehr und flexiblere Zugangsmöglichkeiten zum Text zu eröffnen (z.B. thematisch oder je nach Vorwissen bzw. nach speziellen Kapiteln, Schlagwörtern etc., die auch weit über die ggf. bei Printausgaben vorgegebenen Inhalts- und Stichwortverzeichnisse hinausgehen und veränderbar sind).

(3) Durch die heterogene Zugriffsmöglichkeit auf Textinhalte durch Links und interne sowie externe Suchmaschinen:

Beispiel: Zunächst erfolgt der Zugriff durch den Nutzer ähnlich wie bei einer Zeitung, einem Buch etc. über Inhaltsverzeichnisse z.B. auf der Startseite einer Homepage oder diverser Navigationsmenüs bzw. Steuerleisten. Hinzu kommt die Möglichkeit der *‚heterogenen'* Navigation durch die o.g. Hypertextstruktur resp. die Links, welche interne und externe Verweisstrukturen auf andere Texte/Textbausteine und Seiten (mit auch unterschiedlichen Medien) erlauben (s.o.). Der Aspekt der vernetzten Datenverarbeitung ermöglicht zudem den Zugriff auf Inhalte durch so genannte Suchmaschinen, welche nach Schlagworten suchen und weit mehr Möglichkeiten des Zugriffs auf Inhalte eröffnen als dies die bei Printmedien (vorrangig bei Büchern) verwendeten Sach- oder Personenregister oder Literaturverzeichnisse erlauben, welche nur interne bzw. nur externe und v.a. fixierte (also nach der Drucklegung nicht aktualisierbare) Verweisstrukturen darstellen. Im Gegensatz dazu stellt die Heterogenität des Angebotes von Inhalten im Internet die Verschmelzung von Funktionen des Buches, der Zeitschrift/Zeitung oder des Lexikons mit Funktionen der Bibliothek/des Archives resp. der von Schlagwortkatalogen und Registern, die zur Recherche von Inhalten dienen, dar. Dabei sind Online-Zeitschriften oder Online-Nachrichtenanbieter in der Regel mit internen Suchmaschinen zur Durchsicht ihrer Archive ausgestattet.

(4) Durch das prinzipiell gleichberechtigte Publizieren von Inhalten über www-Adressen von privaten, öffentlichen und kommerziellen Anbietern:

Beispiel: Das Publizieren von Internetangeboten erfolgt anders als bei klassischen Printmedien nicht durch Verlage oder Bibliotheken, sondern überwiegend über sog. www-Adressen. Dadurch erscheinen private, öffentliche und kommerzielle Anbieter prinzipiell zunächst gleichberechtigt innerhalb des Internets durch ihre jeweilige www-Adresse repräsentiert. Dies stellt ein zentrales Spezifikum des Mediums Internet dar, welches als individuell zugänglicher aber gleichzeitig auch global vernetzter Distributionsraum, soziale Netzwerke bzw. Web-2.0-Anwendungen und ihren Charakter als nutzergenerierte Inhalte erst möglich macht. Zwar muss auch hier (analog zum den Ausführungen über die Rundfunkmedien, s.o.) eingeschränkt werden, dass das Internet heute eigene Hierarchiestrukturen herausgebildet hat, welche z.B. durch wirtschaftliche und politische Interessen beeinflusst werden. Jedoch ist gerade im Bereich des privaten Publizierens mit

Hilfe des Internet eine zunehmende Bedeutung z.B. von Informations- und Nachrichten-Blogs zu beobachten, welche für private Nutzer z.T. aber auch für die klassischen Nachrichten- und Informationsdienste als Informationsquellen bedeutsam geworden sind (z.B. Micro-Blog-Plattformen wie Twitter aber auch private Blogs zu Politik, Wirtschaft, Verbraucherschutz etc.).

(5) Durch eine „höhere technische Tiefe" durch den interaktiven und multimedialen Zugang zu den Inhalten:

Beispiel: Der interaktive Charakter des Internets, im Unterschied zu Printmedien, lässt sich im Prinzip mit dem o.g. Unterschieden zu den Rundfunkmedien vergleichen und beinhaltet in der Regel die erhöhte interaktive Beteiligungsmöglichkeit des Nutzers, durch das „Interface Computer"[3]. Im Gegensatz zu gedruckten Seiten, die zwar bereits eine Art multimedialen Charakter haben, weil sie neben Texten auch Bilder/Abbildungen bzw. Fotos auf einer gemeinsamen grafischen Oberfläche (der Seite) abbilden können, haben Websites darüber hinaus auch die Fähigkeit, Filme und Tonquellen ‚multimedial' zu integrieren. Darüber hinaus bietet das Internet mehr und mehr die Möglichkeit, aktiv den gezeigten Inhalt mitzugestalten bzw. zu beeinflussen. Dabei scheinen Online-Archive dann ggf. den Eindruck der *Glaubwürdigkeit, Objektivität oder gar Wissenschaftlichkeit* zu vermitteln, während die permanente Veränderungsmöglichkeit von Internet-Texten häufig mit dem Charakter der *Aktualität* oder des *Gegenwartsbezugs* in Verbindung gebracht wird. V.a. *hybride Formen* wie Internetzeitungen etc. können dahingehend eine rezeptive Vorstrukturierung evozieren, dass sie als Quelle ggf. große Glaubwürdigkeit und Validität hinsichtlich ihrer Inhalte transportieren, weil sie aktueller sind als klassische analoge Printmedien, aber einen vergleichbaren Auftritt wählen (z.B. Spiegel-Online etc.). Dabei konzentriert sich die rezeptive Vorstrukturierungsqualität für Kinder und Jugendliche

3 Jedoch sind Printmedien im Vergleich zu Rundfunkmedien wesentlich interaktiver, weil man z.B. ein Buch, eine Zeitung etc. individueller (gemeint ist weit weniger linear) nutzen bzw. lesen kann als im Vergleich dazu eine linear ablaufende Fernseh- oder Radiosendung genutzt wird (s.o.).

im Online-Print-Bereich thematisch auf die jeweils aktuellen Entwicklungsaufgaben – z.B. auf Internet-Jugend-Magazine etc., aber auch auf Online-Angebote von jugendspezifischen Fernseh- und Radiosendern, Sportvereinen und allgemein auf sog. Fan-Seiten (ebd.). Die erhöhte technische Tiefe des Internets und hier v.a. der *erhöhte multimediale Charakter von Websites* gegenüber Zeitungen, Büchern etc. kann als rezeptive Vorstrukturierung ebenfalls den Aktualitätsbezug und somit die Attraktivität ggf. auch für gewisse anstehende Entwicklungsaufgaben erhöhen. Da bei Online-Print-Medien jedoch der Text im Vordergrund der Inhaltsvermittlung steht, sind auch hier vor allem Thematiken und Entwicklungsaufgaben älterer Heranwachsender (ab 12 Jahren bzw. ab 16 Jahren) bei der Risikobewertung von Entwicklungsbeeinträchtigungen zu fokussieren.

Die Spezifika des Internet im Vergleich zu klassischen analogen aber auch digitalen Kommunikationsmedien, wie z.B. Brief, Fax, E-Mail, Messenger und Telefon

Das Internet unterscheidet sich von den klassischen analogen aber auch digitalen Kommunikationsmedien zur individuellen Kommunikation vor allem in Folgendem:

(1) Durch einen hybriden Charakter als Kommunikations- und Massenmedium (Internet-Öffentlichkeit innerhalb eins Kontinuums von Individual- bis Massenkommunikation)

Beispiel: Das Internet löst heute, sowohl durch seine Konvergenz- als auch Interaktivitätsfähigkeit, wie kein anderes Medium zuvor die klassische Schranke zwischen Massenmedium und Kommunikationsmedium immer deutlicher auf. So sind zwar bis heute selbst im Online-Bereich Kommunikations- und Massenkommunikationsanwendungen größtenteils noch immer voneinander getrennt, z.B. durch unterschiedliche Programme, wie E-Mail-Programm, Fax-Programm, Browser und Mediaplayer etc.. Dennoch beobachtet man nicht zuletzt im Zuge der Verbreitung sog. Web-2.0-Anwendungen, vor allem bei sozialen Netzwerken (z.B. Facebook, Schüler- bzw. StudiVZ etc.) aber auch bei dem Mikroblogging-Dienst Twitter und bei Mobil-Internet- bzw. Lokal-Media-Anwendungen (z.B. durch lokale Apps. oder Google Street View), dass im Internet immer weniger im Sinne klassischer also individueller vs. massenmedialer Kommunikationsformen, sondern immer mehr nach Diensten oder Anwendungen differenziert wird. Im Zuge dessen fallen auch die klassischen Grenzen zwischen linearer d.h. gesendeter bzw. empfangener Massenkommunikation und persönlicher, d.h. relationaler, zwischen einzelnen Kommunikationsteilnehmern interagierender Individualkommunikation (wie z.B. durch Briefe oder Telefon). Dies hat vor allem Auswirkungen auf die Art und Weise, was als Öffentlichkeit oder öffentlicher Raum im Internet definiert werden kann. Die Jugendmedienschutzrelevanz hierzu umfasst sowohl jüngere als auch deutlich ältere Heranwachsende: Während deutlich ältere Heranwachsende bzw. junge Erwachsene (ca. 16-20 Jahren) vor allem innerhalb der individuellen Kommunikation durch ggf. leichtsinnigen Umgang mit persönlichen Daten gefährdet sind, weil sich dies ungünstig auf ihre Biographie (Job, Karriere) aber auch negativ auf ihre Rolle innerhalb ihrer sozialen Gruppe/Peer auswirken kann, sind v.a. Kinder und Jugendliche (ca. 6-15 Jahren) stärker hinsichtlich der Gefahr des Cyber-Mobbings oder der sexuellen Belästigung gefährdet. Die Altersgrenzen sind hier allerdings als fließend zu bewerten und hängen stark von den jeweiligen Entwicklungsbereichen ab (vgl. Kapitel 9.3. Gefährdungsneigung).

(2) Durch einen parallelen Charakter als virtueller digitaler und realer sozialer Raum der Kommunikation (Internet-Wirklichkeit als Raum interaktiver digitaler und somit virtueller Welten mit realistischen sozialen Bezügen)
Beispiel: Wurde das Internet (vor allem das WWW) bis vor wenigen Jahren weitgehend als quasi reine virtuelle Welt verstanden, bei der vor allem Risiken des Realitätsverlustes durch zu lange oder zu intensive Nutzung im Vordergrund auch der Jugendmedienschutzdebatte standen, so weiß man heute auch um die soziale und somit reale Qualität und den daraus erwachsenden Risiken des Internet. Es ist vor allem der Charakter des Internet als soziales Kommunikationsme-

dium, welches vorwiegend als individuelle Kommunikation zu beobachten ist und wodurch der reale Anteil des Internet sichtbar wird. So sind zwar die digitalen Umgebungen oder Plattformen in denen sich Nutzer im Internet bewegen, eindeutig als virtueller d.h. digitaler Raum zu erkennen, welcher deshalb auch in seiner technischen, ästhetischen und haptischen Form als nicht real definierbar ist. Dennoch besitzen diese virtuellen Welten Bezüge zur Realität, welche durch das individuelle Interagieren von realen Nutzern darin zustande kommt. Diese Interaktion realer Nutzer erfolgt als Kommunikation und bildet somit reale soziale Räume innerhalb bzw. parallel zu den virtuellen Räumen ab. Vereinfacht bildet dabei die digitale virtuelle Welt den technischen, ästhetischen und haptischen Möglichkeitshorizont bzw. die Regeln ab in denen dann reale Formen von sozialer Interaktion und Kommunikation stattfinden können. Insofern entscheidet dabei u.a. die Vorstrukturierungsqualität dieser virtuellen Umgebung darüber, welche Risiken in Folge der darin möglichen sozialen (und somit realen) Kommunikation ggf. zu befürchten sind. Hier können bereits die technischen und ästhetischen Möglichkeiten zur Gestaltung und Benennung eines Avatars oder eines Profils erste Hinweise auf ggf. riskante Formen der sozialen Kommunikation liefern – etwa ob Klarnamen oder Fantasienamen verwendet werde können bzw. wie virtuell oder real eine Person als Figur in einer virtuellen Umgebung auftreten kann oder darf. Die Risiken orientieren sich dann an den bereits o.g. Grad an Öffentlichkeit, welche die realen Anteile einer Person dabei erreichen können. Dabei gilt es zu beachten, dass nicht nur ein hohes Maß an Realität bzw. Authentizität ggf. riskant für den Nutzer sein kann, indem er selbst etwa wichtige persönliche Daten öffentlich preisgibt. Auch eine hohe Virtualität im Sinne einer Anonymisierung von Nutzern schafft ggf. riskante Implikationen für Kinder und Jugendliche. So ermöglichen die virtuellen Umgebungen des Internet die Verschleierung bzw. Vortäuschung von Identitäten. Insofern sind reale Risiken für Kinder und Jugendliche dann auch gegeben, wenn eine ggf. virtuelle Täuschung (durch anderer) konkrete Auswirkungen auf den realen Anteil der Internetnutzung, d.h. der sozialen Interaktion und Kommunikation zwischen den Nutzern, hat. Dabei ist weniger ausschlaggebend, dass getäuscht wird, sondern welche Täuschungen zu welchen Wirkungen innerhalb der sozialen Kommunikation und somit sozialen Wirklichkeit eines Nutzers als reale Person führen können. So sind v.a. für Kinder und Jugendliche Täuschungen innerhalb stark persönlichkeits- d.h. identitätsbezogener sozialer Kommunikationsbereiche als riskant zu bewerten (also v.a. innerhalb sozialer Netzwerke und weniger innerhalb offiziell wirkender Kommunikationsbereiche, wie etwa Phishing-Mails durch vermeintliche Banken).

Insofern erlaubt das Internet durch seine technische Möglichkeit zur Interaktivität, dem Nutzer nicht nur virtuelle Welten zu beeinflussen und ggf. auch zu gestalten, vielmehr wird gewissermaßen eine reale Virtualität sichtbar, welche durch zahlreiche interaktive Möglichkeiten zum persönlichen kommunikativen Handeln innerhalb einer virtuellen Umgebungen als soziale und somit reale Form zustande kommt. Die Virtualität des Internet ist heute durch die darin stattfindende soziale Kommunikation phänomenologisch betrachtet nicht mehr Gegenstück zur Realität, sondern ein verlängerter Teil der Realität geworden. Die Risiken für Kinder und Jugendliche leiten sich dementsprechend auch aus dem realen, weil sozialen Charakter der Internet-Kommunikation ab.

Die Spezifika des Online-Gaming im Vergleich zu klassischen Offline-Computerspielen, wie z.B. älteren PC- oder Konsolenspielen ohne Netzanbindung

Das Online-Gaming unterscheidet sich von klassischen Offline-Computerspielen vor allem in Folgendem:

(1) Durch einen hybriden Charakter als Kommunikations- und Massenmedium (Online-Game-Öffentlichkeit als Kontinuum von Individual- bis Massenkommunikation)

Beispiel: Kontinuierliche Studien zur Mediennutzung Jugendlicher (vgl. z.B. die JIM-Studien) zeigen, dass der Stellenwert von Computerspielen im Freizeitverhalten der jungen Generation in den letzten Jahren zugenommen hat. Dabei geht der Trend weg von der Nutzung der Single-Games via

Spielkonsolen hin zu internetbasierten Online-Spielen. Neben den in der Spielanlage eher simple angelegten und auf kurzfristige Unterhaltung abzielenden Casual Games erfreuen sich heute insbes. Online-Rollenspiele einer großen Beliebtheit unter den Internetnutzern (vgl. Wölfling & Müller 2010). Dabei wird deutlich, dass gerade im großen Maßstab gespielte Rollenspiele (z.B. World of Warcraft), analog zu den sozialen Netzwerken, einen hybriden privaten bis öffentlichen Charakter des Internet als Kommunikations- und Massenmedium sichtbar machen, welcher zunehmend an Bedeutung gewinnt. Ein wichtiges Charakteristikum gerade des Online-Computerspielens ist die Kommunikation zwischen den Spielern und macht deutlich, warum Online-Spiele ebenfalls als hybride Form von Einzel- bis Massenkommunikation in Erscheinung treten können. In den beliebten Massively Multiplayer Online Role-Playing Games (MMORPGs), von denen v.a. die Spiele mit einem hohen Fantasy-Charakter (z.B. World of Warcraft, Herr der Ringe Online oder Warhammer) eine hohe Faszination und Spielbindung auf die User ausüben, treten die User nicht mehr gegen vom Computer gesteuerte Gegner an, sondern interagieren mit tausenden anderen realen Mitspielern in den virtuellen Welten. Den Usern ist dabei freigestellt, ob sie mit den anderen kooperieren oder konkurrieren (ebd). Der Massenkommunikationscharakter entsteht hier auch durch den Grad an Öffentlichkeit, welche die Spieler- und Spiel-Community dabei einnimmt. Vor allem die Browser-Games, welche über das öffentliche ‚WWW' gespielt werden, ermöglichen im Vergleich zu älteren deutlich individueller strukturierten Peer-To-Peer-Lösungen im Online-Spiels-Bereich eine weit größere Öffentlichkeit, welche die o.g. Risiken für Kinder und Jugendliche analog abbildet.

(2) Durch einen parallelen Charakter als virtueller digitaler und realer sozialer Raum (Internet-Wirklichkeit als Raum interaktiver virtueller Welten mit realistischen sozialen Bezügen)

Beispiel: Wie bereits o.g. können technische und ästhetische Möglichkeiten zur Gestaltung und Benennung etwa eines Avatars oder eines Spieler-Profils erste Hinweise auf ggf. riskante Formen der sozialen Kommunikation auch innerhalb von Online-Spielen liefern – z.B. wie virtuell oder real ein Spieler als Figur in einer virtuellen Spielumgebung auftreten kann oder muss (s.o.). Dabei wird der Grad an erlebbarer Realität innerhalb der Virtualität bei Online-Games, neben dem audiovisuellen Erleben (durch z.B. realitätsnahe Grafik und Sound etc.), auch durch die interaktiven Möglichkeiten zum kommunikativen Handeln mitbestimmt. Analog zu den o.g. Aspekten der sozialen Kommunikation im Internet können sich bei Online-Games (wenn es die Spiele zulassen bzw. die Spieler es wünschen, ggf. auch außerhalb der Spieleplattform in z.T. eigenen Foren etc.) ebenfalls soziale Gruppen oder Netzwerke herausbilden, die reale Beziehungen zueinander aufbauen, welche dann analoge Risiken, wie bei anderen Formen der sozialen Kommunikation im Internet, etwa in sozialen Netzwerken, aufzeigen (s.o.).

Hinischtlich der Implikation von Realität und Virtualität bei Online-Spielen und den damit verbundenen (realen) Risiken, weisen Ergebnisse der Spieleforschung zudem darauf hin, dass die charakteristischen Merkmale v.a. von Online-Rollenspielen, ein erhöhtes Sucht- bzw. Abhängigkeitspotential mit sich bringen können. Zu verweisen ist in diesem Zusammenhang v.a. auf die Aktivierung des Explorationsverhaltens seitens der User und dem hohen Grad an Abwechslung im Spiel (welches die digitalen und somit sehr vielfältigen virtuellen Spielwelten bzw. Rollen anbieten) auf den zu Grunde liegenden Wettbewerbscharakter insbes. unter der Beteiligung realer Wettstreiter, die sich an jedem Ort auf der Welt befinden können und dem Gamer wohlwollend, gleichgültig oder feindselig gesinnt sein können, und dem erfolgreichen Überwinden bzw. Übertreffen von realen Konkurrenten im Spiel, was den erfolgreichen Gamer u.a. darauf hoffen lässt, sein reales Sozialprestige zu steigern, indem er in Highscorelisten aufgenommen wird (vgl. Wölfling & Müller 2010). Mit den Anreizen zum Weitermachen sowohl vom Online-Spiel selbst als auch durch die reale soziale Umwelt im Spiel sind auch Anreize zum permanenten Spiel bzw. der permanenten Anwesenheit des Gamers spielimmanent: „Die Onlinewelt steht nie still, das Spiel verändert sich ständig und entzieht sich der Kontrolle des Spielers, wenn dieser nicht online ist und sich am Spielgeschehen beteiligt." (Weigand & Braml 2010, S. 25).

Zusammenfassend lässt sich zu den Spezifika des Internet im Vergleich zu klassischen Massen- und Kommunikationsmedien sowie Computerspielen folgendes sagen: Durch den Charakter der Interaktivität und Multimedialität hat das Internet insgesamt eine ‚höhere technische Tiefe' als die klassischen sog. Lean-Back-Medien Fernsehen und Radio und ist daher als ein sog. Lean-Forward-Medium zu definieren (vgl. Frieling 2010). Das heißt, die Internetnutzung lässt sich durch eine aktive Beteiligung des Nutzers charakterisieren. Dies erfordert eine wesentlich stärkere individuelle Beteiligung und Konzentration des Nutzers. Die „Nebenbei"-Nutzung, die vor allem beim Radio, aber auch beim Fernsehen einen erheblichen Teil der Nutzungsform ausmacht, ist also nur teilweise bei der konvergenten Nutzung dieser klassischen Medien als Onlineangebote möglich. Dieser Aspekt der vorrangigen konzentrierten Einzelnutzung des Mediums Internet unterstreicht dabei zum einen seine Attraktivität für Heranwachsende (v.a. ab 12 Jahren) zur Bewältigung ihrer individuellen Entwicklungsaufgaben. Zum anderen erschwert diese spezifische technische Tiefe des Internets weniger die gemeinsame Mediennutzung von Jugendlichen untereinander, weil diese z.B. in sozialen Netzwerken oder über Online-Spiele das Internet gemeinsam nutzen, als vielmehr die gemeinsame Internetnutzung von Eltern und Kindern, wie dies von medienpädagogischer Seite immer wieder empfohlen wird.

Aktuell muss jedoch auch festgestellt werden, dass in Folge der schnell fortschreitenden Entwicklung des Mobil-Internet durch sog. Apps. (kleine Anwendungsprogramme, die nach Diensten oder Inhalten strukturiert sind – z.B. Wetter, Börse, News, Skype aber auch für Facebook, SchülerVZ, Youtube etc.) viele der o.g. Aspekte der Komplexität des Internet hinsichtlich seiner technischen Tiefe reduziert und vereinfacht werden. Apps. vereinfachen zwar den Zugang zu gewissen Anwendungen, schränken dadurch aber häufig die interaktiven und individuellen Möglichkeiten des Internet wieder ein – z.B. sind gewisse Nachrichtenanbieter in News-Apps. zusammengefasst, andere aber darüber nicht erreichbar. Häufig wird das Internet bzw. sein so genannter multimedialer Charakter als eine Mischform aus den „alten Speichermedien" (Printmedien) und den „neuen Übertragungsmedien" (Rundfunk) dargestellt (vgl. Hörisch 1997). Jedoch findet, wie oft unterstellt, keine Addition der verschiedenen Spezifika dieser beiden Seiten statt. Vielmehr können die heute erkennbaren Spezifika des Internets als Ergebnis einer Relation aus Zeitung, Fernsehen und Radio verstanden werden. Dabei definiert das Medium Computer bzw. Laptop/Notebook, Netbook, Tablett-PC oder Mobil-Telefon als Schnittstelle (also als Zugangs- und Bedienkonsole und als notwendige Voraussetzung zur elektronischen Datenverarbeitung) die technischen und ästhetischen Regeln und Möglichkeiten des Internets. So ist es v.a. die Fähigkeit zur elektronischen Datenverarbeitung, welche den interaktiven und multimedialen Charakter des Internets erst begründet und es dadurch sowohl als Speichermedium als auch als Übertragungsmedium bzw. Kommunikationsmedium in Erscheinung treten lässt. Dabei wird deutlich, dass Mobil-Telefone als Interface z.T. andere Spezifika des Internet betonen oder fokussieren als dies der heimische Desktop-PC oder das Netbook oder Tablett-PC tun. So stehen beispielsweise in der mobilen Internetanwendung neben individuellen Kommunikationsformen lokale (z.B. GPS-gestützte) Anwendungen im Vordergrund, während Desktop- bzw. heimische Anwendungen häufig die massenmedialen Kommunikationsformen des Internet fokussieren.

Die sehr flexible und wandlungsfähige internetspezifische Vorstrukturierungsqualität für die Rezeption wird aber vor allem im Vergleich zu den klassischen analogen Massenmedien deutlich: So korrespondiert z.B. die höhere inhaltliche Vielfalt, die das Internet allgemein auszeichnet, mit einerseits im Vergleich zu den klassischen Printmedien geringerer und andererseits im Vergleich zu den analogen Rundfunkmedien höherer Permanenz der Inhalte. So ist die höhere inhaltliche Vielfalt des Internets das Ergebnis einer mit den Printmedien fast vergleichbaren heterogenen inhaltlichen Strukturierung, aber es ist genau diese Heterogenität, die dafür verantwortlich ist, dass der für Rundfunkmedien so zentrale Charakter der linearen inhaltlichen Strukturierung beim Internet fast vollständig neutralisiert wird. Des Weiteren wirkt der Charakter der permanenten Aktualisierbarkeit von Rundfunkmedien auf die Internetinhalte insofern ein, dass diese im Vergleich zu Rundfunkmedien zwar quasi permanent verfügbar aber im Vergleich zu den Printmedien permanent veränderbar sind (vgl. Hackenberg 2004). Es zeigt sich, wie schwer die Kategorisierung des Internet als Medium ist, weil es aufgrund seiner komplexen, vielseitigen Erscheinungsformen (mal mehr als Übertragungs- und dann wieder mehr als Speichermedium bzw. mehr als Massen- und wiederum mehr als Kommunikationsmedium) je nach Kontext sehr unterschiedliche oder gar widersprüchliche Eigenschaften entwickeln kann. Gerade deshalb stellt aber die o.g. Implikation aus permanenter „Aktualisierbarkeit" und permanenter „Verfügbarkeit" im Kontext der massenmedialen und individual-kommunikativen Eigenschaften ein besonders spannendes Spezifikum des Internets dar, wenn man spezifische Wirkungsvermutungen für den Jugendmedienschutz formulieren will. Denn gerade für Jugendliche ist das Internet als Medium zur Bewältigung ihrer Entwicklungsaufgaben äußerst attraktiv, weil es individuelle Zugangs- und Nutzungsmöglichkeiten bzw. permanente Verfügbarkeit und Aktualisierbarkeit von Inhalten, auch z.T. durch den Nutzer selbst (z.B. durch soziale Netzwerke, Chats, Foren oder andere durch den Nutzer generierbare Web-2.0-Anwendungen), anbietet. Dabei ist es v.a. diese Mischung aus permanent und v.a. individuell verfügbarem ‚Archiv' und hochgradig individuell nutzbarem Kommunikationsmittel, welche die Attraktivität des Internet für die Bewältigung der Entwicklungsaufgaben von Jugendlichen erklärt[4]. So ist für Jugendliche (v.a. in der Altersgruppe ab 12 Jahren) v.a. der Aspekt der internetspezifischen – also je nach Kontext eher massenmedialen oder eher individuellen – Kommunikationsmöglichkeiten attraktiv (vgl. Döring 1998 und Hackenberg 2007).

4 Denn aus der Sicht v.a. der jugendlichen Rezipienten bietet sich das Internet dadurch als Medium besonders dazu an, zur Bewältigung spezifischer jugendlicher Entwicklungsaufgaben (z.B. Entwicklung von Urteilsfähigkeit, Sexualität, selbstgesteuerten Lernstrategien, sozialer Kompetenz etc.) herangezogen zu werden. Der Aspekt, der großen „technischen Tiefe" und der dadurch evozierte Charakter des Internet als ein so genanntes Lean-Forward-Medium, ein Medium, dass vorwiegend allein und ohne das Zutun der Eltern gebraucht wird, unterstützt dabei die Attraktivität des Mediums zur Bewältigung jugendlicher Entwicklungsaufgaben. GDenn gerade in der Phase der Abnabelung vom Elternhaus werden mehr und mehr Wege gesucht, die persönlichen Entwicklungsaufgaben allein zu bewältigen (vgl. Kapitel 4.).

3.3. Die internetspezifische Kommunikation – sozialpsychologische Aspekte der rezeptiven Vorstrukturierung durch das Medium Internet

Der Begriff der massenmedialen Kommunikation in seiner klassischen Bedeutung ist auf das Medium Internet daher nur bedingt anwendbar, weil die massenmediale Kommunikation (sensus H.M. Enzensberger, 1970) von einem Medienangebot ausgeht, dass für alle Rezipienten gleich strukturiert vorliegt, wie wir es von den Rundfunk- und Printmedien kennen. Die Internetkommunikation verhält sich aber, wie o.g., wesentlich differenzierter, weil hier eine Unterscheidung in die sog. face-to-file- und face-to face-Kommunikation notwendig ist:

- **„face-to-file"** Nutzung (Harms / Voermanek, 1994, S. 249) Nutzung von Interfaces von Internetangeboten, die kein Feedback zulassen, sondern lediglich eine erhöhte Selektion der Zuwendung zu Medieninhalten erlauben. Es erhöhen sich im Vergleich zu den alten Medien lediglich die Möglichkeiten der Auswahl, was den Interaktivitätsbegriff seines soziologischen Gehalts entleerte.
  Beispiel: *Internetshops / Versteigerungen, Onlinebanking, Erotik (Bild/Film), Fertige Referate / Hausarbeiten / Klausuren, HPs zu Mode/Trends, Nachschlagewerke / Lexika, Homepages von Instituten / Unis, kulturelles Programm, Film- und Fernsehinformationen, Verkehr und Navigation, Homapages zu Fitness / Sport, Tages-/Wochenzeitungen, Homepages zu Nachrichten / Politik / Wirtschaft, Literatur-Recherche, Download von Audio-Dateien (MP3) etc.*

- **face-to-face-ähnliche Kommunikation**
  Nutzung von Interfaces von Internetangeboten, „die in der Lage sind, Feedback zu geben, zu antworten und zu reagieren" (Hünerberg / Heise / Mann 1996, S. 304) und eine der face-to-face-Interaktion ähnliche Kommunikation zulassen und „erlauben in sie einzugreifen, sie zu verändern und damit den Ablauf, das Geschehen, nach eigenen Wünschen zu beeinflussen" Huly / Raake 1995: 21). Interfaces, die also eine *Kommunikation* mit anderen auf Grundlage ihrer *Interaktivität* ermöglichen.

Beispiel: *Soziale Netzwerke, Blogs mit Kommentierungsmöglichkeit, Newsgroups / Foren, E-Mail bzw. Messanger,, Online-Gaming, Chat etc.*

Im Gegensatz zur face-to-file-Kommunikation ist die sog. face-to-face-Kommunikation via Internet (je nach Angebot) als sowohl massenmedial als auch individuell durch die einzelnen Teilnehmer vorstrukturierte Rezeptionssituation zu bewerten. Denn hier kann dann (je nach Angebot) persönliche Kommunikation (z.B. zweier miteinander diskutierenden Forum- oder Chat-Teilnehmer) und massenmediale Kommunikationssituationen (z.B. die der diversen Besucher eines Forums, welche etwa ‚nur zur Information' über ein bestimmtes Thema die Seite aufrufen) gleichzeitig auftreten. Auch innerhalb sozialer Netzwerke können durch face-to-face-ähnliche Kommunikationsformen (z.B durch die Einbindung von Twitter) individuelle und massenmediale Kommunikation parallel und gleichbedeutend in Erscheinung treten. Das heißt, man wird z.B. zum massenmedialen Beobachter einer Individualkommunikation. Dies beschreibt die Ambivalenz von privaten und öffentlichen Räumen als ein zentrales Spezifikum der Internetkommunikation und unterstreicht die hohe Attraktivität dieses Mediums für Jugendliche bei der Bewältigung ihrer persönlichen Entwicklungsaufgaben, etwa bei der persönlichen Identitätssuche bzw. Identitätsentwicklung. So ist es v.a. bei der Beurteilung von Angeboten mit face-to-face-Kommunikation wichtig, den sozialpsychologisch bedeutsamen Begriff der Identität zu berücksichtigen, weil die hier (je nach Angebot) häufig verwendeten „Spitznamen" oder „Pseudonyme" eine andere Qualität der Kommunikationssituation erzeugen als dies vergleichbare Kommunikationen außerhalb des Internets können und genau dadurch auch eine andere Vorstrukturierung der jeweiligen Rezeptionssituation evozieren (vgl. Döring 1998 und Hackenberg 2004). Innerhalb sozialer Netzwerke (Facebook, SchülerVZ etc.) stellt die internetspezifische face-to-face-Kommunikation darüber hinaus heute eine wichtige und zentrale Form der Alltagskommunikation von Heranwachsenden (ab ca. 12 Jahren) dar und nimmt somit für Kinder und Jugendliche einen bedeutsamen Stellenwert als persönliche soziale Kommunikation vor allem innerhalb ihrer Peer-Group ein (ebd.).

3.4. Internetspezifika im Kontext jugendschutzrelevanter Themen bei der Prüfung

3.4.1. Zur Beurteilung des jeweiligen Angebotstypus im Internet – Die Suche nach Kontexten und Konventionen

Der Grad einer möglichen Entwicklungsbeeinträchtigung oder gar Jugendgefährdung im Bezug auf die Nutzung und Rezeption von Internetangeboten muss sowohl aus Sicht der Rezipienten als auch der des Medienangebotes beurteilt werden. Es ist also wichtig, Internetangebote hinsichtlich ihrer spezifischen Attraktivität für Jugendliche für die Bewältigung ihrer jeweiligen Entwicklungsaufgaben zu bewerten. Daher ist die Frage, ob Kinder und Jugendliche ein bestimmtes Angebot entsprechend zuordnen und beurteilen können, eine zentrale Fragestellung bei der Prüfung eines Internetangebotes. Wie bei Filmgenres gilt es daher im Internet nach dem vorliegenden Angebotstypus zu fragen. Internetangebote lassen sich (hinsichtlich der o.g. *Spezifika*) v.a. dadurch typisieren:

- ob und wie sich der Anbieter (z.B. auf der Startseite des Angebotes) präsentiert,
- welche eindeutig erkennbaren Konventionen der Aufmachung und Gestaltung von einschlägigen Websites (z.B. Internetzeitung, Newsgroup, Forum etc.) die jeweilige Homepage erkennen lässt,
- welche Kontexte z.B. durch Links bzw. durch die Hypertextstruktur angeboten werden,
- welche Kommunikationsformen (face-to-face- oder face-to-file-Kommunikation) angeboten werden
- welche Möglichkeiten zur Interaktivität angeboten werden und welcher Virtualitätsgrad dabei ggf. zu erkennen ist.

3.4.2. Zur internetspezifischen Darstellung von Gewalt – Involvierung durch Interaktivitätsgrad, Virtualitätsgrad, Sprache und Kommunikationsform

Der Aspekt von Gewalt im Internet und dessen mögliche Jugendgefährdung wird häufig mit der bloßen Darstellung von Gewalthandlungen in Verbindung gebracht (vgl. Drinck et.al. 2001). Empirische Evidenzen dafür sind nicht erbracht worden resp. sind die Ergebnisse der Medienwirkungs- und Mediengewaltforschung dazu sehr widersprüchlich (ebd.). Gegebenfalls lässt sich eine Wirkungsvermutung v.a. von gewalthaltigen Internetangeboten am Involvierungsgrad festmachen, den eine Homepage z.B. durch so genannte Interfaces anbietet. Der Grad der Involvierung lässt aber noch keine Aussage über die mögliche Wirkung zu, weil eine Involvierung sowohl empathische als auch gegenteilige Reaktionen hervorrufen kann, die nur im Kontext des Gesamtangebotes zu beurteilen sind. Als (wertfreie) Involvierungsindikatoren internetspezifischer Angebote gelten dabei:

- der Interaktivitätsgrad
- und der daraus resultierende Virtualitätsgrad resp. virtuelle Realitätsnähe,
- sowie die dabei möglichen Kommunikationsformen (face-to-face- oder face-to-file-Kommunikation).

Darüber hinaus gilt es v.a. hinsichtlich der multimedialen Implikationen des Mediums Internet auf Texte und Sprache einer Website zu achten, ob z.B. bei face-to-face Kommunikationsangeboten, wie z.B. Foren oder Chatrooms, ggf. gewalthaltige, ängstigende, drohende o.ä. Äußerungen zu erkennen sind. Auch diese sind dann wiederum im Gesamtkontext zu betrachten.

In diesem Zusammenhang ist auch die aktuelle Entwicklung der telemedialen Spielangebote zu berücksichtigen. Hier ist die Immersion des Spielers, d.h. das geistige „Eintauchen“ in die Spielwelt eine weitere Dimension, die im Rahmen der Wirkungsforschung von Relevanz ist. Damit verknüpft sind Elemente der Interaktivität, die bei der jugendmedienschutzrechtlichen Beurteilung eine Rolle spielen können. Dabei bieten sich unterschiedliche Fragestellungen an, etwa, ob der Spieler selbst die „virtuelle

Gewalt“ ausüben kann, ob Gewaltverzicht möglich ist und gegen wen Gewalt im Spiel ausgeübt werden kann. Hierbei ist es jedoch weitgehend ungewiss, wie die Antwort auf diese Fragen im Rahmen der Beurteilung von Entwicklungsbeeinträchtigung bzw. -gefährdung zu berücksichtigen ist.

Inzwischen erreichen auch bei telemedialen Spielen die Darstellungen im Gewaltbereich eine Qualität bzw. Realitätsnähe, wie sie vor nur wenigen Jahren Standard für „klassische“ Computerspiele war, die als Trägermedien vertrieben wurden. Telemediale Spielangebote werden darüber hinaus oft als „Free2Play“-Inhalte angeboten, d.h. der Zugang zum Angebot ist (zumindest teilweise) frei. Es ist festzustellen, dass große Spieleanbieter und -vermarkter ihr Geschäftsmodell mehr und mehr auf den Online-Bereich fokussieren. Hierbei sind technisch vergleichsweise anspruchsvolle Darstellungen im Browser, etwa die 3D-Grafiken aus der Ego-Perspektive, nicht mehr ausgeschlossen (z.B. Ego-Shooter „Quake-Live“). Die Entwicklung der Darstellungsmöglichkeiten von Internetbrowsern bewegt sich dabei sehr schnell in eine Richtung, die immer komplexere Grafiken und hierfür nötige Berechnungen möglich macht.

Hinsichtlich der Gewaltthematik gilt es zusammenfassend sowohl bei Online-Spielen (v.a. bei realistischen Settings) als auch bei audiovisuellen Angeboten (Film/Fernsehen) und visuellen Darstellung (v.a. Fotos) zu beachten, dass dargstellte Gewalt v.a. bei jüngeren Heranwachsende (unter 12 Jahren) ängstigende Wirkungen hervorrufen kann, während sie bei Jugendlichen ggf. desorientierende Wirkung haben kann. Insofern ist bei den Altersgruppen über 12 Jahren nicht nur auf die audiovisuelle Darstellung von Gewalt im Internet, sondern verstärkt auch auf textgebundenen Schilderungen von bzw. über Gewalt zu achten. Dies gilt für Trailer und Kommentare in Online-Games (die ggf. auch von Mitspielern in das Spiel eingebracht werden können), welche ggf. desorientierenden Charakter haben können.

3.4.3. Zur internetspezifischen Darstellung von extremistischen Inhalten – Sprache bzw. Kommunikationsform und deren thematische Einbettung in Entwicklungsaufgaben von Jugendlichen

Hinsichtlich der Identifikation und Beurteilung von internetspezifischen Darstellungsformen *extremistischer* Inhalte ist ebenfalls die Verwendung von Sprache ausschlaggebend. Hinzu kommt hier die internetspezifische Angebotsform der Kommunikation: So kann etwa bei einem Angebot mit der Möglichkeit zur face-to-face Kommunikation und dem damit verbundenen privaten Charakter der Internetnutzung auch die Hemmschwelle für die Kommunikation extremistischer Inhalte im Vergleich zu öffentlicheren Kommunikationsräumen (etwa der Startseite des gleichen Angebotes) sinken. Allgemein sollte v.a. auf die Einbettung extremistischer Inhalte in Themen geachtet werden, welche ggf. die Entwicklungsaufgaben Jugendlicher tangieren können; z.B. Themen, welche die Identitätssuche oder Persönlichkeitsentwicklung aber auch jugendspezifische Ängste hinsichtlich der persönlichen Zukunft behandeln (z.B. bekommt man einen Ausbildungsplatz? etc.).

3.4.4. Zur Sexualitätsdarstellung im Internet – Hervorhebung durch Interaktivitätsgrad und Kommunikationsform

Hinsichtlich der Wirkung von Sexualitätsdarstellungen ist zu sagen, dass nach wie vor wenig empirische Ergebnisse dazu vorliegen (vgl. Hajok 2010). Es lassen sich jedoch Wirkungsvermutungen dahingehend formulieren, dass z.B. gewisse Rollenmuster, sexistischer Sprachgebrauch und extreme Darstellungen ggf. entwicklungsbeeinträchtigende oder gar jugendgefährdende Implikation haben können, weil das Thema Sexualität eine zentrale persönliche Entwicklungsaufgabe v.a. für Jugendliche darstellt. Für die Beurteilung dessen bedeutet dies, dass hier grundsätzlich die Indikatoren für Angebotstypus (z.B. Aufmachung der Seite und Kontexteinbindung) bzw. Involvierungsgrad (z.B. durch die Möglichkeit zu einer face-to-face Kommunikation bzw. Live-Stream etc.) eine Rolle spielen können. Darüber hinaus sind internetspezifische Darstellungsaspekte zu nennen, welche ein Hervorheben von Sexualdarstellungen innerhalb des Angebotes ermöglichen:

- sog. automatisches Aufpoppen großformatiger Fenster
- oder ein sog. routierendes Öffnen neuer Seiten (z.B. bei Anklicken des Schließkreuzes)
- oder flashanimierte Werbebanner mit „verpixelten Sexualverkehrsequenzen" (sog. „Rüttelbilder")
- oder eine explizite Aufforderung zur face-to-face Kommunikation (z.B. in sozialen Netzwerken, über Chat oder Live-Stream).

3.4.5. Zu Werbung im Internet – Werbung als Kontext: Thematische Einbettung der Werbung sowie interaktive und parallel zum Inhalt platzierte Werbebanner

Auch die internetspezifische Darstellung von Werbung ist noch kein ausreichender Anhaltspunkt, um entwicklungsbeeinträchtigende oder gar jugendgefährdende Inhalte nur daran festmachen zu können. Jedoch gilt auch hier, dass es gewisse Wirkungsvermutungen gibt, die auch von den Spezifika des Internet nicht zu trennen sind. Im Fokus einer (zunächst wertfreien) Betrachtung dessen sollte hierbei sicherlich die Art und Weise der Einbettung von Werbung in Themen stehen, welche für die Bewältigung von Entwicklungsaufgaben bei Jugendlichen attraktiv sind (z.B. kommerzielle Angebote zur Beratung etwa bei Liebeskummer, Fragen zu Sexualität, Probleme mit den Eltern etc.). Aber auch Angebote, die eher alltagspraktische Themen der Jugendlichen tangieren, wie z.B. Angebote von der Hausaufgabenhilfe bis hin zu Handy-Klingetönen fallen unter diese Rubrik. Wichtig bei der Beurteilung dessen ist, ob ein Kontext zwischen Werbung und Primärangebot einer Website erkennbar ist. Im Prinzip bietet das Internet dazu die gleichen spezifischen Rahmenbedingungen wie für alle im Punkt 3.4 genannten Problembereiche an. Hervorzuheben sind dabei internetspezifische Aspekte, welche einen konkreten Zusammenhang und somit Kontext zwischen dem primären Internetangebot einer Website und dem Werbeangebot selbst herstellen können:

- Die Interaktivität von Werbebannern, welche sich z.B. sehr auffällig und großflächig über den Bildschirm bewegen, auf den „Mouse-Pfeil" reagieren, automatisch Aufpoppen (bei dem Versuch die Seite zu schließen) oder ggf. automatisch auf eine Produktseite weiterleiten etc.
- Die (audio)visuelle „Parallelität" von Werbung und Restangeboten auf der Website.
- Die permanente Veränderbarkeit von Werbeangeboten bzw. Werbebannern auf den Websites.
- Als inhaltlicher Link getarnte Weiterleitungen auf Werbeseiten oder Download-Seiten bzw. Dailer etc., welche dadurch ggf. nicht sofort als Werbung zu erkennen sind.
- Als Profile in sozialen Netzwerken in Erscheinung tretende ‚Firmenauftritte'.
- Als sog. virales Marketing in Erscheinung tretende (häufig nicht immer als solche erkennbare) Werbespots in Web-2.0-Anwedungen (wie z.B. Youtube), häufig mit jugendaffinen Themen, Darstellungen oder Darstellern.

Kapitel 4: Kinder und Jugendliche als Schutzobjekte des JMStV

4.1. Zur Alterseingrenzung von Kindern und Jugendlichen

Nach deutscher Gesetzeslage sind unter 14-Jährige als „Kinder" (§ 7 KJHG), 14- bis unter 18-Jährige als „Jugendliche" (§ 1 JGG und § 7 KJHG) und 18- bis unter 21-Jährige als „Heranwachsende" (§ 1 JGG) bzw. 18- bis unter 27-Jährigen als „junge Volljährige" (§ 7 KJHG) anzusehen. Diese und weitere Gesetze und Bestimmungen (z.B. BGB, SGB und JuSchG), mit denen auch an die Altersstufen rechtliche Teilreifen gekoppelt werden, sind insofern für die jungen Menschen alltagsrelevant, da hier zum einen Rechtsfähigkeit und Strafmündigkeit, zum anderen auch die Zugänge zu vielen gesellschaftlichen und kulturellen Bereichen geregelt werden, und zwar unabhängig von der Individualität in der körperlichen, psychischen, emotionalen, kognitiven und sozialen Entwicklung. Die verbindlichen Altersgrenzen für Volljährigkeit, aktives und passives Wahlrecht, Schulpflicht, Ehemündigkeit, Erwerb des Führerscheins, Aufenthalt in Gaststätten oder Besuch von Film- und Tanzveranstaltungen sind hier nur einige der vielen Beispiele (vgl. z.B. Hurrelmann 1997 und Schäfers 1998).

Aus sozialwissenschaftlicher wie aus entwicklungspsychologischer Perspektive sind die fixen Altersgrenzen, wie sie in den verschiedenen Gesetzen und Bestimmungen festgeschrieben sind, kritisch zu hinterfragen. Zu verweisen ist hier einerseits darauf, dass der Mensch im letzten Jahrhundert hinsichtlich der Übernahme entsprechender Rollen sozial zwar immer später zum Erwachsenen wurde, biologisch aber immer früher zum Erwachsenen herangereift ist (säkulare Akzeleration) (vgl. z.B. Oerter & Dreher 1995), was abgesehen von der Herabsetzung der Volljährigkeitsgrenze im Jahre 1975 keine adäquate Berücksichtigung in den statischen rechtlichen Bestimmungen gefunden hat. Zu verweisen ist andererseits auf die hinsichtlich Gestalt, Intensität und Zeitlichkeit individuell stark differierenden Entwicklungsverläufe zwischen Kindheit und Erwachsenenalter (vgl. Kap. 2), die durch fixe Altersgrenzen nicht angemessen berücksichtigt werden.

Altersabgrenzungen für Kinder und Jugendliche kommt in den Sozialwissenschaften daher auch nur Richtwertcharakter zu. Relativ häufig werden als Kinder die bis 12-Jährigen definiert, als Jugendliche im engeren Sinn die 13- bis unter 18-Jährigen, als Heranwachsende die 18- bis 21-Jährigen und als junge Erwachsene, die ihrem sozialen Status und Verhalten nach noch als Jugendliche anzusehen sind die 21- bis 25-Jährigen, gegebenenfalls auch ältere (vgl. z.B. Schäfers 1998 und Hurrelmann 1997). Dass diese Eingrenzungen in den Sozialwissenschaften keineswegs bindend sind, wird sehr deutlich, wenn man sich ansieht, wer in den (renommierten) „Jugendstudien" unter „Jugend" firmiert: die Altersgruppen der 10- bis 15-Jährigen, 12- bis 16-Jährigen, 13- bis 18-Jährigen, 15- bis 19-Jährigen, 15- bis 24-Jährigen und 17- bis 21-Jährigen, wobei die Festlegungskriterien häufig nur unzureichend expliziert und kaum nachvollziehbar sind (vgl. Zartler 1997). Um nur zwei aktuelle Beispiele zu nennen: In der 16. Ausgabe Shell Jugend werden Jugendliche sehr weit als die Gruppe der 12- bis 25-Jährigen gefasst (vgl. Shell Deutschland 2010), die letzte Ausgabe der kontinuierlichen JIM-Studien sind abermals die Gruppe der 12- bis 19-Jährigen als Jugendliche vor (vgl. MPFS 2009a), ungeachtet der Tatsache, dass das gleiche Forschungsinstitut in der KIM-Studie Kinder als die Gruppe der 6- bis 13-Jährigen konzipiert (vgl. MPFS 2009b).

Dass fixe Altersgrenzen in den Sozialwissenschaften kein valides Abgrenzungskriterium sind, dafür spricht auch das Selbstverständnis der Kinder und Jugendlichen. Schon vor einigen Jahren wurden die bundesdeutschen 12- bis 24-Jährigen danach gefragt, ob sie sich eher als Jugendliche oder Erwachsene sehen, so ergibt sich folgendes, vom Rechtsverständnis abweichendes Bild: Von den 12- bis 14-Jährigen (die meisten von ihnen sind im rechtlichen Sinn Kinder) sieht sich bis auf wenige Ausnahmen jeder als Jugendlicher. Von den 15- bis 17-Jährigen (sie sind im rechtlichen Sinne klar Jugendliche) zählt sich immerhin schon jeder Zwölfte zu den Erwachsenen. Und von den 22- bis 24-Jährigen (sie sind im rechtlichen Sinne schon lange keine Jugendlichen mehr) sieht sich noch jeder Vierte als Jugendlicher (vgl. Münchmeier 1997). Deutlich abweichend von unserem Rechtsverständnis auch die Ergebnisse einer für österreichische 11- bis 14-Jährige repräsentativen Studie: Bereits jeder zweite 12-Jährige sieht sich als Jugendlicher, bei den 13-Jährigen sind es sogar vier von fünf (vgl. Kromer 1995).

Die sozialwissenschaftliche Perspektive wie auch das Selbstverständnis junger Menschen zeigen sehr deutlich: Als Altersgruppen lassen sich Kinder und Jugendliche allenfalls idealtypisch eingrenzen. Unabhängig davon wo die Linie gezogen wird, die anhand fixer Altersgrenzen definierten Gruppen enthalten nicht nur und nicht alle Menschen, die hinsichtlich ihres faktischen Entwicklungsstandes ebenso wie hinsichtlich ihres subjektiven Empfindens Kinder und Jugendliche sind. Die differenzierten Grenzziehungen des gesetzlichen Jugendmedienschutzes (Altersfreigaben) sind zumindest im Detail als problematisch einzuschätzen (vgl. z.B. Eller 2001), wenn sie nicht gar insgesamt den Sozialisationsbedingungen und Gegebenheiten des Aufwachsens und Jungeins in modernen Gesellschaften nicht mehr entsprechen (vgl. z.B. Baum 2001) und sich daher die Notwenigkeit und Berechtigung ergibt, „die bestehenden Gesetze zum Schutz der Jugendlichen hinsichtlich ihrer Altersdifferenzierung neu zu überdenken" (Knoll 1999, S. 35).

Solche Argumente haben im restriktiv-bewahrenden Jugendmedienschutz bislang allerdings nur bedingt Eingang gefunden. Der JMStV erwähnt in § 5 die Altersstufen 14, 16, 18 Jahre. Maßstab auch für die Prüfung von Internetangeboten kann nach gegenwärtigem Stand der Dinge nur das sein, was im Staatsvertrag selbst und in den anderen einschlägigen Gesetzen, Verordnungen und Bestimmungen als Zielgruppe jugendschützerischen Tuns definiert ist. Diese Zielgruppe wird im Folgenden dargestellt.

4.2. Staatsvertraglicher Altersmaßstab der Prüfung

Für eine Überprüfung von Internetangeboten im Sinne des Jugendmedienschutz-Staatsvertrages sind die 14- bis unter 18-Jährigen die Kernzielgruppe des jugendschützerischen Handelns. Das heißt nicht, dass Kinder (die unter 14-Jährigen) gänzlich aus dem Schutzbereich des Jugendmedienschutzes herausfallen. Deren

Schutz wird im besonderen Maße durch die Freigabe „ab 0 Jahre" sowie das staatsvertragliche Trennungsgebot des § 5 Abs. 7 JMStV gewährleistet. Der staatsvertragliche Ansatz klar definierter Altersgrenzen ist vor dem Hintergrund der skizzierten sozialwissenschaftlichen und entwicklungspsychologischen Erkenntnisse zwar durchaus diskussionswürdig, hat aber den Vorteil eines zumindest im Grundsatz handhabbaren Kriteriums, mit dem (insgesamt betrachtet) zielgruppenorientiertes jugendschützerisches Handeln möglich ist.

Im Sinne des JMStV müssen Internetdienste nicht durchweg kindgerecht gestaltet sein. Der Staatsvertrag toleriert, dass Kinder mit Jugendangeboten in Berührung kommen können, selbst wenn diese für Kinder zwischen dem ersten und dem 14. Lebensjahr potentiell entwicklungsbeeinträchtigend sein können. Der Gesetzgeber nimmt auch in Kauf, dass Kinder, die ohne Jugendschutzprogramm im Internet surfen, auch Angebote für Jugendliche bis 18 Jahre wahrnehmen können.

Abgesehen vom Alter und einer damit implizit unterstellten altersspezifischen Gefährdungsneigung seitens der Rezipienten ist bei der Beurteilung von Internetangeboten durch den Beschwerdeausschuss oder die Gutachterkommission der FSM auch eine ggf. altersunabhängige Gefährdungsneigung zu berücksichtigen und vom durchschnittlichen, nicht gefährdungsgeneigten Jugendlichen auszugehen, sofern sich nicht anhand objektiver Merkmale ableiten lässt, dass eine Risikogruppe gefährdungsgeneigter Jugendlicher das Angebot überdurchschnittlich nutzt (siehe Kap. 9.3).

4.3. Jugendliche als ein spezifischer Rezipientenkreis

Die hinsichtlich ihres Alters eingegrenzte Gruppe der Jugendlichen als Schutzobjekt des Jugendmedienschutz-Staatsvertrages ist in vielerlei Hinsicht ein spezifischer, von anderen Altersgruppen (Kindern und Erwachsenen) abgrenzbarer Rezipientenkreis. Wesentlich sind in diesem Zusammenhang vier Aspekte, die für die besonderen Medienzugänge Jugendlicher mitverantwortlich und bei der Begutachtung von Medienangeboten im Sinne des Jugendmedienschutzes mit zu beachten sind:

1. die jugendspezifischen Interessen und Vorlieben,
2. die hohe Medienausstattung und Kompetenz der Jugendlichen im Umgang mit den (neuen) Medien,
3. der zunächst noch eingeschränkte, sich nach und nach aber öffnende Zugang zur Welt der Medien sowie
4. die Kaufkraft und Konsumfreudigkeit, aufgrund der Jugendliche eine wichtige Zielgruppe der Medienanbieter sind.

4.3.1. Interessen und Vorlieben

Jugendliche haben entwicklungs- und sozialisationsbedingt spezifische inhaltliche Interessen, ästhetische Vorlieben und Umgangsweisen mit den Medien und ihren Inhalten. Die jugendspezifischen Präferenzen sind kulturell (Jugendliche als Subkultur) und epochal (Jugend als Generationsgestalt einer bestimmten Zeit) überformt und auf der Ebene des Individuums auch vom jeweiligen Entwicklungsstand abhängig. Dabei leiten geistige und sozial-moralische Fähigkeiten das Verständnis und die Interpretation von Medienangeboten, der Entwicklungsstand beeinflusst die handlungsleitenden Themen und diese haben wiederum Bedeutung für die Medienpräferenzen und die Orientierungssuche, „also für all das, wonach in den Medien Ausschau gehalten wird, um es auf die Tauglichkeit für die eigenen Persönlichkeits- und Lebenskonzepte zu prüfen“ (Theunert 2003, S. 62).

Trotz der bestehenden Unterschiede in der körperlichen, psychischen, kognitiven, emotionalen und sozialen Entwicklung haben Jugendliche Bedürfnisse, Wünsche, Hoffnungen, Ängste, Vorstellungen, Orientierungen, Vorlieben und Abneigungen, die für ihre Altersgruppe typisch sind und sich von denen der Kinder und Erwachsenen in vielen Punkten unterscheiden. Besonders deutlich wird das mit Blick auf die zentralen Themen und Probleme des Jugendalters, vor dem Hintergrund der Erfüllung der lebensphasenspezifischen Entwicklungsaufgaben (Ablösung vom Elternhaus, Annäherung an das andere Geschlecht, Stellung in der Peer-group, Identitätsbildung etc.) (vgl. Kap. 2). Die damit in Zusammenhang stehenden Orientierungs- und Suchprozesse lassen vor allem die Medienangebote für Jugendliche alltagsrelevant werden, die ihnen adäquate Information, Orientierung und Identifikationsmöglichkeiten bieten oder aber ihnen erlauben, von Problemen Abstand zu gewinnen, Schul- und Alltagsstress zu vergessen oder in der Interaktion mit anderen zu verarbeiten.

In Zeiten von Netzcommunities, Mobilkommunikation und fortschreitender Medienkonvergenz erscheinen die neuen Medien mit ihren vielfältigen Möglichkeiten zur Kommunikation und Kontaktaufnahme, Information und Orientierung, Entspannung und Unterhaltung heute am ehesten in der Lage, schnell, flexibel und adressatenorientiert jugenspezifische Medienumgangsweisen und -präferenzen, Interessen- und Bedürfnislagen aufzugreifen und zu bedienen. Das geschieht strukturell durch die Bereitstellung und Etablierung entsprechender Kommunikationsräume (Stichwort Web 2.0) und inhaltlich durch die Bereitstellung und Etablierung jugendaffiner Kommunikations- und Konsumanreize im Spektrum von Informationen, Waren, Marken etc.

4.4.2. Medienausstattung und Medienkompetenz

Repräsentativen Daten zur Medienausstattung der 12- bis 19-Jährigen im Jahr 2009 (vgl. MPFS 2009) lässt sich entnehmen: Fast alle Haushalte, in denen Jugendliche aufwachsen, sind mittlerweile mit Fernsehgerät, Handy, PC/Laptop, Internetzugang, Digitalkamera, MP3-Player/iPod und DVD-Player ausgestattet, wobei in aller Regel jeweils gleich mehrere Geräte vorhanden sind. In den meisten Haushalten befinden sich zudem auch Video-/DVD-Rekorder, eine Spielkonsole, eine abonnierte Tageszeitung und ein TV-Flachbildschirm. Fast alle Jugendliche besitzen selbst ein Handy, die meisten einen Mp3-Player, einen Computer/Laptop, ein Radio, einen Fernseher, Internetzugang und eine Digitalkamera und können dabei mehr und mehr auf multifunktionale Endgeräte zurückgreifen.

Jugendliche sind heutzutage nicht nur besser mit Medien ausgestattet als Kinder, häufig besitzen und nutzen sie auch mehr Medien bzw. andere Medien als die älteren Generationen. Sie sind die erste Generation, die mit einem Medienensemble aufgewachsen ist, das insbes. durch die Möglichkeiten von Computer und Internet sehr viel mehr bietet als das, was ihre Eltern und Großeltern in ihrer Jugend zur Verfügung hatten und teilweise auch heute noch zur Verfügung haben. In den jugendspezifischen Medienpräferenzen und -nutzungsformen haben Jugendliche eigene Nutzungskompetenzen hinsichtlich der nur bzw. vor allem für sie relevanten Medienangebote erworben. Im Zuge der fortschreitenden medialen Ausdifferenzierungen sind Jugendliche wie Kinder und Erwachsene auch gewissermaßen zu Experten von Medienangeboten geworden, die für Außenstehende (idealtypisch andere Altersgruppen) immer weniger einsehbar und - etwa in ihrem alltagspraktischen Sinn - immer weniger zu verstehen sind. Hinsichtlich einer Abgrenzung zum Rezipientenkreis der Erwachsenen ist darauf zu verweisen, dass Jugendliche heute eine Fülle neuartiger Medienerfahrungen sammeln, die Erwachsene in ihrer Kindheit nicht sammeln konnten (Mobilkommunikation, Internet etc.).

4.4.3. Medienzugang

Durch die Reglementierungen des Jugendmedienschutzes und andere erzieherische Interventionen sowie durch entwicklungs- und sozialisationsbedingt fehlende Erfahrungen haben Jugendliche einen eingeschränkten Zugang zur Medienwelt, die sich ihnen nach und nach ganz öffnet, sei es durch die wegfallenden Altersbeschränkungen und Sendezeitgrenzen oder durch den eigenen Gerätebesitz der Jugendlichen und die nachlassenden Interventionen der Eltern. Durch die umfangreiche medientechnische Ausstattung der Jugendlichen und deren hohe Technik- und Anwendungskompetenzen wird die Reglementierung und Kontrolle allerdings auch immer schwieriger, sei es mittels Maßnahmen des Jugendmedienschutzes oder durch die technisch und kognitiv häufig überforderten Eltern.

Faktisch wird den Jugendlichen der Zugang zu bestimmten Medieninhalten durch die institutionalisierten Maßnahmen des Jugendmedienschutzes natürlich erschwert. Gerade die Altersfrei-

gaben der Freiwilligen Selbstkontrollen (insbes. die von USK, FSM und FSK) sind noch immer alltagsrelevant für die junge Generation. Nicht zu übersehen ist allerdings auch der Reiz des Verbotenen und Unerwünschten, der von den Erwachsenenangeboten ausgeht und der die Heranwachsenden hier und da die Schranken überwinden lässt.
Interventionen der Erziehenden verlieren im Altersverlauf der Jugendlichen ohnehin deutlich an Bedeutung. Bei der familiären Fernseherziehung zum Beispiel bedeutete das in der Vergangenheit, dass die meisten Jugendlichen im Alter zwischen 12 und 15 Jahren (74%) noch klare Vorgaben von den Eltern bekommen hatten, was wann erlaubt ist. Bei den 16- bis 17-Jährigen waren es nur noch eine Minderheit (36%) (vgl. Schorb & Theunert 2001).

Durch die in den letzten Jahren rasante Entwicklung im Medienbereich und die damit auch einhergehende hohe technische Tiefe von Lean-Forward-Medien (vgl. Kap. 3) auf der einen Seite und dem Kompetenzvorsprung der Jugendlichen gerade beim Umgang mit Computer und Internet auf der anderen Seite, gestalten sich Interventionen durch die Eltern natürlich auch immer schwieriger. Faktisch besprechen oder kontrollieren hierzulande nur die wenigsten Eltern die Internetnutzung ihrer Kinder. Oft wissen die Erziehenden gar nicht, was ihre Kinder im Internet treiben, und sind sich der realen Gefahren des WWW nicht hinreichend bewusst (vgl. z.B. European Commission 2008, Harris Interactive 2008) (siehe auch Kap. 2). Was außerhalb der heimischen Sphäre passiert, also da, wo die Jugendlichen oft auch Medien nutzen (bei Freunden und Bekannten, im Internetcafé etc.), entzieht sich ohnehin weitestgehend der elterlichen Kontrolle.

4.4.4. Kaufkraft und Konsumfreudigkeit

Mit ihrer Kaufkraft und Konsumfreudigkeit sind die Jugendlichen eine sehr wichtige, raffiniert umworbene und hart umkämpfte Zielgruppe auf dem von Kommerz bestimmten Medien- und Werbemarkt. Mit einer eigenen Kaufkraft von ca. 25 Milliarden Euro jährlich verfügten die Jugendlichen zu Beginn des 21. Jahrhunderts über eine immense Kaufkraft, wobei nicht zu vergessen ist, dass durch ihren Einfluss auf die Kaufentscheidung in den Familien noch viel mehr Geld bewegt wird (vgl. hierzu z.B. die Sichtung nicht nur wissenschaftlicher Quellen von Thole 2002). An den Größenordnungen hat sich in den 2000er Jahren nicht viel geändert. In den von Iconkids & Youth vorgenommenen Hochrechnungen bewegte sich die Kaufkraft der 6- bis 19-Jährigen in den letzten Jahren bei ca. 20 Milliarden Euro.

In der Konsequenz gibt es eine Vielzahl und Vielfalt an Medienangeboten (Fernsehsendungen, Radiosendungen, Zeitschriften, Fanzines, Internetseiten, Communities etc.), die speziell für Jugendliche gemacht sind bzw. möglichst viele aus dieser Zielgruppe an sich, an die darin enthaltenen Konsumanreize und Werbebotschaften und im „Idealfall" an die Anbieter insgesamt binden sollen. Im Vordergrund steht dabei nicht die Frage, wie den Jugendlichen pädagogisch wertvolle und ihren Bedürfnissen entsprechende Inhalte angeboten werden können, sondern wie mit möglichst geringen Kosten möglichst viele kaufkräftige und konsumfreudige junge Menschen an die (Werbe-)Angebote herangeführt werden können. Nicht zuletzt in diesem Zusammenhang sind Jugendliche ein spezifischer, von Kindern und Erwachsenen abgrenzbarer Rezipientenkreis.

Kapitel 5: Definition der vom Beschwerdeausschuss zu prüfenden Bewertungseinheit bei Telemedien (das „Angebot“)

Bei jeder Prüfung eines Telemedienangebots hat der Beschwerdeausschuss den Aufbau, den Kontext, den Gesamtzusammenhang und die besondere Wirkungsform des Angebots zu berücksichtigen. Die Erfüllung dieser Begutachtungs- und Bewertungspflicht erfordert es, dass der Gegenstand der Begutachtung, das „Angebot“ (im Folgenden: „Bewertungseinheit“), in ausreichendem Umfang definiert ist. Ganz grundsätzlich gilt dabei, dass das Angebot so zu prüfen ist, wie es dem Nutzer entgegentritt. Eine zergliederte Betrachtungsweise unter Ausblendung des Kontexts, in den ein Inhalt eingebettet ist, führt ggf. zu unvertretbaren Ergebnissen. Die Kontextgebundenheit der Seite führt dazu, dass über die Angaben des Beschwerdeführers hinaus weitere Elemente der Seite in die Prüfung miteinzubeziehen sind.

5.1. Domain und Unterverzeichnisse

Die für die Prüfung maßgebliche Bewertungseinheit besteht zunächst in dem Inhalt der dem Beschwerdeausschuss zur Prüfung vorgelegten Internet-Seite. Bestimmte Inhaltselemente dürfen dabei nicht aus der Prüfung von vornherein herausfallen. Der gesamte unter einer Second-Level-Domain abrufbare Inhalt kann zur Bewertungseinheit gehören, auch wenn in der Beschwerde eine einzige konkrete URL angegeben ist. Zunächst ist die konkrete vom Beschwerdeführer/ Verfahrensführer angegebene Seite in ihrer Gesamtheit Prüfungsgegenstand (siehe hierzu unten 5.2.). Der unter der gesamten Domain abrufbare Inhalt mit allen Unterverzeichnissen wird über die unter der konkreten URL angegebenen Seite zur Bewertungseinheit, wenn die Beschwerde sich offensichtlich nicht nur gegen die explizit angegebene URL richtet, sondern wenn aus den Ausführungen des Beschwerdeführers eindeutig hervorgeht, dass die Angabe einer konkreten Unterseite nur exemplarischer Natur ist. Dies ist sehr häufig der Fall. Nicht selten sind Beschwerden beispielsweise wie folgt formuliert: *„Ich kann nicht verstehen, dass Internetseiten wie etwa http://www.abc.*

de/xyz/123.html Kindern zugänglich gemacht werden müssen. Bereiten Sie bitte dem Treiben des Anbieters ein Ende". In diesen Fällen ist die Beschwerde dahingehend auszulegen, auf welchen Teil des Gesamtangebots sie sich bezieht und die Prüfung auf diesen Teil des Angebots zu beschränken.

Stets sind die übrigen Unterverzeichnisse der Website einschließlich Eingangsseite für die Auslegung des Inhalts der konkret angegebenen URL von Bedeutung, insbesondere für die Frage nach einer Privilegierung im Sinne des § 5 Abs. 8 JMStV.

5.2. Einzelelemente und Gesamteindruck

Der Inhalt der so zu bewertenden Internet-Seiten besteht zum einen aus den einzelnen Elementen wie Bildern, Ton, Animationen und Texten, zum anderen aus dem sich durch das Zusammenwirken der Einzelelemente ergebenden Gesamteindruck des Angebots. Vorrangig maßgeblich für die Beurteilung des Beschwerdeausschusses ist der Gesamteindruck, da eine zergliederte Betrachtung (nur) einzelner Inhaltselemente den Sinn einer Gesamtpublikation entstellen kann (z.B. im Rahmen der Prüfung des Pornografiebegriffs, ob das betreffende Angebot in seiner *Gesamttendenz ... überwiegend* auf *sexuelle Stimulation* angelegt ist) und eine Gesamtbetrachtung für die Prüfung des Eingreifens von Rechtfertigungsgründen (etwa § 5 Abs. 8 JMStV) unerlässlich ist. Hiervon ausgenommen sind die absolut unzulässigen Inhalte, die stets einer Einzelbetrachtung unterzogen werden müssen und deren Verfügbarmachung keinerlei Rechtfertigung unterliegen kann. Ein anderweitiger Gesamteindruck (z.B. im Rahmen einer Aufklärungsseite über Kinderpornografie) kann die Abbildung des absolut unzulässigen Einzelelements (z.B. ein kinderpornografisches Foto) nicht in Bereich der Rechtmäßigkeit überführen.

5.3. Werbung, insbesondere Banner

Zum „Angebot" gehören ferner insbesondere auch sämtliche Werbeformen wie Banner (ob mit Link der ohne), Spiele, Frames, interaktive Funktionalitäten oder Kaufmöglichkeiten, die vom Anbieter eigenhändig eingestellt werden.

Banner, die automatisch von Ad-Servern eingepflegt und ohne weiteres Zutun des Beschwerdegegners in die Website an der dafür vorgesehenen Stelle eingebunden werden, sind dann dem Angebot des Beschwerdegegners zuzurechnen, wenn dieser konkrete Kenntnis von dem Inhalt des Banners hat oder wenn er aus dem ihm bekannten Geschäftsfeld des den Banner einpflegenden Dritten schließen muss, dass die automatisch eingebundenen Banner jugendmedienschutzrechtlich zu beanstandende Inhalte aufweisen.

5.4. Pop-Ups und Pop-Unders

Ähnlich wie automatisch in die Website des Beschwerdegegners eingepflegte Banner können zur Bewertungseinheit zusätzliche komplette Internet-Seiten gehören, die sich dem Nutzer nach dem Aufrufen der betreffenden Internet-Seiten, nach Ausführen einer Funktion auf den Internet-Seiten oder nach Verlassen der Internet-Seiten ohne sein Zutun öffnen und zur Betrachtung darbieten (so genannte Pop-Ups und Pop-Unders). Sofern es sich bei den Pop-Ups oder Pop-Unders um Internet-Seiten eines Dritten handelt, die über einen Ad-Server des Dritten oder eines technischen Dienstleisters nach Verlassen der Website des Anbieters automatisch und ohne weiteres Zutun des Beschwerdegegners aufgerufen werden (z.B. infolge der bloßen Teilnahme an einem Partnerprogramm), können derartige Drittinhalte nur dann dem Angebot des Beschwerdegegners zugerechnet werden, wenn er konkrete Kenntnis von dem Inhalt der sich öffnenden Internet-Seiten hat oder wenn er aus dem ihm bekannten Geschäftsfeld des Dritten schließen muss, dass die eingebundenen Pop-Ups oder Pop-Unders jugendmedienschutzrechtlich zu beanstandende Inhalte aufweisen.

5.5. Nicht im Browserfenster sinnlich wahrnehmbarer Code u.ä.

Nicht zur Bewertungseinheit gehören dagegen die Teile des den Internet-Seiten zugrunde liegenden HTML-Codes, der auf den Internet-Seiten keine für den Nutzer wahrnehmbare Entsprechung findet, insbesondere Metatags, Keywords oder „Weiß-auf-Weiß"-Schrift.

5.6. Links: Erste Verlinkungsebene

Zur Bewertungseinheit können weiterhin grundsätzlich auch Inhalte zählen, die sich nach dem Anwählen eines Hyperlinks auf der betreffenden Internet-Seite oder auf einem Banners erschließen (erste Verlinkungsebene), unabhängig davon, ob es sich um Inhalte des Anbieters oder solche Dritter handelt. Dies ist jedoch nur der Fall, wenn und soweit der Anbieter von dem Inhalt der verlinkten Angebote Kenntnis hatte oder verpflichtet war, aufgrund von konkreten Anhaltspunkten die unter dem Link erreichbaren Inhalte in jugendschutzrechtlicher Hinsicht zu überprüfen, soweit eine solche Prüfung objektiv zumutbar war und zur Feststellung der jugendschutzrechtlichen Rechtswidrigkeit aus Sicht des Anbieters hätte führen können. Konkrete Anhaltspunkte, die zu einer Prüfungspflicht wie vorstehend führen können, können insbesondere der Name und das Geschäftsfeld des Drittanbieters auf der ersten Verlinkungsebene und der konkrete Zusammenhang, in welchem der Link gesetzt wird (z.B. ein Bericht über radikale politische Bewegungen oder pornografische Strömungen), sein.

Eine Prüfungspflicht besteht außerdem dann, wenn zwar im Zeitpunkt des Setzens des Hyperlinks keine Kenntnis vorlag oder zur Prüfung Anlass gebende Anhaltspunkte bestanden, derartige Umstände jedoch zu einem späteren Zeitpunkt eintreten, insbesondere wenn der Anbieter Kenntnis darüber hat oder sich ihm der konkrete Verdacht aufdrängen muss, dass sich die Inhalte, die unter dem gesetzten Hyperlink erreichbar sind, entsprechend geändert haben.

5.7. Weitere Verlinkungsebenen

Inhalte, die erst nach Anwählen eines weiteren Hyperlinks auf den Internet-Seiten der ersten Verlinkungsebene erreichbar sind, gehören grundsätzlich nicht zur Bewertungseinheit (zweite oder höhere Verlinkungsebene). Anderes gilt nur, wenn für den Anbieter bereits bei der Überprüfung der Inhalte der ersten Verlinkungsebene, soweit er zur Überprüfung nach dem Vorstehenden verpflichtet ist, offensichtlich ist, dass die auf der zweiten Verlinkungsebene erreichbaren Inhalte jugendschutzrechtliche Relevanz haben. Dies ist insbesondere dann der Fall, wenn unverkennbar ist, dass die auf der ersten Verlinkungsebene ereichte Internet-Seite lediglich als Durchleitungsseite dient, um eine mögliche Verantwortlichkeit zu umgehen (eindimensionaler Linkpfad).

5.8. Distanzierung vom verlinkten Inhalt

Nicht zur Bewertungseinheit gehören ferner Inhalte, die von den Internet-Seiten des Anbieters verlinkt sind, wenn der betreffende Link im Rahmen eines redaktionell gestalteten Informations- oder Meinungsangebotes gesetzt ist und sich der Anbieter konkret und ausdrücklich von den unter dem Link erreichbaren Inhalten distanziert, d.h. er sich die Inhalte unter keinem Gesichtspunkt zu eigen macht.

Nicht ausreichend ist in diesem Zusammenhang ein distanzierender Hinweis, wenn dieser keinen Bezug zu dem betreffenden Hyperlink aufweist, insbesondere wenn sich ein Hinweis lediglich im Impressum der Website des Anbieters befindet. Allen voran und durchweg ungenügend ist der in weiten Webmasterkreisen verbreitete, jedoch rechtlich komplett irrelevante und irreführende Hinweis, dass das *„Landgericht Hamburg mit Urteil vom 12. September 1998 – 312 O 58/98 – ‚Haftung für Links' – entschieden"* habe, dass man ohne ausdrückliche Distanzierung im Impressum den Inhalt der verlinkten Seite zu verantworten hat und man sich daher hiermit ausdrücklich von den verlinkten Inhalten distanziere. Im Umkehrschluss bedeutet dieser Hinweis, dass die Distanzierung im Impressum zur Vermeidung einer Verantwortlichkeit genügt. Eine solche Rechtsauffassung ist unter gegenwärtig geltenden gesetzlichen und staatsvertraglichen Bestimmungen unhaltbar, so dass der Beschwerdeausschuss diesem Hinweis bei der Beurteilung der Frage, ob ein verlinkter Inhalt dem Beschwerdegegner zuzurechnen ist, keine Beachtung schenkt.

In diesem Sinne ausreichend ist jedoch ein konkret auf die unter dem Hyperlink befindlichen Inhalte bezogener und ernsthafter, auch pauschaler, Hinweis, dass es sich bei den verlinkten Inhalten nicht um Inhalte des Anbieters handelt oder dass der Anbieter sich von den unter dem Link erreichbaren Inhalten distanziert. Anderes gilt nur dann, wenn die übrigen Umstände des Angebots des Beschwerdegegners offensichtlich belegen, dass der distanzierende Hinweis missbräuchlich und allein zur Schaffung einer formalen, gleichwohl inhaltsleeren Rechtfertigungsposition eingefügt wird.

5.9. Verletzung des Trennungsgebots

Darüber hinaus können über Links vermittelte Inhalte dann zu der Bewertungseinheit gehören, wenn auf den Internet-Seiten Werbung und redaktioneller Teil nicht auf eine Weise optisch getrennt sind, dass der Nutzer ohne Weiteres zwischen Werbung und redaktionellem Teil unterscheiden kann.

5.10. Verweise ohne Hyperlink

Nicht zur Bewertungseinheit gehören zuletzt Inhalte außerhalb der Website des Anbieters, auf die der Anbieter lediglich textlich verweist, ohne dass der Verweis mit einem Hyperlink unterlegt ist. Dies gilt auch, wenn im verweisenden Text die URL der Internet-Seite, welche die betreffenden Inhalte enthält, aufgeführt ist.

Kapitel 5.11.: Web2.0-Angebote

Gerade bei den Web2.0-Angeboten stellt sich die Frage nach der Bewertungseinheit.

Das Web 2.0 ist eine Weiterentwicklung des WWW, die ab ca. 2005 einsetzte. In technischer Hinsicht ist das Web 2.0 geprägt durch eine Art „Beschleunigung“: Die zuvor meist statischen Webseiten wurden in großem Umfang zu dynamischen Webseiten - teilweise durch die Einbindung nutzergenerierter Inhalte - weiterentwickelt. S. kommt es zu einem wesentlich häufigeren Wechsel der angebotenen Inhalte, die zudem nicht zwangsläufig dem Anbieter der Website zugerechnet werden können. Nutzerseitig ging zeitgleich eine Veränderung der technischen Situation einher, indem verstärkt Breitbandnetze ausgebaut wurden und beispielsweise Flatrates nutzbar sind.

Die neuen technischen Möglichkeiten der Web-2.0.-Plattformen prägen in sozialer Hinsicht das Nutzungsverhalten der Anwender. Der Nutzer kann ebenfalls zum „Sender“ werden, indem er das Internet aktiv, durch Erstellen und Bearbeiten von Inhalten, in seinem Sinne gestaltet. Dabei verwischt die vormals strikte Trennung zwischen Inhalteanbieter und Rezipienten und gleichzeitig kommt es zu einer verstärkten Vernetzung der Nutzer untereinander. Man spricht deshalb auch vom „Mitmach-Web“ und bezüglich der Inhalte von „user generated content“.
Als Beispiele für Web2.0-Anwendungen seien an dieser Stelle genant: Social Communities (auch Social Network oder Soziales Netzwerk genannt), Poadcasts, Weblogs, Wikis, Social Bookmarks, Fotoportale und Videoportale.

Die Vorschriften des Telemediengesetz (TMG) sehen eine abgestufte Verantwortlichkeit für Telemedienanbieter vor, wobei die Regelungen des TMG nicht selbständige Anspruchsgrundlagen darstellen.
Gemäß § 7 Abs. 1 TMG sind Inhalteanbieter (=Content-Provider) grundsätzlich für eigene Informationen, die sie zur Nutzung bereithalten, nach den allgemeinen Gesetzen verantwortlich. Nach § 8 TMG haften Access-Provider grundsätzlich nicht für fremde Informationen und laut § 9 sind Cache-Provider für fremde Informationen ebenfalls grundsätzlich nicht Verantwortlich.

§ 10 Abs. 1 TMG statuiert ein Haftungsprivileg für Host-Provider: „Diensteanbieter sind für fremde Informationen, die sie für einen Nutzer speichern, nicht verantwortlich, sofern

1. sie keine Kenntnis von der rechtswidrigen Handlung oder der Information haben [...], oder
2. sie unverzüglich tätig geworden sind, um die Information zu entfernen oder den Zugang zu ihr zu sperren, sobald sie diese Kenntnis erlangt haben. " Diese nur eingeschränkte Haftung von Hostprovidern trifft auf die Konstellationen der Web2.0-Angebote zu: Die Nutzerinhalte stellen sich als fremde Informationen gemäß § 10 Abs. 1 TMG dar. Der Anbieter, beispielsweise einer Social Community, stellt für die Nutzer lediglich die Plattform bereit und speichert für die Nutzer die von ihnen eingestellten Informationen. Die Haftungsprivilegierung entfällt ab der Kenntnis der möglichen Rechtswidrigkeit.

Dabei ergibt sich dann das Paradoxon, dass ein Anbieter eines Web2.0-Angebotes, der die von den Nutzern hochgeladenen Inhalte filtert oder sein Angebot moderiert bzw. anderweitig kontrolliert, stärker bzw. früher haftet, wenn bei dieser Kontrolle ein rechtswidriger Inhalt übersehen wurde. Das Haftungsrisiko eines Web2.0-Anbieters mit stärkeren Kontrollmaßnahmen verschärft sich durch § 10 Abs. 1 TMG, da durch die Kontrolle die Kenntnisnahme gemäß § 10 Abs. 1 Ziffer 1 vorverlagert wird.

Als die für die Prüfung einer Beschwerde gegen ein Web2.0-Angebot maßgebliche Bewertungseinheit ist zunächst der von dem Beschwerdeführer / Verfahrensführer angegebene Inhalt heranzuziehen. Bei eventuellen Unsicherheiten über den zu prüfenden Umfang des Inhaltes ist der Autor des beanstandeten Inhaltes der zentrale Anknüpfungspunkt anzusehen. Das bedeutet, dass bei Beschwerden über Inhalte beispielsweise in einem Profil einer Social Community das gesamte Profil dieses Nutzers die Bewertungseinheit darstellt. Bei einer Beschwerde über einen Inhalt in einer Gruppe einer Social Community ist dann der gesamte konkret angeführte Beitrag des Autors zu prüfen. Allerdings ist zu beachten, dass der Anbieter, der den Inhalt lediglich hostet, nicht automatisch haftet. Bevor Sanktionen gegen ihn ausgesprochen werden dürfen, ist er auf den Rechtsverstoß hinzuweisen. Erst wenn er den zu beanstandenden Inhalt nicht binnen angemessener Frist löscht, können die Maßnahmen der § 11 Nr. 4 der Beschwerdeordnung gegen den Anbieter ergehen.

Kapitel 6: Kriterien für die Bewertung von unzulässigen Angeboten i.S.d. § 4 Abs. 1

In § 4 Abs.1 JMStV sind die absolut unzulässigen Angebote geregelt. Diese Angebote dürfen überhaupt nicht über das Internet verbreitet werden, also auch nicht an Erwachsene.

6.1. Zu § 4 Abs. 1 S. 1 Nr. 1 JMStV (Propagandamittel verfassungswidriger Organisationen, vgl. § 86 StGB)

Unbeschadet strafrechtlicher Verantwortlichkeit sind hiernach Angebote unzulässig, die Propagandamittel i.S.d. § 86 StGB darstellen.

Das Verbot gilt nur für Propagandamittel der in § 86 Abs. 1 Nr. 1 bis 4 StGB bezeichneten Parteien, Vereinigungen und Ersatzorganisationen. Eine vollständige Liste aller insoweit in Frage kommenden Gruppierungen einschließlich ihrer jeweiligen Kennzeichen ist, soweit ersichtlich, nicht erhältlich. Eine Auflistung wegen Rechtsextremismus verbotener Organisationen findet sich aber im Internetangebot des Bundesamts für Verfassungsschutz (http://www.verfassungsschutz.de/download/SHOW/broschuere_0810_RE_Kennzeichen_12.11.08.pdf). Dort ist zudem eine Auswahl verbotener Kennzeichen, Grußformen, Parolen, etc. aufgeführt.

Voraussetzung des § 4 Abs. 1 S. 1 Nr. 1 JMStV ist in Übereinstimmung mit § 86 Abs. 2 StGB des Weiteren, dass sich das Angebot inhaltlich gegen die freiheitliche demokratische Grundordnung der Bundesrepublik oder gegen den Gedanken der Völkerverständigung richtet.

Anlass, ein Angebot speziell unter dem Gesichtspunkt der Ausrichtung *gegen die freiheitlich-demokratische Grundordnung* eingehender zu prüfen, besteht daher immer dann, wenn es sich gegen tragende Grundsätze des freiheitlich demokratischen Verfassungsstaats der Bundesrepublik richtet, etwa also:

- die Volkssouveränität, die Gewaltenteilung oder das demokratische Wahlrecht einschließlich der Unmittelbarkeit der Wahl, z.B. indem es zum „Volkskampf gegen Demokratie und Ausbeutung" aufruft oder eine „Volksmiliz" unter Übernahme der Befehlsgewalt durch die „werktätige Bevölkerung" einfordert;
- die rechtsstaatliche Bindung der drei Staatsgewalten, also gegen die Bindung der Legislative an die verfassungsmäßige Ordnung und die Bindung der Exekutive und der Judikative an Recht und Gesetz;
- das Recht auf die Bildung und Ausübung einer parlamentarischen Opposition, bspw. durch Bestrebungen, die auf ein Ein-Parteien-System oder ein „volksdemokratisches Regime" gerichtet sind;
- die Ablösbarkeit der Regierung und ihre Verantwortlichkeit gegenüber dem Parlament;
- die richterliche Unabhängigkeit;
- den Ausschluss jedweder Gewalt- und Willkürherrschaft.
- Dieser Punkt umfasst alle Prinzipien, welche die verfassungsmäßige, rechtsstaatliche, auf Selbstbestimmung des Volkes und Garantie von Grundrechten basierende Staatsordnung insgesamt prägen, einschließlich aller bereits vorstehend genannten Grundsätze. Um „Willkürherrschaft" handelte es sich bspw., wenn in der Bundesrepublik „kein Jude auf irgendeinem maßgebenden Posten" sitzen dürfte.

Die Ausrichtung eines Angebots *gegen den Gedanken der Völkerverständigung* kommt in Betracht, wenn es sich gegen das Ziel wendet, ein friedliches Zusammenleben der Völker auf der Grundlage einer Einigung ohne das Mittel der Gewalt zu erreichen. Jedoch muss sich das Angebot seinem Inhalt nach „aggressiv" gegen diese Grundsätze richten. Die Feststellung einer derartigen, aggressiven Zielrichtung setzt ggf. ein Lesen „zwischen den Zeilen" sowie die Ergänzung des Angebotsinhalts durch dort nicht unmittelbar aufgeführte, jedoch allgemeinkundige Tatsachen, etwa den Holocaust als historische Tatsache voraus. Einschränkend zu berücksichtigen ist hierbei, dass sich eine aggressive Tendenz noch nicht aus jedweder, den Gedanken der Völkerverständigung irgendwie hinterfragenden Aussage ergeben kann; so erreicht die bloße Ablehnung der „Rassenvermischung" die ohne Herabsetzung anderer Rassen mit dem „Verlust nationaler Identität" begründet wird, diese Hürde anerkanntermaßen noch nicht.

„Propaganda" i.S.d. § 4 Abs. 1 S. 1 Nr. 1 JMStV, § 86 Abs. 1 StGB liegt sonach nur vor, wenn aus der Meinungsäußerung eine aktiv kämpferische, aggressive Tendenz erkennbar ist.

6.2. Zu § 4 Abs. 1 S. 1 Nr. 2 JMStV (Verwendung von Kennzeichen verfassungswidriger Organisationen, vgl. § 86a StGB)

Inkriminierte Kennzeichen i.S.v. § 86a Abs. 2 StGB sind insbesondere Fahnen, Abzeichen, Uniformstücke, Parolen und Grußformen. Diese Aufzählung ist jedoch nicht abschließend, vielmehr sind Kennzeichen in diesem Sinn neben in Gegenständen verkörperten Symbolen auch nichtkörperliche optische oder akustische charakteristische Erkennungszeichen verfassungswidriger Organisationen. Von der Rechtsprechung werden daher auch Lieder wie das „Horst-Wessel-Lied" oder „Es zittern die morschen Knochen" als NS-Kennzeichen angesehen, wobei bereits das Spielen von einschlägigen Melodien hierfür ausreichen sollen, so dass ein etwa verfremdeter Text den Kennzeichencharakter nicht zwingend ausschließt.

Auch Porträts von Hitler oder anderen NS-Größen fallen bei fehlender Sozialadäquanz (siehe unten) unter den Begriff des NS-Kennzeichens.

Das Verwendungsverbot gilt ebenfalls nur für Kennzeichen der in § 86 Abs. 1 Nr. 1, 2 und 4 StGB bezeichneten Parteien und Vereinigungen (Näheres siehe oben).

Zu beachten ist, dass nicht nur Originalkennzeichen, sondern auch solche Kennzeichen, die diesen zum Verwechseln ähnlich sind, unter das Verbot fallen, § 86a Abs. 2 S. 2 StGB. Die Rechtsprechung hat dies bspw. angenommen bei „Hakenkreuzen mit zu kurzen Querbalken". Jedoch hat der Bundesgerichtshof entschieden, dass im Gebrauch der unter Rechtsradikalen weit verbreiteten Losung „Ruhm und Ehre der Waffen-SS. kein Verwenden von Kennzeichen ehemaliger nationalsozialistischer Organisationen nach § 86 a StGB liegt, da diese Parole im Wortlaut von keiner dieser Organisationen gebraucht worden ist. Eine hinreichende Ähnlichkeit wird abgelehnt, weil weder mit der Originalparole der Waffen-S. („Meine/ unsere Ehre heißt Treue") noch mit der der Hitlerjugend „Blut und Ehre") eine Gleichartigkeit gegeben ist. Der Gebrauch einer Fantasieparole, die von NS-Organisationen nie verwendet worden ist und die nur den Anschein der Parole einer NS-Organisation hervorruft, fällt nicht unter diese Strafvorschrift.

Nach dem Wortlaut des § 4 Abs. 1 S. 1 Nr. 2 JMStV ist cin Angebot schon dann unzulässig, wenn es eines der hier gegenständlichen Kennzeichen „verwendet", womit jeder Gebrauch gemeint ist, der das Kennzeichen optisch oder akustisch wahrnehmbar macht, ohne dass es etwa auf eine dauerhafte Weitergabe dieses Kennzeichens an Dritte ankäme. Stets im Blick zu halten ist hier jedoch die sogenannte Sozialadäquanzklausel des § 86 Abs. 3 StGB, auf die § 86 a Abs. 3 StGB verweist. Danach ist eine Strafbarkeit dann nicht gegeben, wenn die Verwendung der an sich inkriminierten Kennzeichen staatsbürgerlichen Aufklärungszwecken, der Abwehr verfassungswidriger Bestrebungen, der Kunst, Wissenschaft, Forschung oder Lehre, der Berichterstattung über Vorgänge des Zeitgeschehens oder der Geschichte oder ähnlichen Zwecken dient. Staatsbürgerliche Aufklärung leisten Handlungen, die die politische Willensbildung des Bürgers anregen, seine Verantwortungsbereitschaft als Bürger wecken und damit zur Förderung seiner politischen Mündigkeit Wissen vermitteln. Hierher gehören etwa Fälle des kritisch verstandenen „Vergleichs" von aktuellen Agitationsmethoden mit solchen aus der NS-Zeit, sowie die politische Karikatur oder dokumentarische Darstellungen.

Entscheidend jedoch ist in all diesen Fällen, dass das Angebot den jeweils als sozialadäquat anerkannten Zwecken – jedenfalls vorwiegend – dienen soll. Diese Feststellung setzt zwingend eine zusammenfassende, den Sinn und Zweck der Abbildung im Gesamtzusammenhang erfassende Wertung voraus, die sich nicht auf Einzelerwägungen, die dem Gesamtcharakter der Abbildung vielleicht nicht gerecht werden, stützen darf.

Eindeutig nicht mehr sozialadäquat und damit i.S.v. § 4 JMStV unzulässig sind Angebote, mit denen zugleich für eine verbotene Partei geworben bzw. mit denen die Öffentlichkeit nur vorgeblich informiert wird und deren eigentlicher Zweck es ist, propagandistische Wirkung zu erzielen oder etwa das NS-System zu verharmlosen. Jedoch setzt gerade auch dieser Befund eine Gesamtwürdigung voraus.

Die ironische oder kritische Verwendung solcher Kennzeichen ist nach der höchstrichterlichen Rechtsprechung im Regelfalle zulässig. Insbesondere satirische Darstellungen können von der im Grundsatz schrankenlos gewährten Kunstfreiheit aus Art. 5 Abs. 3 S. 1 GG gedeckt sein, auch solche, deren Gegenstand Kennzeichen einer ehemaligen nationalsozialistischen Organisation sind.

6.3. Zu § 4 Abs. 1 S. 1 Nr. 3 JMStV (Volksverhetzung, vgl. § 130 Abs. 1 StGB)

Mit den in § 4 Abs. 1 S. 1 Nr. 3 vor volksverhetzenden Angeboten geschützten „Teilen der Bevölkerung" sind Gruppen der inländischen Bevölkerung bezeichnet, die sich durch irgendein gemeinsames inneres oder äußeres soziologisches Merkmal wie bspw. Rasse, Volkszugehörigkeit, Religion, politische oder weltanschauliche Überzeugung, sexuelle Identität, soziale und wirtschaftliche Verhältnisse, Beruf oder bestimmte soziale Funktionen von der übrigen inländischen Bevölkerung unterscheiden und die zahlenmäßig von einiger Erheblichkeit, d.h. individuell nicht mehr überschaubar sind. In Betracht kommen sonach etwa „die" Juden, Türken, abgelehnte Asylbewerber oder Soldaten der Bundeswehr.

Außer Gruppen der innerdeutschen Bevölkerung schützt die Bestimmung zudem im Ausland lebende Gruppen von Menschen, die durch ihre Nationalität, Rasse, Religion oder Volkstum gekennzeichnet sind. Geschützt sind also z.B. auch die Aborigines in Australien oder die Amish People in den USA.

Aufstacheln zum Hass ist die Einwirkung auf Sinne und Leidenschaften, aber auch auf den Intellekt, die objektiv geeignet und subjektiv im Sinne eines zielgerichteten Handelns dazu bestimmt ist, eine gesteigerte, über die bloße Ablehnung oder Verachtung hinausgehende feindselige Haltung gegen den betreffenden Bevölkerungsteil zu erzeugen oder zu steigern. Unmittelbare Aktionen bestimmter Art brauchen damit nicht beabsichtigt zu sein, wohl aber muss es sich um eine Stimmungsmache handeln, die zugleich den geistigen Nährboden für die Bereitschaft zu Exzessen gegenüber der betroffenen Bevölkerungsgruppe liefert. Darunter fallen z.B. die Behauptung, die Juden betrieben „als Urheber einer Vernichtungslegende (6-Millionenlüge) die politische Unterdrückung und finanzielle Ausbeutung des deutschen Volkes", oder die Parole „Deutsche wehrt euch" im Zusammenhang mit der „Auschwitzlüge", ferner die Darstellung von Asylbewerbern als „betrügerische Schmarotzer, die auf Kosten der schwer arbeitenden deutschen Bevölkerung ein faules Leben führten und sich über die dummen Deutschen auch noch lustig machten".

Aufforderung zu Gewalt- oder Willkürmaßnahmen bedeutet ein über bloßes Befürworten hinausgehendes, ausdrückliches oder konkludentes Einwirken auf andere mit dem Ziel, in ihnen den Entschluss zu einem bestimmten Handeln hervorzurufen. Unter Gewaltmaßnahmen sind insbesondere Gewalttätigkeiten gegen Menschen oder Sachen, die Bedrohung von Menschen mit Gewalttätigkeiten, gewaltsame Vertreibungen und Eingriffe in die Freiheit zu verstehen. Unter Willkürmaßnahmen fallen dagegen sonstige diskriminierende und im Widerspruch zu elementaren Geboten der Menschlichkeit stehende Behandlungen aller Art, einschließlich solcher, die mit einer wirtschaftlichen oder beruflichen Beeinträchtigung verbunden sind. Ein Beispiel hierfür ist vor dem Hintergrund der Judenverfolgung im nationalsozialistisch beherrschten Deutschland etwa der Boykottaufruf „Kauft nicht bei Juden!". Jedoch müssen gerade derlei „Maßnahmen" Gegenstand der Aufforderung sein, weshalb diese Voraussetzung *nicht* erfüllt ist, wenn bspw. Ausländer pauschal aufgefordert werden, das Land zu verlassen („Ausländer raus") Das Bundesverfassungsgericht entschied in einem Beschluss (BVerfG, 1 BvR 369/04 vom 4.2.2010) dass die Parole „Ausländer raus" allein nicht genüge, um den Straftatbestand der Volksverhetzung zu erfüllen; es müssten „weitere Begleitumstände" hinzukommen. Demgegenüber genügt vor dem geschichtlichen Hintergrund der Judenverfolgung insoweit jedenfalls die Parole „Juden raus" in Verbindung mit dem Hakenkreuz, weil hierdurch eindeutig auf eine gewaltsame Vertreibung hingewiesen wird. Wie dies im Hinblick auf „Ausländer raus"-Parolen in Verbindung mit dem Hakenkreuz, jedoch ohne Bezug zu jüdischen Bürgern zu bewerten ist, wird in der Rechtsprechung bislang noch uneinheitlich bewertet.

Das *Beschimpfen, böswillige Verächtlichmachen* oder *Verleumden* muss jeweils zugleich einen Angriff auf die Menschenwürde anderer darstellen. Nicht ausreichend ist es, wenn einzelne Persönlichkeitsrechte anderer bspw. deren Ehre angegriffen werden. Denn weder der JMStV noch § 130 StGB intendieren einen erweiterten, strafbewehrten Ehrenschutz, wie die Rechtsprechung inzwischen in einer Vielzahl von Entscheidungen herausgearbeitet, aber auch der Gesetzgeber mehrfach klargestellt hat. Vielmehr ist es die Zielrichtung des § 130 StGB, bereits solche Handlungen sanktionierbar zu machen, die noch im „Vorfeld der Gewalt" angesiedelt, mithin also Anlass und Verstärker für aggressives Fehlverhalten und ein gewaltförderndes gesellschaftliches Klima sind. Genau hierin ist auch der spezifisch jugendgefährdende Charakter volksverhetzender Angebote, die sich an charakterlich noch ungefestigte und prägbare Persönlichkeiten richten, zu erblicken. Erforderlich ist, dass der Mensch durch die jeweilige Tathandlung *im Kern* seiner Persönlichkeit getroffen wird, er unter Missachtung des Gleichheitssatzes als minderwertig dargestellt und ihm das Lebensrecht als gleichwertige Persönlichkeit in der Gemeinschaft abgesprochen wird. Beispiele hierfür sind Parolen wie „Die 6000 Negermischlinge, die in Deutschland leben, sollte man vergasen.", „Juden sind Untermenschen." oder auch die Gleichsetzung von Menschen mit Tieren, die man „schießen" bzw. „abschießen" könne, ebenso die Gleichstellung von Asylbewerbern mit Parasiten oder wenn etwa in einem Bericht über gemischt-ethnische Ehen von „gierigen schwarzen Pranken auf der weißen Haut" und der „abstoßenden Brutalität, Primitivität und absoluten Kulturlosigkeit im Gesichtsausdruck dieser Unterentwickelten" die Rede ist.

Beschimpfen ist die durch Form oder Inhalt besonders verletzende Äußerung der Missachtung, wobei das besonders Verletzende entweder in der Rohheit des Ausdrucks, also gleichsam in der „Form" oder aber – inhaltlich – in dem Vorwurf eines schimpflichen Verhaltens oder Zustandes liegen kann. Unter *Verächtlichmachen* versteht man, wenn die Betroffenen durch Werturteile oder Tatsachenbehauptungen als der Achtung unwert oder unwürdig hingestellt werden, wobei die Böswilligkeit in der verwerflichen Motivation begründet ist. *Verleumden* ist das bewusst wahrheitswidrige Aufstellen oder Verbreiten von Tatsachenbehauptungen, die geeignet sind, das Ansehen der Betroffenen herabzusetzen.

Auch hier ist erforderlich, dass das Angebot selbst volksverhetzend ist, sich diese Inhalte also erkennbar zu eigen macht und nicht lediglich über derartige Inhalte berichtet, ohne diese zu billigen oder zu verharmlosen.

6.4. Zu § 4 Abs. 1 S. 1 Nr. 4 JMStV („Auschwitz-Lüge", vgl. § 130 Abs. 3 und Abs.4 StGB)

Nach dieser Vorschrift sind solche Angebote unzulässig, die unter dem NS-Regime begangene Handlungen nach § 6 Abs. 1 VStGB (Völkermord) und § 7 Abs. 1 VStGB (Verbrechen gegen die Menschlichkeit) leugnen oder verharmlosen.

Von § 6 Abs. 1 VStGB werden Taten erfasst, die in der Absicht begangen werden, eine nationale, rassische, religiöse oder ethnische Gruppe als solche ganz oder teilweise zu zerstören. In dieser Absicht erfolgten die Judenverfolgung sowie die Verfolgung der Sinti und Roma, wohingegen etwa das „Euthanasieprogramm" gegen Behinderte und die Verfolgung politischer Gegner nicht hierunter fallen sollen.
Als Völkermord i.S.d. § 6 VStGB gilt nicht nur die eigentliche Tötung von Mitgliedern einer Ethnie, sondern auch sonstige Handlungen, die diese Gruppe in ihrem Bestand zu gefährden geeignet sind, teils auch dann, wenn lediglich einzelne Mitglieder der jeweiligen Gruppe einer derartigen Behandlung unterliegen. Zur Klarstellung sei daher nachfolgend der Gesetzestext wiedergegeben:

§ 6 Abs. 1 VStGB:
(1) Wer in der Absicht, eine nationale, rassische, religiöse oder ethnische Gruppe als solche ganz oder teilweise zu zerstören,

1. ein Mitglied der Gruppe tötet,
2. einem Mitglied der Gruppe schwere körperliche oder seelische Schäden, insbesondere der in § 226 des Strafgesetzbuches (schwere Körperverletzung) bezeichneten Art, zufügt,
3. die Gruppe unter Lebensbedingungen stellt, die geeignet sind, ihre körperliche Zerstörung ganz oder teilweise herbeizuführen,
4. Maßregeln verhängt, die Geburten innerhalb der Gruppe verhindern sollen,
5. ein Kind der Gruppe gewaltsam in eine andere Gruppe überführt,

wird mit lebenslanger Freiheitsstrafe bestraft.

§ 7 Abs. 1 VStGB erfasst Taten, die im Rahmen eines ausgedehnten oder systematischen Angriffs gegen eine Zivilbevölkerung begangen werden, wobei in den meisten Fällen wiederum bereits die Begehung gegenüber einem einzelnen ausreicht. Auch hier zum besseren Verständnis der Gesetzeswortlaut:

§ 7 Abs. 1 VStGB:

(1) Wer im Rahmen eines ausgedehnten oder systematischen Angriffs gegen eine Zivilbevölkerung
   1. einen Menschen tötet,
   2. in der Absicht, eine Bevölkerung ganz oder teilweise zu zerstören, diese oder Teile hiervon unter Lebensbedingungen stellt, die geeignet sind, deren Zerstörung ganz oder teilweise herbeizuführen,
   3. Menschenhandel betreibt, insbesondere mit einer Frau oder einem Kind, oder wer auf andere Weise einen Menschen versklavt und sich dabei ein Eigentumsrecht an ihm anmaßt,
   4. einen Menschen, der sich rechtmäßig in einem Gebiet aufhält, vertreibt oder zwangsweise überführt, indem er ihn unter Verstoß gegen eine allgemeine Regel des Völkerrechts durch Ausweisung oder andere Zwangsmaßnahmen in einen anderen Staat oder in ein anderes Gebiet verbringt,
   5. einen Menschen, der sich in seinem Gewahrsam oder in sonstiger Weise unter seiner Kontrolle befindet, foltert, indem er ihm erhebliche körperliche oder seelische Schäden

oder Leiden zufügt, die nicht lediglich Folge völkerrechtlich zulässiger Sanktionen sind,

6. einen anderen Menschen sexuell nötigt oder vergewaltigt, ihn zur Prostitution nötigt, der Fortpflanzungsfähigkeit beraubt oder in der Absicht, die ethnische Zusammensetzung einer Bevölkerung zu beeinflussen, eine unter Anwendung von Zwang geschwängerte Frau gefangen hält,
7. einen Menschen dadurch zwangsweise verschwinden lässt, dass er in der Absicht, ihn für längere Zeit dem Schutz des Gesetzes zu entziehen,
   a) ihn im Auftrag oder mit Billigung eines Staates oder einer politischen Organisation entführt oder sonst in schwerwiegender Weise der körperlichen Freiheit beraubt, ohne dass im Weiteren auf Nachfrage unverzüglich wahrheitsgemäß Auskunft über sein Schicksal und seinen Verbleib erteilt wird, oder
   b) sich im Auftrag des Staates oder der politischen Organisation oder entgegen einer Rechtspflicht weigert, unverzüglich Auskunft über das Schicksal und den Verbleib des Menschen zu erteilen, der unter den Voraussetzungen des Buchstaben a) seiner körperlichen Freiheit beraubt wurde, oder eine falsche Auskunft dazu erteilt,
8. einem anderen Menschen schwere körperliche oder seelische Schäden, insbesondere der in § 226 des Strafgesetzbuches bezeichneten Art, zufügt,
9. einen Menschen unter Verstoß gegen eine allgemeine Regel des Völkerrechts in schwerwiegender Weise der körperlichen Freiheit beraubt oder
10. eine identifizierbare Gruppe oder Gemeinschaft verfolgt, indem er ihr aus politischen, rassischen, nationalen, ethnischen, kulturellen oder religiösen Gründen, aus Gründen des Geschlechts oder aus anderen nach den allgemeinen Regeln des Völkerrechts als unzulässig anerkannten Gründen grundlegende Menschenrechte entzieht oder diese wesentlich einschränkt,

wird in den Fällen der Nummern 1 und 2 mit lebenslanger Freiheitsstrafe, in den Fällen der Nummern 3 bis 7 mit Freiheitsstrafe nicht unter fünf Jahren und in den Fällen der

Nummern 8 bis 10 mit Freiheitsstrafe nicht unter drei Jahren bestraft.

Das *Leugnen* ist das Bestreiten, Inabredestellen oder Verneinen der historischen Tatsache einer solchen Tat, das aber nicht ausdrücklich erfolgen muss, sondern vielmehr auch unsubstantiiert, verklausuliert oder „zwischen den Zeilen" geschehen kann, wenn nur die wahre Absicht eindeutig zum Ausdruck kommt. Bei mehrdeutigen Aussagen ist nach gefestigter höchstrichterlicher Rechtsprechung eine Gesamtwürdigung der jeweiligen Aussage und der ihr zugrunde liegenden Umstände vonnöten, die andere mögliche Deutungen nicht leichtfertig übergehen, im übrigen aber lebensnah erfolgen und allgemein bekannte Umstände miteinbeziehen darf. Beispiele hierfür sind das Bestreiten des Massenmords an den Juden, insbesondere, wenn deren Schicksal unter dem Nationalsozialismus als „Erfindung" oder als „zur Knebelung und Ausbeutung Deutschlands erfundene Lügengeschichte" mit dem Motiv angeblicher Erpressung verbunden wird (sog. „qualifizierte Auschwitzlüge"), aber auch die Verwendung der Begriffe „Auschwitz-Lüge" oder – unter Umständen - „Auschwitz-Mythos". Nicht als Leugnen ist allerdings das bloße Infragestellen anzusehen, soweit die konkreten Umstände der Äußerung nicht wiederum anderes gebieten.

Verharmlosen ist sowohl das Bagatellisieren in tatsächlicher Hinsicht sowie das Relativieren oder Herunterspielen im Hinblick auf den Unrechtsgehalt des Verbrechens. Ein Verharmlosen kann auch in einem nur teilweisen Leugnen liegen, z.B. durch Herunterspielen der Zahl der Opfer, aber auch in der Bezeichnung des Massenmords an den Juden als „doch nicht so schlimm" oder in einem relativierenden Vergleich der Opferzahlen der NS-Zeit mit späteren Gräueltaten an anderen Völkern.

Auch hier gilt es zu beachten, dass das Angebot *selbst* eine der fraglichen Taten, die wie oben gezeigt auch gegen einzelne gerichtet gewesen sein können, leugnet oder verharmlost, sich diese Inhalte also erkennbar zu eigen macht.

6.5. Zu § 4 Abs. 1 S. 1 Nr. 5 JMStV (Gewaltverherrlichung, -verharmlosung, vgl. § 131 Abs. 1 StGB)

§ 131 Abs. 1 StGB, der auch im Rahmen des § 4 Abs. 1 S. 1 Nr. 5 JMStV zu beachten ist, soll zugleich dem Jugendschutz wie auch der Bewahrung des öffentlichen Friedens dienen.

Unter *Gewalttätigkeiten gegen Menschen* ist aggressives Tun unter Einsatz physischer Kraft zu verstehen, durch das auf den Körper eines Menschen in seiner physischen oder psychischen Unversehrtheit in einer beeinträchtigenden oder konkret gefährdenden Weise unmittelbar oder mittelbar eingewirkt wird. Passives Geschehenlassen oder pflichtwidriges Unterlassen (bspw. Ertrinken-, Erfrierenlassen eines Menschen) reichen hierfür nicht aus. Das Einverständnis des Opfers, sei es tatsächlich gegeben, hypothetisch oder vorgetäuscht, ist für die Beurteilung völlig irrelevant. Erfasst werden auch Gewalttätigkeiten gegen menschenähnliche Wesen (z.B. Zombies) und virtuelle Darstellungen solcher Wesen, die den Eindruck menschlichen Verhaltens vermitteln. Nicht in den Anwendungsbereich fallen dagegen Gewalttätigkeiten gegen Tiere und Sachen mit dem Ziel, so mittelbar auf andere Menschen einzuwirken.

Zu beachten ist auch, dass nicht etwa die Schilderung, sondern die *Gewalttätigkeit an sich grausam oder unmenschlich* sein muss. *Grausam* ist eine Gewalttätigkeit, wenn sie unter Zufügung besonderer Schmerzen oder Qualen körperlicher oder seelischer Art erfolgt und außerdem eine brutale, unbarmherzige Haltung desjenigen erkennen lässt, der sie begeht. Eine *unmenschliche* Gewalttätigkeit liegt vor, wenn in ihr eine menschenverachtende und rücksichtslose Gesinnung zum Ausdruck kommt, z.B. wenn ein Mensch „nur zum Spaß" oder völlig bedenkenlos, kaltblütig und sinnlos erschossen wird.

Schildern bedeutet die unmittelbare optische und/oder akustische Wiedergabe einer Gewalttätigkeit oder auch die berichtende oder beschreibende Darstellung derselben. Dabei muss für den durchschnittlichen Betrachter erkennbar gerade die Grausamkeit oder Unmenschlichkeit der Gewalttätigkeit den wesentlichen Inhalt der Schilderung ausmachen.

Unter *Verherrlichung* versteht man eine Berühmung oder positive Wertung der geschilderten Gewalttätigkeiten dahingehend, dass sie als in besonderer Weise nachahmenswert erscheinen. Dies kann bspw. dadurch erfolgen, dass die Gewalttaten als etwas Großartiges, Imponierendes, besonders Männliches oder Heldenhaftes, als billigenswerte Möglichkeit, Ruhm zu erlangen, als die richtige Form zur Lösung von Konflikten usw. dargestellt werden.

Verharmlosung der Gewalttätigkeit bedeutet ihre bewusste Bagatellisierung als eine im menschlichen Zusammenleben übliche, jedenfalls akzeptable oder nicht verwerfliche Form des Verhaltens allgemein oder auch speziell zur Konfliktlösung.

Die zweite Alternative der Regelung, nämlich die Darstellung *in einer die Menschenwürde verletzenden Weise*, erfasst exzessive Gewaltdarstellungen auch dann, wenn es an der Verherrlichung oder Verharmlosung fehlt, sie aber dennoch verrohend wirken kann, z.B. weil sie ein blutrünstiges Geschehen ausschließlich zur Erzeugung von Ekel und Nervenkitzel ausmalt.

Die Verletzung der Menschenwürde kann aber nicht schon in der geschilderten Gewalttätigkeit selbst gesehen werden, da diese stets die Menschenwürde verletzt, wenn sie grausam oder unmenschlich ist. Vielmehr kommt es darauf an, ob die Darstellung der Gewalttätigkeit offensichtlich zum Selbstzweck gemacht wird, und dadurch über die der Grausamkeit bzw. Unmenschlichkeit immanente Menschenwürdeverletzung hinaus die Art und Weise der Darstellung darauf angelegt ist, Menschen unter Missachtung ihres grundlegenden Wert- und Achtungsanspruchs zum bloßen Objekt zu machen. Dies kann beispielsweise der Fall sein bei der detaillierten Schilderung solcher Gewalttätigkeiten, wenn hierbei die Persönlichkeit von Opfer oder auch Täter völlig ausgeblendet wird und das Erleiden oder Zufügen der Gewalt zum isolierten und wesentlichen Merkmal der Person gemacht wird.

Zu beachten ist hierbei stets, dass der Begriff der Menschenwürde nicht lediglich auf eine bestimmte, einzelne Person zu beziehen, sondern als oberstes, von Verfassungs wegen zu beachtendes Schutzgut, als abstrakter Rechtswert zu verstehen ist.

Zu berücksichtigen ist hier wiederum eine Sozialadäquanzklausel, die sich in § 131 Abs. 3 StGB findet und gemäß § 4 Abs. 1 S. 2 JMStV auch bei der Anwendung des JMStV entsprechend anzuwenden ist. Diese besagt bei entsprechender Anwendung, dass ein Angebot nicht unzulässig ist, wenn die Darstellung der Berichterstattung über Vorgänge des Zeitgeschehens oder der Geschichte dient. Entscheidend ist auch an dieser Stelle, dass das Angebot dem sozialadäquaten Zweck offensichtlich dienen *soll,* was auf der Grundlage einer zusammenfassenden Wertung im Einzelfall entschieden werden muss.

6.6. Zu § 4 Abs. 1 S. 1 Nr. 6 JMStV (Anleitung zu Straftaten, vgl. § 130a StGB)

Geschützt wird auch von § 130 a StGB der öffentliche Frieden. Objektiv vorausgesetzt ist, dass der Täter etwa eine Anleitung verbreitet, die sich auf eine der in § 126 Abs. 1 StGB genannten rechtswidrigen Taten bezieht. Die Tat muss ihrem Inhalt nach den Zweck haben, die Bereitschaft anderer zur Begehung einer solchen Tat zu fördern oder zu wecken. Auch ein Internetangebot ist sonach unzulässig, wenn es als Anleitung für eine der Straftaten aus dem Katalog des § 126 Abs. 1 StGB dient. Da dieser Straftatenkatalog sehr umfangreich ist und nicht alle Tatbestände auch in der Praxis relevant sein werden, soll hier nur ein Überblick über die einzelnen Tatbestände gegeben werden. Der Katalog umfasst:

- Besonders schwere Fälle des Landfriedensbruchs (§ 125a StGB): Landfriedensbruch begeht, wer sich als Täter oder Teilnehmer (Anstifter, Gehilfe) entweder an Gewalttätigkeiten gegen Menschen oder Sachen oder an Bedrohungen von Menschen mit einer Gewalttätigkeit beteiligt, die aus einer Menschenmenge mit vereinten Kräften begangen werden. Unter diesen Tatbestand fällt auch das Einwirken auf eine Menschenmenge, um ihre Bereitschaft zu solchen Handlungen zu fördern. Besonders schwere Fälle des Landfriedensbruchs liegen vor, wenn jemand hierbei eine Schusswaffe bei sich führt oder eine andere Waffe mit Verwendungsabsicht bei sich führt. Ein besonders schwerer Fall ist auch gegeben, wenn jemand durch eine Gewalttätigkeit einen anderen in die Gefahr des Todes oder einer schweren

Gesundheitsschädigung bringt oder plündert oder bedeutenden Sachschaden anrichtet.

- Mord, Totschlag, Völkermord (§§ 211, 212, 220a StGB)
- Schwere Körperverletzung (§ 226 StGB)
- Straftaten gegen die persönliche Freiheit in den Fällen von Menschenraub, Verschleppung, erpresserischer Menschenraub, Geiselnahme (§§ 234, 234a, 239a, 239b StGB)
- Raub, räuberische Erpressung (§§ 249-251, 255 StGB)
- jede Art vorsätzlicher Brandstiftung (§§ 306-306c StGB)
- Herbeiführen einer Explosion durch Kernenergie (§ 307 I-III StGB)
- Herbeiführen einer Sprengstoffexplosion (§ 308 I-III StGB)
- Missbrauch ionisierender Strahlen (§ 309 I-IV, VI StGB)
- Herbeiführen einer Überschwemmung (§ 313 StGB)
- Gemeingefährliche Vergiftung (§ 314 StGB), (z.B. Vergiftung von Trinkwasserspeichern oder von zum öffentlichen Verkauf oder Verbrauch bestimmten Gegenständen)
- Gefährliche Eingriffe in den Bahn-, Schiffs- und Luftverkehr (§ 315 III StGB), wenn dabei die Absicht verfolgt wird, einen Unglücksfall herbeizuführen oder eine andere Straftat zu ermöglichen oder zu verdecken oder eine schwere Gesundheitsschädigung eines Menschen oder eine Gesundheitsschädigung einer großen Zahl von Menschen zu verursachen
- Gefährliche Eingriffe in den Straßenverkehr (§ 315b III StGB), wenn dabei die Absicht verfolgt wird, einen Unglücksfall herbeizuführen oder eine andere Straftat zu ermöglichen oder zu verdecken oder eine schwere Gesundheitsschädigung eines Menschen oder eine Gesundheitsschädigung einer großen Zahl von Menschen zu verursachen
- räuberischer Angriff auf Kraftfahrer (§ 316a I, III StGB)
- Angriffe auf den Luft- und Seeverkehr (§ 316c I, III StGB), (z.B. Flugzeugentführung)
- Beschädigung wichtiger Anlagen (§ 318 I, III, IV StGB), (z.B. Wasserleitungen, Schleusen, Deiche, Brücken)
- Freisetzen ionisierender Strahlen (§ 311 I StGB)
- Störung öffentlicher Betriebe (§ 316b I StGB), hierunter fallen z.B. der Postverkehr, die Wasser-, Strom- und Wärmeversorgung, aber auch Einrichtungen (d.h. Gesamtheiten von Personen oder Sachen) der Polizei oder des Grenzschutzes

- Störung von Telekommunikationsanlagen (§ 317 I StGB), soweit sie öffentlichen Zwecken dienen

Unzulässig ist ein Angebot dann, wenn es als Anleitung zur Planung, Vorbereitung oder Durchführung einer der oben genannten Taten dienen kann, also entsprechendes Wissen vermittelt. Dies ist z.B. bei Angeboten der Fall, die über Methoden zur Herstellung von Sprengstoff oder Bomben informieren. Hinzukommen muss allerdings, dass das Angebot seinem Inhalt nach dazu bestimmt ist, die Bereitschaft anderer zur Begehung einer solchen Tat zu wecken oder zu fördern. Hierzu bedarf es keiner direkten Aufforderung zur Begehung solcher Taten, sondern es genügt, wenn das Angebot in irgendeiner Weise, bspw. durch Befürworten oder Billigen früherer Taten, einen Anreiz zu ihrer Begehung schafft.

6.7. Zu § 4 Abs. 1 S. 1 Nr. 7 JMStV (Kriegsverherrlichung)

Kriegsverherrlichend sind Darstellungen, durch welche der Krieg qualifiziert positiv bewertet wird, durch die er als anziehend, reizvoll, als romantisches Abenteuer oder als wertvoll, oder auch nur als hervorragende, auf keinem anderen Gebiet zu erreichende Bewährungsprobe für männliche Tugenden und heldische Fähigkeiten oder auch nur als einzigartige Möglichkeit erscheint, Anerkennung, Ruhm oder Auszeichnung zu gewinnen.

Häufig werden bei solchen Darstellungen die Schrecken und das Leid des Krieges weitgehend ausgeblendet, verschwiegen oder verharmlost. Es finden sich aber auch Angebote, die gerade durch die Darstellung von Schrecken und Leid das Bild eines heldenhaften Märtyrertums erzeugen wollen, indem sich die so glorifizierten Kämpfer selbstlos für die jeweiligen Ziele opfern.

Hier kommen insbesondere rechtsextremistische oder religiös-fundamentalistische Angebote in Betracht, die zur Durchsetzung ihrer ideologisch oder religiös motivierten Ziele kriegerische Mittel in einer Weise propagieren, dass sie als „heilig“, helden- oder tugendhaft erscheinen.

Aber allein die Tatsache, dass Kriegshandlungen zum Gegenstand gemacht werden, erfüllt noch nicht den Tatbestand der Kriegsverherrlichung, sondern es muss darüber hinaus noch deren Verherrlichung oder Verharmlosung zum Ausdruck kommen.

6.8. Zu § 4 Abs. 1 S. 1 Nr. 8 JMStV (Menschenwürde verletzende Darstellungen)

Wie auch bei § 4 Abs. 1 S. 1 Nr. 5 JMStV bezieht sich der Begriff der Menschenwürde hier nicht auf eine bestimmte, etwa in dem Angebot zu sehende oder dort beschriebene Person, sondern ist als abstrakter Rechtswert und Teil der verfassungsrechtlichen Werteordnung zu verstehen.

Die Rechtsprechung setzt hinsichtlich einer Menschenwürdeverletzung durch die Medien voraus, dass in dem Angebot die Leugnung des fundamentalen Wert- und Achtungsanspruchs, den jeder Mensch hat, zu erkennen ist.

Im Gegensatz zu § 4 Abs. 1 S. 1 Nr. 5 JMStV erfasst § 4 Abs. 1 S. 1 Nr. 8 JMStV nicht auch Darstellungen von menschenähnlichen Wesen wie Zombies oder Vampire.

Bei dem ausdrücklich genannten Beispielsfall der *Darstellung sterbender oder schwer leidender Menschen* ist erforderlich, dass es sich um die Wiedergabe eines tatsächlichen Geschehens handelt, weshalb gestellte Szenen oder fiktive Geschehnisse nicht erfasst sind. Beschränkt sich der Inhalt des Angebots z.B. darauf, offensichtlich selbstzweckhaft und anreißerisch Hinrichtungen, Unfälle, Verbrechen oder dergleichen unter besonderer Betonung des Leids der betroffenen Menschen zu zeigen, so muss von einem Verstoß gegen die Menschenwürde im Sinne des § 4 Abs. 1 S. 1 Nr. 8 JMStV ausgegangen werden.

Ein weiteres Gebiet, auf dem ein Verstoß gegen die Menschenwürde in Betracht kommt, ist das der Darstellungen von Folterungen oder Verstümmelungen von Menschen, Kannibalismus oder sonstige „genüsslich verharrende" Darstellungen ähnlicher Grausamkeiten in einer Weise, die die Persönlichkeit der Menschen völlig in den Hintergrund stellt und sie zu einem bloßen Leidensobjekt herabwürdigt. Hier werden unter Umständen auch Angebote erfasst, die sich noch unterhalb der Schwelle des § 4 Abs. 1 S. 1 Nr. 5 JMStV befinden.

Viel diskutiert ist ferner die mögliche Verletzung der Menschenwürde in der Form der *Kommerzialisierung des Menschen* zu Unterhaltungszwecken. Das Ausnutzen voyeuristischer Neigungen aus Gründen wirtschaftlichen Gewinnstrebens ist jedoch nicht zwangsläufig als Menschenwürdeverletzung zu qualifizieren. Hinzukommen muss vielmehr, dass die Art und Weise der Darstellung von Menschen „entpersönlichend" wirkt, dass deren Persönlichkeit also völlig in den Hintergrund gedrängt wird, und ihr grundlegender Wert- und Achtungsanspruch durch Herabwürdigung, Verächtlichmachung oder dergleichen in Abrede gestellt wird und die dargestellten Menschen sonach zu bloßen Werkzeugen des jeweiligen Anbieters zur Geschäftemacherei degradiert werden.

In Betracht kommen hier im Bereich der Internetangebote insbesondere Videos von der Überbringung einer Todesnachricht an einen nahen Angehörigen, Videos von Suizidhandlungen oder Videos, in denen Menschen „zum Spaß" in Extremsituationen gebracht werden, nur um sich an deren heftigen Reaktionen und Gefühlsäußerungen wie Schrecken, Angst und Panik zu ergötzen.

Desgleichen ist ein Menschenwürdeverstoß bei Formaten wie Talkshows und Big-Brother diskutiert worden. Ein Menschenwürdeverstoß kann in Situationen angenommen werden, wenn sich der Betroffene zwar anfangs freiwillig in die Situation begeben hat, im weiteren Verlauf die Situation aber nicht-entrinnbar geworden ist und zweitens die Situation dazu genutzt wird, sich über den Betroffenen Lustigzumachen bzw. ihn „Zur-Schau-zustellen".

Der Wortlaut des § 4 Abs. 1 S. 1 Nr. 8 JMStV scheint nahe zu legen, dass ein etwaiger Menschenwürdeverstoß durch *berechtigte Interessen* an der Art der Darstellung oder Berichterstattung gerechtfertigt werden könnte. Dies aber bedeutete eine klare und eindeutige, unzulässige Verletzung der in Art. 1 Abs. 1 GG als obersten Verfassungswert geschützten, jedweder Abwägung entzogenen Menschenwürde. Der Wortlaut der Vorschrift ist mithin irreführend. Festzuhalten bleibt, dass es kein Berichterstattungs- oder Darstellungsinteresse irgendeiner Art geben kann, das eine Menschenwürdeverletzung rechtfertigte.

Würde man für die Beurteilung, ob eine Menschenwürdeverletzung vorliegt, auf die hinter dem Angebot stehende Absicht des Anbieters abstellen, so läge bei einem legitimen Berichterstattungsinteresse schon gar keine Verletzung der Menschenwürde vor und das Problem einer eventuellen Interessenabwägung würde sich ebenfalls gar nicht stellen.

Die Unbeachtlichkeit von Einwilligungen gilt ohne jede Einschränkung hinsichtlich der Menschenwürde als abstraktes Rechtsprinzip.

Insgesamt sollte die Vorschrift des § 4 Abs. 1 S. 1 Nr. 8 JMStV eher zurückhaltend angewandt werden, was nicht zuletzt aus der Unantastbarkeit der Menschenwürde folgt, die gerade jede Abwägung mit anderen Interessen oder Rechten wie der Meinungsfreiheit verbietet.

6.9. Zu § 4 Abs. 1 S. 1 Nr. 9 JMStV (Kinder oder Jugendliche in unnatürlich geschlechtsbetonter Körperhaltung)

Diese Vorschrift erfasst bestimmte Angebote mit Darstellungen von Kindern und Jugendlichen, die sich noch unterhalb der Schwelle der in § 184 StGB mit Strafe bedrohten Pornografie bewegen.

Wie auch bei der Kinderpornografie kommt es bei der Feststellung des Alters der dargestellten Personen zuvörderst, jedoch nicht ausschließlich, auf ihr tatsächliches Alter an. Vielmehr ist der Tatbestand auch erfüllt, wenn die dargestellten Personen bereits volljährig sind, auf einen objektiven Betrachter aber wie Minderjährige wirken.

Um von einer unnatürlich geschlechtsbetonten Körperhaltung ausgehen zu können, müssen die Minderjährigen nicht notwendiger Weise nackt oder auch nur teilweise entblößt dargestellt sein. Allein die Art der eingenommenen Körperhaltung kann hierfür bereits ausreichend sein. Stets zu beachten ist bei einer solchen Beurteilung der Schutzzweck, der mit § 4 Abs. 1 S. 1 Nr. 9 JMStV verfolgt wird. Die Vorschrift soll vermeiden, dass über die Grenzen des Selbstbestimmungsrechtes von Minderjährigen getäuscht und ein falsches Bild dessen vermittelt wird, was im Umgang zwischen Erwachsenen und Minderjährigen normal ist. Denn in der Vermittlung eines solchen Bildes besteht das ernstzunehmende Risiko, dass Kinder und Jugendliche in ihren Möglichkeiten beeinträchtigt werden, sich gegenüber sexuellen Übergriffen zu wehren. Vor diesem Hintergrund können auch Darstellungen von Minderjährigen in Reizwäsche, sonstiger aufreizender Bekleidung oder mit übermäßiger Schminke usw. eine unnatürlich geschlechtsbetonte Körperhaltung begründen.

Nicht in den Anwendungsbereich fallen dagegen so genannte alltagstypische Körperhaltungen wie z.B. der nackte Kinderpo in einer Windelwerbung.

Wie bereits dem Wortlaut des § 4 Abs. 1 S. 1 Nr. 9 JMStV zu entnehmen ist, gelten die obigen Ausführungen auch für virtuelle Darstellungen (z.B. Comics).

6.10. Zu § 4 Abs. 1 S. 1 Nr. 10 JMStV (Harte Pornografie, vgl. § 184 a und § 184 b StGB)

Voraussetzung für die Anwendbarkeit des § 4 Abs.1 S. 1 Nr. 10 JMStV ist zunächst, dass das Angebot pornografisch ist (einfache Pornografie; zum Begriff siehe unter Kapitel 7). Hinzukommen muss dann zusätzlich die Darstellung von *Gewalttätigkeiten,* von *sexuellen Missbrauch von Kindern oder Jugendlichen* oder von *sexuellen Handlungen von Menschen mit Tieren* (sog. harte Pornografie).

Bei *Gewaltpornografie* handelt es sich um pornografische Darstellungen, die zusätzlich Gewalttätigkeiten sexueller Art zum Gegenstand haben, also bspw. die Darstellung von Sexualmorden,

Notzucht, sexuellen Nötigungen, Marterungen, Abschneiden von Körperteilen, sadistischen oder sadomasochistischen Handlungen. Unter *Gewalttätigkeiten* versteht man hierbei die Entfaltung physischer Kraft in einem aggressiven Handeln unmittelbar gegen eine Person. Ob es sich bei der Darstellung um ein tatsächliches Geschehen oder reine Fiktion handelt, ist irrelevant. Der bei Internetangeboten sehr häufige Fall der bloßen Schilderung oder Abbildung der Folgen angewandter Gewalt ist meist nicht hierunter zu fassen, da eben nur die *Folgen* der Gewalt aber nicht die gewaltsame Tätigkeit an sich dargestellt wird. Im Zusammenhang mit sadomasochistischen Darstellungen ist es für das Vorliegen einer Gewalttätigkeit auch unerheblich, ob die Handlungen mit oder ohne Einwilligung der Beteiligten erfolgen. Da für die Bejahung einer Gewalttätigkeit eine aggressive physische Krafteinwirkung erforderlich ist, fallen bloße Drohungen zur Herbeiführung des Geschlechtsverkehrs nicht in den Bereich der Gewaltpornografie. Bspw. stellt die Bedrohung mit einer vorgehaltenen Pistole, um das Opfer zum Oralverkehr zu zwingen, keine Gewalttätigkeit dar, da es an der körperlichen Kraftentfaltung fehlt.

Im Bereich der *pornografischen Darstellungen, die den sexuellen Missbrauch von Kindern oder Jugendlichen zum Gegenstand haben,* ist zu beachten, dass § 4 Abs. 1 S. 1 Nr. 10 JMStV nicht nur Kinderpornografie, sondern auch pornografische Darstellungen von Jugendlichen, also 14- bis einschließlich 17-Jährigen, erfasst. An diesen Handlungen können auch ausschließlich Kinder beteiligt sein bzw. von diesen untereinander vorgenommen werden. Auch wirklichkeitsfernes, fiktives Geschehen sowie virtuelle Darstellungen werden von § 4 Abs. 1 S. 1 Nr. 10 JMStV erfasst. In Bezug auf das Alter der dargestellten Personen entfalten Manipulationsversuche und Schutzbehauptungen keinerlei Wirkung, insbesondere greift die Vorschrift auch bei falscher Altersangabe einer im Internet abgebildeten Person unter 17 Jahren. Darüber hinaus liegt Kinderpornografie selbst dann vor, wenn die dargestellte Person zwar älter als 17 Jahre ist, aber auf den objektiven Betrachter wie ein Minderjähriger wirkt.

Tierpornografie sind pornografische Darstellungen, die sexuelle Handlungen von Menschen mit Tieren zum Gegenstand haben. Da die Vorschrift nur „sexuelle Handlungen“ von Menschen mit Tie-

ren erfordert, ist die schriftliche oder bildliche Darstellung eines tatsächlichen Geschlechtsverkehrs mit einem Tier nicht erforderlich. Allerdings ist natürlich auch nicht jeder körperliche Kontakt als sodomitisch einzustufen. Das Angebot ist vielmehr wiederum danach zu beurteilen, ob es in seiner Gesamttendenz und aus der Sicht eines objektiven Beobachters einen Sexualbezug aufweist. Dies kann etwa schon bei dem Streicheln des Genitalbereichs eines Tieres der Fall sein. Immer muss aber die sodomitische Handlung zu einer bereits (menschlichen) pornografischen Darstellung hinzukommen. Fiktive Pornografische Darstellungen, die sodomitische Handlungen mit Fabel- oder Phantasiewesen wie bspw. Einhörnern zum Gegenstand haben fallen dagegen wohl nicht in den Anwendungsbereich, da derartige sexuelle Verhaltensweisen nicht in die Realität übernommen werden können.
Zu beachten ist, dass bei allen drei Arten der harten Pornografie jeweils auch virtuelle Darstellungen erfasst werden.

6.11. Zu § 4 Abs. 1 S. 1 Nr. 11 JMStV (In Listenteil B und D aufgenommene Werke)

Nach § 4 Abs.1 S.1 Nr.11 JMStV ist die Verbreitung der in den Teilen B und D der Liste der Bundesprüfstelle für jugendgefährdende Medien (BPJM) nach § 18 JuSchG aufgenommenen Angebote oder im Wesentlichen inhaltsgleichen Angebote für absolut unzulässig erklärt. Angebote werden in den Listenteilen B und D von der BPJM eingetragen, wenn sie nach Einschätzung der BPJM einen in §§ 86, 130, 130, 130a, 131 oder § 184 Abs.3, 4 StGB bezeichneten Inhalt haben und damit bereits nach dem StGB verboten sind. Der Listenteil B ist öffentlich und enthält von der BPJM indizierte *Trägermedien*. Listenteil D ist nichtöffentlich und enthält von der BPJM indizierte *Tele- und Trägermedien*.

Kapitel 7: Kriterien für das Vorliegen von pornografischen Angeboten im Sinne des § 4 Abs. 2 S. 1 Nr. 1 JMStV

Unabhängig von ihrer strafrechtlichen Relevanz sind nach § 4 Abs. 2 Satz 1 Nr. 1 JMStV Angebote unzulässig, wenn sie „in sonstiger Weise pornografisch sind", d.h. soweit sie nicht bereits unter das Absolutverbot des § 4 Abs. 1 S. 1 Nr. 10 (also Kinder-, Jugend-, Gewalt- oder Tierpornografie, vgl. dazu oben Kap. 6) fallen. Der Bereich umfasst insoweit den der „einfachen Pornografie". Im Bereich der Telemedien sind diese Angebote unter der Bedingung zulässig, dass der Anbieter sicherstellt, dass sie ausschließlich Erwachsenen zugänglich gemacht werden. Anbieter entsprechender Inhalte sind insoweit verpflichtet, Zugangssysteme zu nutzen, die den Anforderungen von § 11 Abs. 4 JMStV entsprechen (s. dazu Kap. 10).

7.1 Pornografiebegriff

Der Gesetzgeber verzichtet im JMStV auf eine jugendschutzrechtliche Definition von Pornografie; er verweist insoweit auf das Begriffsverständnis von Pornografie wie es sich im Strafrecht um die Auslegung von § 184 StGB entwickelt hat.[5] Trotz teils uneinheitlicher Auslegung[6] in Rechtsprechung und Schrifttum können im Wesentlichen folgende Kriterien bei der Prüfung des Vorliegens eines pornografischen Angebots herangezogen werden:
Als (einfach-)pornografisch ist ein Angebot anzusehen, wenn es

- unter Ausklammerung aller sonstigen menschlichen Bezüge sexuelle Vorgänge in übersteigerter, grob aufdringlicher und anreißerischer Weise in den Vordergrund rückt, die Darstellungen der Lebenswirklichkeit widersprechend unrealistisch und verzerrend sind[7] **und**

5 S. Amtliche Begründung zum JMStV, Hamburgische Bürgerschaft Drs. 17/1974, S. 21; zu Schutzzweck, rechtlicher Einordnung des Wirkungsrisikos von Pornografie und dem Gestaltungsspielraum des Gesetzgebers s. Erdemir, § 4 JMStV in Spindler/Schuster, Recht der elektronischen Medien, 2008, Rn. 43 f., m.w.N.

6 Vgl. Scholz/Liesching, Jugendschutz, 4. Auflage 2004, § 184 StGB Rn. 2 ff. (m.w.N.)

7 BGHS. 23, 40 - „Fanny Hill".

- seine Gesamttendenz ausschließlich oder überwiegend auf die Aufreizung des sexuellen Triebs beim Betrachter abzielt[8], also auf Verabsolutierung des sexuellen Lustgewinns angelegt ist (sog. Reizwirkungs- bzw. Stimulierungstendenz)[9] **sowie**
- dabei die im Einklang mit allgemeinen gesellschaftlichen Wertvorstellungen gezogenen Grenzen des sexuellen Anstands eindeutig überschreitet.[10]

In Bezug auf das letzte Kriterium baut die vorherrschende Rechtsprechung auf ein Verständnis auf, dass der BGH zum früheren Begriff der „unzüchtigen Schriften" entwickelt hatte.[11] Dem Wortlaut des Kriteriums folgend sind die dort bezeichneten Grenzen des sexuellen Anstands kulturellem und gesellschaftlichem Wandel unterzogen, was eine langfristige und kohärente Spruchpraxis erschwert[12]: Jede Pornografiebewertung muss nicht nur anhand eines Einzelfalls erfolgen, sondern auch etwaigen Paradigmenwechseln im Hinblick auf Nacktheit und Sexualität Rechnung tragen.[13]

Die genannten Voraussetzungen für pornografische Angebote sind insbesondere dann gegeben, wenn unter Zugrundelegung der eben genannten Kriterien beispielsweise

- die dargestellten Personen auf austauschbar-beliebige Lustobjekte (Entmenschlichung der Sexualität) reduziert werden,
- die Sexualität als ausschließlicher Lebenssinn verabsolutiert wird,

8 Vgl. BGHS. 37, 55 (59 f.); MüKo, § 184 StGB Rn. 15; Scholz/Liesching, Jugendschutz, 4. Auflage 2004, § 4 JMStV, Rn. 29.

9 Erdemir bringt die realweltliche Umschreibung auf den Punkt: „Gemeint ist mit dieser wissenschaftlich anmutenden Umschreibung nichts anderes als die Aufforderung zur Masturbation." Erdemir, MMR 2003, 628 (631).

10 BVerwG NJW 2002, 2966 (2968); vgl. Scholz/Liesching, Jugendschutz, 4. Auflage 2004, § 184 StGB, Rn. 2 f.

11 Erdemir, § 4 JMStV in Spindler/Schuster, Recht der elektronischen Medien, 2008, Rn. 45.

12 S. genanntes „Dilemma der Toleranzgrenze", kritisch Scholz/Liesching, Jugendschutz, 4. Auflage 2004, § 184 StGB, Rn. 3; vgl. aber auch Erdemir, Filmzensur und Filmverbot, 2000, S. 153; ders., § 4 JMStV in Spindler/Schuster, Recht der elektronischen Medien, 2008, Rn. 47.

13 Erdemir, § 4 JMStV in Spindler/Schuster, Recht der elektronischen Medien, 2008, Rn. 48; ders., Neue Paradigmen der Pornografie? – Ein unbestimmter Rechtsbegriff auf dem Prüfstand, MMR 2003, 628 ff.

- der Mensch als ein bloßes Objekt sexueller Begierde – ein physiologisches Reiz-Reaktions-Wesen – porträtiert wird bzw. zu einem austauschbaren Objekt degradiert wird,
- eine grobe Darstellung des Sexuellen in drastischer Direktheit erfolgt. Diese muss in einer den Sexualtrieb aufstachelnden oder die Geschlechtlichkeit in den Schmutz ziehenden oder lächerlich machenden Weise geschehen,
- eine Fokussierung auf die sexuellen Vorgänge ohne Sinnzusammenhang mit anderen Lebensäußerungen (interpersonale Bezüge) erfolgt und gedankliche Inhalte – u. a. das Fehlen jedes sozialen Wertes der Darstellung – fehlen oder der Sinnzusammenhang nur zum bloßen Vorwand für provozierende Sexualität wird[14],
- die schwache triviale Rahmenhandlung im Verhältnis zu langen Passagen, welche sexuelle Praktiken wiedergeben, quantitativ völlig in den Hintergrund tritt oder keinen gedanklichen Inhalt vermittelt,
- durch die Darstellungen verfälschte Bilder von männlichen und weiblichen Sexualverhalten dargeboten werden wie zum Beispiel
  - die unermüdliche Hingabebereitschaft der Frau,
  - die Fiktion der unerschöpflichen Potenz des Mannes, der fehlende Bezug zum wirklichen, individuellen oder gesellschaftlichen Leben,
  - die Beschränkung auf den Lustgewinn als einziges Ziel,
  - die fortschreitende Eskalation der Darstellung durch die Aneinanderreihung von Szenen mit sexuellen immer stärker provozierenden Reizen,
- bewusst betonte, fokussierte, gewissermaßen „lupenhafte" Darstellung von Sexualorganen und Sexualverkehr erfolgt, welche u. a. erfolgen kann durch:
  - die Nahaufnahme von männlichen Hoden im Rahmen des Analverkehrs,
  - das Zoombild einer durch Spreizen der Beine zur Schau gestellten Vagina,
  - die Darstellungen eines erigierten Penis unmittelbar vor bzw. während des Oral-, Anal- oder Sexualverkehrs,

14 OLG Karlsruhe NJW 1974, 2015, 2016.

- eine Massierung sexueller Abbildungen festzustellen ist, welche jeweils für sich allein noch nicht die Grenze des grob anstößigen und grob Aufdringlichen überschreiten.

Die genannten Indizien sind dabei aber nur Anhaltspunkte und nicht abschließend; eine gleichwertige Einordnung als „in sonstiger Weise pornografisch" kann auch erfolgen bei anderen oder subtileren Darstellungsformen. Als Beispiel dafür können die sog. „cable versions" von Hardcore-Pornofilmen dienen, die im Prinzip dieselbe „Handlung" haben, aber durch andere Kamerapositionen und erweiterte Szenenschnitte weniger explizit und direkt erscheinen. Derartige Angebote können die Einordnung zwischen (noch) „nur" entwicklungsbeeinträchtigenden Inhalten oder (schon) pornografischen Darstellungen teilweise schwierig machen. Hilfreich für die Einordnung als Pornografie sind auf Grundlage der vorgenannten Kriterien (insbesondere der grob aufdringlich und anstößigen Darstellung) z.B. die folgenden Indizien:[15]

- häufiges oder langanhaltendes Verharren der Kamera auf den die typischen Beischlafbewegungen vollziehenden nackten Körpern der Akteure,
- intensive audiovisuelle Inszenierung des Sexualakts (insb. Stöhnen und einschlägige Wortpassagen, die dem entsprechen, was die Kamera in dieser Version gerade nicht zeigt)
- Detail- bzw. Nahaufnahmen z.B. auf den sich rhythmisch bewegenden Kopf der Protagonistin bei Ausübung der Fellatio

Auf die Art und Weise der Darstellung kommt es bei der Bewertung nicht an: Auch wenn es sich bei den verbreiteten Inhalten um lediglich textliche Schilderungen oder tonhafte Beschreibungen ohne bildliche Darstellung oder sonstige Visualisierung der sexuellen Vorgänge handelt, vermag dies eine Einordnung als Pornografie nicht von vornherein auszuschließen. Denn weder der Angebotsbegriff des JMStV noch die Verbotsnorm in § 4 enthalten Einschränkungen im Hinblick auf die Art der Darstellung pornografischer Vorgänge. Entscheidend für die Einordnung als Pornografie und maßgebliches Indiz für das Vorliegen pornografischer Angebote kann daher nicht nur die explizite, fokussierte, gleichsam „lupenhafte" bildliche bzw. audiovisuelle Darstellung

15 S. Erdemir, MMR 2003, 628 (634).

von Sexualorganen und Sexualverkehr sein, sondern auch deren textliche bzw. sprachliche Umschreibung in entsprechender Direktheit – oder eine Mischung von Text, Ton und/oder Bild.
Inwiefern virtuelle Darstellungen (Zeichungen, Zeichentrick, Mangas, computergerenderte Szenen, etc.) eine Bewertungsänderung herbeiführen können bzw. müssen, ist in der Literatur bisher nicht geklärt:[16] Anders als bei den Kinder- und Jugendpornografieverboten, die virtuelle Darstellungen echten Darstellungen ausdrücklich gleichstellen (s. oben Kap. 6), fehlt dieser Hinweis in § 184c StGB. Es muss also aus JMStV-Sicht gelten, dass der ggf. abweichende – im Zweifel weniger starke – Eindruck, der durch die Abwesenheit echter Menschen erzeugt wird, bei der Prüfung beachtet werden muss. Ändert sich durch die Darstellungsart jedoch weder die Drastik noch die Aufdringlichkeit, so wird dies für die Beurteilung, ob Pornografie iSd. § 4 Abs. 2 Nr. 1 vorliegt, keine Relevanz besitzen.

Weitere Indizien für die Bejahung von Pornografie sind beispielsweise eine Massierung innerhalb des Angebotes mit sexuellen Abbildungen und Handlungen, die die Beteiligten als reine Triebwesen und austauschbare Objekte erscheinen lassen. Des Weiteren kann auch das Packen des Sexualpartners an den Haaren oder am Kopf oder ähnliche Handlungen die Pornografie bejahen lassen. Dabei muss der Sexualpartner „entpersönlicht" werden und als rein gegenständliches Befriedigungsinstrument erscheinen. Hierzu zählen auch Darstellungen sexueller Vorgänge, die insb. bei Minderjährigen Angst und Ekel hervorrufen können[17] (etwa atypische sexuelle Praktiken oder Fetische). Weitere Anhaltspunkte für ein pornografisches Angebot sind Darstellungen, die geeignet sind bei Jugendlichen Fehlentwicklungen im sozialen Umgang hervorzurufen bzw. Interaktionsmuster zu liefern, welche der sozialen Realität nicht entsprechen.
Für die Bewertung, ob es sich um eine pornografische Darstellung handelt, sind nicht die subjektiven Zielvorstellungen und Tendenzen des Verfassers maßgeblich. Hier kommt es vielmehr allein auf den objektiven Gehalt und die Art der Darstellung an, wie sie ein unbefangener und objektiver Nutzer sieht/hört. Eventuell sind

16 S. nur Hertel in Hahn/Vesting, Rundfunkrecht, 2. Auflage 2008, § 4 JMStV, Rn. 74.

17 Vgl. MüKo § 184 Rn. 16.

beigefügte Erläuterungen und Andeutungen zu berücksichtigen – keinesfalls jedoch die Ziele und Vorstellungen des Herstellers.
Indizien für das **Nicht**vorliegen eines pornografischen Angebotes „in sonstiger Weise" sind:

- Die bloße textliche oder bildliche Schilderung von Nacktheit (einschließlich der Genitalien),
- die bloße Darstellung von sexuellen Vorgängen (einschließlich des Geschlechtsverkehrs),
- eher „nebenbei" oder flüchtig gezeigte Aufnahmen der primären Geschlechtsorgane (insbes. bei Kameraperspektiven in der Totalen)[18].

Innerhalb der Gesamtwürdigung des Angebotes kann eine Verneinung der Pornografie des Inhalts durch die allgemeinen gesellschaftlichen Wertvorstellungen und die hieraus gezogenen Grenzen erfolgen. Das Angebot ist in der Regel nur dann pornografisch, wenn o.g. Grenzen des sexuellen Anstandes überschritten werden; [19] Beispiel kann etwa eine Aufklärungsseite sein, die für sich genommen pornografische Fotos enthält, durch die Bild-Text-Kombination aber aus dem Begriffsverständnis gleichsam „herausgehoben" wird.[20]
Bei allen vorgenannten Kriterien aus Absatz 1 und Indizien des Absatzes 2 muss immer der medienspezifische Aspekt des Mediums Internet berücksichtigt werden.
Hierbei sind in die endgültige Bewertung folgende Spezifika einzubeziehen, welche bei Telemedienangeboten möglicherweise zu einer strengeren Bewertung führen können:

- die Dauerhaftigkeit des Angebots im Unterschied zu lineare Diensten wie traditionellem Fernsehen,
- die technischen Faktoren des Angebotes wie z.B. Vergrößerungsmöglichkeiten, Szenenauswahl, Merklisten, Bookmarks etc.,

18 Um von Pornografie sprechen zu können, müsste der unbekleidete Mensch in einer entsprechenden Stellung abgebildet oder das Bild so gestaltet sein, dass die Geschlechtsorgane in den Mittelpunkt treten und die Darstellung des Körpers sekundär erscheint, vgl. BGH 5 StR 153/78.

19 S. auch BT-Drucksache VI/3521, S. 60.

20 Perron/Eisele in Schönke/Schröder, Strafgesetzbuch, 28. Auflage 2010, § 184 Rn. 5; MüKo, § 184 StGB Rn. 20.

- die endgültige Fixierung des Angebotes in einem festen Kontext oder dessen kontextunabhängige Vergrößerungsmöglichkeit (kleine Videos vs. Vollbildformate).

7.2 Verhältnis von Pornografie und Kunst

Wissenschaftliche Werke gelten grundsätzlich als nicht porno grafisch.[21] Dagegen schließen Pornografie und Kunst einander begrifflich nicht aus, so dass nach den Umständen des Einzelfalls auch ein Kunstwerk als pornografisch eingestuft werden kann.[22] Der Konflikt zwischen Kunstfreiheit und dem (ebenfalls mit Verfassungsrang ausgestatteten) Rechtsgut des Jugendschutzes kann nur durch eine einzelfallbezogene Abwägung gelöst werden. Dabei kommt keinem der beiden Verfassungsgüter von vornherein Vorrang vor dem jeweils anderen zu.[23]

Bei der endgültigen Beurteilung des (Einzel-)Angebots muss daher die mögliche Rechtfertigung oder eine Abwägung aus bzw. zu der Kunstfreiheit aus Artikel 5 Absatz 3 Satz 1 GG[24] des (einfachen) pornografischen Angebots berücksichtigt werden.[25] Hierbei wird das Schädigungspotential für Jugendliche zu der Freiheit der Kunst in Abwägung gebracht, wobei zu berücksichtigen ist, dass sich Prüfungsentscheidung nur auf den Wirkbereich der Kunstfreiheit beschränken – also Einfluss auf die Vermittlung eines Kunstwerks an Dritte haben – und nicht in den Werkbereich des Künstlers eingreifen, d.h. die eigentliche künstlerische Tätigkeit.

Bei der Abwägung sind im Hinblick auf die Frage der künstlerischen Qualität u. a. folgende Überlegungen einzubeziehen:

---

21 Ein entsprechender geistiger Gehalt muss insoweit vorliegen, Perron/Eisele in Schönke/Schröder, Strafgesetzbuch, 28. Auflage 2010, § 184 Rn. 4.

22 S. nur BVerfGE 83, 130 (139).

23 Unumstritten ist insoweit, dass die Kunstfreiheit durch andere Werte und Güter von Verfassungsrang beschränkt werden kann (sog. kollidierendes Verfassungsrecht). Eine derartige Kollision von Kunstfreiheit und verfassungsrechtlich geschützte Werte wird für den Bereich des Jugendschutzes angenommen, vgl. BVerwGE 77, 75 (82 f.); 91, 223 (225); BVerfGE 83, 130 (139 f.).

24 Artikel 5 Abs. 3 GG: „(3) Kunst und Wissenschaft, Forschung und Lehre sind frei. […]"

25 MüKo § 184 Rn. 24..

- das Maß der Einbindung des Angebots in ein künstlerisches Gesamtkonzept[26] (Gesamtkunstwerk oder in sich geschlossene Kleinprojekte, Tiefe/Länge der künstlerischen Darstellung bzw. Beschreibung),
- das Ansehen des Werks (Angebots) bei dem Publikum[27],
- seine Wertschätzung in Kritik und Wissenschaft[28] (Reaktionen, Rezensionen, Preise).

Auf der anderen Seite der Abwägung ist dagegen einzubeziehen, wie hoch das Maß einer Beeinträchtigung ist, das von dem fraglichen Angebot ausgeht.[29] Je stärker die vermutete Beeinträchtigung, desto stärker wiegt der Jugendschutzaspekt bei der Abwägung. S. kann etwa bei der unabhängigen Aneinanderreihung von literarischen, wohlgleich detaillierten Schilderungen sexueller Handlungen der verschiedensten Art die Abwägung gegen ein Überwiegen der Kunstfreiheit sprechen.[30]

26 BVerfGE 83, 130 (148).

27 Vgl. Perron/Eisele in Schönke/Schröder, Strafgesetzbuch, 28. Auflage 2010, § 184 Rn..

28 BVerfGE 83, 130 (147 f.).

29 BVerfGE 83, 130 (147); BGHZ 37, 55 (65).

30 Vgl. BGHZ 37, 55 (64); vgl. Perron/Eisele in Schönke/Schröder, Strafgesetzbuch, 28. Auflage 2010, § 184 Rn. 5a.

Kapitel 8: Kriterien für das Vorliegen von Angeboten nach § 4 Abs. 2 S. 1 Nr. 2 JMStV

Die Verbreitung von Angeboten an Minderjährige ist unzulässig, wenn sie von der BPjM als jugendgefährdend und damit als für Minderjährige nicht geeignet eingestuft wurden und entsprechend in den Teilen A und C der Liste nach § 18 des JuSchG aufgenommen sind.
Listenteil A ist die *öffentliche* Liste indizierter *Träger*medien, Listenteil C ist die *nicht* öffentliche Liste von *Träger*- und *Tele*medien, während die Listenteile B und D diejenigen Inhalte enthalten, deren Verbreitung aufgrund ihrer Inhalte absolut verboten ist. Die Listenteile werden daher ebenfalls nicht-öffentlich geführt und nicht verbreitet (siehe oben Kapitel 6 zu § 4 Abs.1 Ziffer 11 JMStV).
Prinzipiell folgt die Vorschrift der Vorgabe und den Zielen aus § 4 Abs. 1 Satz 1 Nr. 11 JMStV (s. oben Kap. 6); Abs. 2 S. 1 Nr. 2 zielt dabei aber ausdrücklich auf die in die Listenteile A und C aufgenommene Träger- und Telemedien: Diese weisen keine strafrechtlich relevanten Inhalte auf, sind nach Einschätzung der BPjM aber trotzdem geeignet, „die Entwicklung von Kindern oder Jugendlichen oder ihre Erziehung zu einer eigenverantwortlichen und gemeinschaftsfähigen Persönlichkeit zu gefährden" (§ 18 Abs. 1 Satz 1 JuSchG). Entsprechend sieht § 4 Abs. 2 S. 2 JMStV vor, dass diese Angebote ausnahmsweise dann zulässig sind, wenn der Anbieter sicherstellt, dass sie ausschließlich Erwachsenen zugänglich gemacht werden. Anbieter entsprechender Inhalte sind insoweit verpflichtet, Zugangssysteme zu nutzen, die den Anforderungen von § 11 Abs. 4 JMStV entsprechen (s. dazu Kap. 10).
Für das Vorliegen eines Falls des § 4 Abs. 2 S. 1 Nr. 2 JMStV muss die Aufnahme in die Listenteile A oder C abgeschlossen sein; ein laufendes Indizierungsverfahren reicht hingegen noch nicht aus. Ist der Beschwerdeausschuss der Ansicht, dass ein Angebot indiziert werden wird, so ist dies für diesen Unterfall unbeachtlich – unbenommen kann ein Angebot dann aber unter die Fallvarianten der Nummern 1 (einfache Pornografie, s. o. Kap. 7) oder 3 (offensichtliche schwere Jugendgefährdung, s. u. Kap. 9) fallen. Wenn unklar ist, ob ein bestimmtes Werk indiziert ist (insb. im

Hinblick auf Listenteil C), sollte eine entsprechende Auskunft bei der BPjM eingeholt werden.
Für die Beurteilung, ob ein Angebot „mit einem in dieser Liste aufgenommenen Werk ganz oder im Wesentlichen inhaltsgleich" ist, muss zwischen unterschiedlichen Arten von Ähnlichkeit unterschieden werden:

- Ganz inhaltsgleich sind Angebote, wenn sie inhaltlich völlig übereinstimmen (z.B. Datei mit einer eingescannten Zeitschrift, Stream mit einem indizierten Film etc.)
- Wesentlich inhaltsgleich sind Angebote, wenn das Angebot gegenüber dem Inhalt des indizierten Mediums „geringfügig verändert" ist.[31]

Für Angebote, die stark veränderte Inhalte von indizierten Werken enthalten, gilt Nr. 2 dem Wortlaut nach nicht mehr – allerdings stellt Abs. 3 klar, dass nach Aufnahme eines Angebotes in die Liste nach § 18 JuSchG die Verbote nach Absatz 1 und 2 auch nach wesentlichen inhaltlichen Veränderungen bis zu einer Entscheidung durch die Bundesprüfstelle für jugendgefährdende Medien wirken. Dies führt dazu, dass einmal indizierte Telemedien („Angebote") selbst durch große inhaltliche Veränderungen nicht zulässig werden, sondern weiterhin bis zu einer Streichungsentscheidung der BPjM dem Abs. 2 S. 1 Nr. 2 unterfallen.[32] Im Hinblick auf indizierte Trägermedien muss dagegen eine mehr als geringfügige Veränderung des Telemedienangebots erfolgt sein.
Bei der Betrachtung des Grads der Veränderung ist zu berücksichtigen, dass weitere Sprachfassungen in der Regel nur als geringfügig verändert angesehen werden, soweit die indizierungsrelevanten Darstellungen dabei erhalten bleiben.[33]

31 S. Altenhain in Hoeren/Sieber, Multimedia-Recht, 22. Auflage 2009, Teil 20, Rn. 54; s. auch schon BT-Drs. 13/7934, 50 (Begründung zu § 18 GjSM).

32 S. Altenhain in Hoeren/Sieber, Multimedia-Recht, 22. Auflage 2009, Teil 20, Rn. 56.

33 S. etwa BPjS-Entscheidung Nr. 6200 v. 18. 4. 2002, BPjS-Aktuell 2/2002 3, 13.

Kapitel 9: Kriterien für eine „entwicklungsbeeinträchtigende“ Wirkung im Sinne des § 5 Abs.1 Satz 1 JMStV und für eine „offensichtlich schwer entwicklungsgefährdende“ Wirkung im Sinne des § 4 Abs. 2 Satz1 Ziffer 3 JMStV

9.1. Systematische Vorüberlegungen für die Definition des Anwendungsbereichs

9.1.1. Definition der „entwicklungsbeeinträchtigenden“ und der „offensichtlich schwer entwicklungsgefährdenden“ Angebote

Staatsvertraglich sind die beiden Begriffe nicht definiert. Aus der Gesetzessystematik ergibt sich allerdings, dass entwicklungsbeeinträchtigende Angebote des § 5 JMStV solche sein müssen, die weniger schädlich sind als die offensichtlich schwer entwicklungsgefährdenden Angebote des § 4 JMStV. Der JMStV stellt an die Zulässigkeit der Verbreitung von (nur) entwicklungsbeeinträchtigenden Angeboten geringere Anforderungen als an die Verfügbarmachung relativ unzulässiger Inhalte. Die Anbieter haben nach § 5 Abs.1 Satz 1 dafür Sorge zu tragen, dass Minderjährige diese Angebote „üblicherweise nicht wahrnehmen“. Diese Voraussetzung ist nach dem Gesetz u.a. dann erfüllt, wenn gemäß § 5 Abs. 5 Ziffer 1 JMStV wenn der Zugang für Kinder und Jugendliche zu solchen Angeboten durch technische oder sonstige Mittel wesentlich erschwert ist. Demgegenüber dürfen relativ unzulässige Angebote im Sinne des § 4 Abs. 2 JMStV, also auch die „offensichtlich schwer entwicklungsgefährdenden Angebote“, nur dann im Internet zum Abruf bereitgehalten werden, wenn „sichergestellt“ ist, dass Minderjährige keinen Zugang erhalten. Die zu überwindende Hürde muss bei relativ unzulässigen Angeboten demnach höher liegen. S. gibt der Staatsvertrag zu erkennen, dass er die offensichtlich schwer entwicklungsgefährdenden Angebote als schädlicher ansieht als entwicklungsbeeinträchtigende Angebote.

Demnach erfasst § 5 Abs.1 JMStV Angebote unterhalb der Schwelle der offensichtlich entwicklungsgefährdenden Angebote und im Falle der erotischen Angebote Inhalte unterhalb der Pornografie. Der Begriff des entwicklungsbeeinträchtigenden Angebots ist demzufolge immerhin negativ durch § 4 Abs.2 und Abs.1 JMStV abgegrenzt. Die Unzulässigkeit der Inhalte von § 4 Abs. 1 JMStV ist ausschöpfend definiert und keine Frage der Intensität oder der Art und Weise der Darstellung. Sobald ein Medienangebot der in Kapitel 6 aufgeführten Kriterien entspricht, ist es unzulässig. Demgegenüber sind bei der Beantwortung der Frage, ob ein Angebot „offensichtlich geeignet ist, die Entwicklung von Kindern und Jugendlichen oder ihre Erziehung zu einer eigenverantwortlichen und gemeinschaftsfähigen Persönlichkeit unter Berücksichtigung der besonderen Wirkungsform des Verbreitungsmediums schwer zu gefährden“, immer die Intensität der Darstellung und die Darstellungsweise zu berücksichtigen. Letztendlich handelt es sich dabei immer um Abgrenzungsverfahren zur einfachen Entwicklungsgefährdung und zur Entwicklungsbeeinträchtigung (§ 5 Abs.1), aber eben nicht um ein Abgrenzungsverfahren zu den unzulässigen Angeboten aus § 4 Abs. 1 JMStV. Da für die Arbeit des Beschwerdeausschusses die einfache Entwicklungsgefährdung keine Rolle spielt, da sie nur für die Arbeit der BPJM von Bedeutung ist, findet das Abgrenzungsverfahren immer zwischen schwerer Entwicklungsgefährdung und Entwicklungsbeeinträchtigung statt.

In § 4 Abs. 2 JMStV ist die offensichtlich schwere Entwicklungsgefährdung auf Augenhöhe genannt mit der einfachen Pornografie und der einfachen Entwicklungsgefährdung, also den „indizierten“ Medien und Inhalten. Dies ist ein Hinweis auf das Maß, welches beim Abgrenzungsverfahren an den Wirkungsgrad eines Angebotes angelegt werden muss.

Jenseits dessen sind die Begriffe aber juristisch schwer greifbar. Nach dem Wortlaut der Vorschrift muss es sich um ein Angebot handeln, das geeignet ist, „die Entwicklung von Kindern und Jugendlichen oder ihre Erziehung zu einer eigenverantwortlichen und gemeinschaftsfähigen Persönlichkeit zu beeinträchtigen". Dem scheint eine Finalität dergestalt zugrunde zu liegen, dass der JMStV ein bestimmtes Ziel der Entwicklung eines Minderjährigen vorsieht, mithin ein Menschenbild, das durch die „ordnungsgemäße" Entwicklung und Erziehung des Kindes oder Jugendlichen verwirklicht werden soll. Die Vorschrift selbst nennt die „Gemeinschaftsfähigkeit" und „Eigenverantwortlichkeit" des Minderjährigen. Allerdings sind diese Ziele für sich genommen noch keine Richtschnur für die Medienbewertung, weil sie als wertneutrale Eigenschaften keine materiellen und inhaltlichen Grundsätze und Maßstäbe verkörpern. Die eigentlichen Entwicklungsziele finden im JMStV keine adäquate Erwähnung.

Jedoch ist allgemein anerkannt, dass man zur Eigenverantwortlichkeit und Gemeinschaftsfähigkeit zumindest die folgenden Kriterien heranziehen kann:

Eigenverantwortlich ist eine Persönlichkeit dann, wenn sie:
- fähig ist, eigene Entscheidungen zu treffen und diese vor anderen vertreten kann,
- sich selbst, ihr Dasein, ihre Handlungen und ihren Körper achtet und respektiert,
- sich für ihre Handlungen verantwortlich fühlt,
- die Folgen des eigenen Handelns abschätzen kann,
- sich Manipulationen anderer nicht willenlos ergibt, sondern eigene Abschätzungen vornimmt und Bewertungen vorzunehmen fähig ist,
- sich selbst und ihre Handlungen hinterfragen kann und das Prinzip von Belohnung und Bestrafung versteht,
- ihr Leben aktiv gestalten und Aufgaben des Alltags erfüllen kann.

Gemeinschaftsfähig ist eine Persönlichkeit dann, wenn sie:
- das Leben und die Gesundheit aller Lebewesen achtet und schützt,
- die Eigenständigkeit und den Willen anderer Menschen respektiert,
- allgemein übliche Umgangsformen kennt und diese anwendet,
- Gewalt verabscheut und friedliche Konfliktlösungen bevorzugt,

- das Zusammensein und die Kommunikation mit anderen Menschen bewältigt,
- das Eigentum und die Privatsphäre anderer Menschen akzeptiert,
- die Andersartigkeit von Ansichten, Herkünften, Religionen, Geschlechtern oder Wesenszügen anerkennt und Menschen die sich hierbei von ihr selbst unterscheiden, respektiert,
- eine unverkrampfte, aber nicht maßlose Einstellung zu Sexualität besitzt, und diese Sexualität auszuleben fähig ist,
- Notleidenden hilft und sich solidarisch dem Schwächeren gegenüber verhält,
- Krieg verabscheut,
- das Rechtssystem und seine Vertreter als hoheitlich akzeptiert,
- ihre bürgerlichen Pflichten kennt und erfüllt.

Da - wie gesagt - die Entwicklungsziele im JMStV keine adäquate Erwähnung gefunden haben, bedarf es zusätzlich eines Rückgriffs auf die im höherrangigen Recht formulierten Werte. Diese bieten zumindest eine Orientierungshilfe. In streng juristischer Hinsicht wird man daher als entwicklungsbeeinträchtigend und/oder entwicklungsgefährdend solche Inhalte ansehen können, die mit den im Grundgesetz zum Ausdruck kommenden Werten, insbesondere mit den Grundrechten, nicht in Einklang zu bringen sind und Kindern und Jugendlichen als Rezipienten ein an den Maßstäben der Verfassung gemessen „falsches" Lebensmodell vorgeben. Darunter fallen etwa freiheits- und demokratiefeindliche oder diskriminierende Inhalte, aber auch Darstellungen, die gewaltsame Eingriffe in die körperliche Unversehrtheit wiedergeben, wenn die Darstellung den verfassungsrechtlichen Wert, den das Grundgesetz der körperlichen Unversehrtheit verleiht, nicht aufgreift (z.B. Darstellungen von Gewalt gegen Personen ohne die Folgen der Gewalt für den Körper des Menschen darzustellen).

Mithilfe eines Rückgriffs auf die Werte des Grundgesetzes lassen sich jedoch nicht alle Arten entwicklungsbeeinträchtigender und/oder entwicklungsgefährdender Angebote erfassen. Mangels Anknüpfungspunkt in der Verfassung wären etwa nicht-pornografische, aber dennoch sexuell-stimulierende, mithin erotische Inhalte gänzlich ausgeklammert. Denn im Grundgesetz findet sich keine Norm, die Erotik für unerwünscht erklärt. Es kann jedoch nicht ernstlich bestritten werden, dass unter bestimmten Voraussetzungen auch von erotischen Inhalten eine desorientierende Wirkung auf Kinder und Jugendliche ausgehen kann. Das Beispiel der Erotik belegt, dass der Normen- und Wertekanon des Grundgesetzes nicht ausreicht, um den Begriff der Entwicklungsbeeinträchtigung und/oder Entwicklungsgefährdung erschöpfend mit Leben zu füllen. Dieser Kanon bestimmt lediglich einen Mindestgehalt materieller Kriterien. Zudem muss berücksichtigt werden, dass gesellschaftliche Wert- und Normvorstellungen auch einem zeitlichen Wandel unterliegen. S. haben sich die Moralvorstellungen vor allem hinsichtlich der Sexualität innerhalb der letzten 50 Jahre deutlich gewandelt, sie unterliegen also auch einer Art Zeitgeist. Dennoch sind in ihrer jeweiligen Zeit betrachtet gewisse Wert- und Normvorstellungen einer Gesellschaft als stabile gesellschaftliche Orientierungen zu verstehen, welche Joachim Knoll beispielsweise als „sekularen Dekalog" bezeichnet (vgl. Knoll 1999). D.h. aber auch, dass ein gesellschaftlicher Wertekanon immer dem Wandel der Zeit unterworfen ist und immer hinsichtlich seiner Aktualität und Funktionalität gegenüber gesellschaftlichen Veränderungsprozesse zu hinterfragen ist (vgl. Hackenberg et al. 2010, Hajok et al. 2010)

Des Weiteren kann man nicht aus dem gesamten deutschen Recht eine Orientierung für die Frage der Entwicklungsbeeinträchtigung und/oder Entwicklungsgefährdung ableiten, denn allein der Umstand, dass ein bestimmter Gegenstand einfach-gesetzlichen Schutz erfährt, besagt noch nicht, dass die Entwicklung von Jugendlichen danach ausgerichtet sein soll. S. wird man zum Beispiel allein aufgrund der Existenz eines Kleingartengesetzes und der darin enthaltenen Gewährung eines bestimmten Selbstverwaltungsspielraums für Kleingärtner noch nicht ableiten können, dass ein Beitrag, der sich über konservative Laubenpieperei lustig macht oder diese sogar scharf attackiert, entwicklungsbeeinträchtigend und/oder entwicklungsgefährdend ist, weil er in seiner Stoßrichtung einer gesetzlichen Regelung zuwiderläuft. Im Gegenteil: Die Medien sollen gerade die vierte Gewalt im Verfassungsstaat sein und auf die öffentliche Gewalt korrigierend und manchmal auch anprangernd einwirken. Dazu zählt auch die Kritik an unsinnigen Gesetzen. Es wäre mit der verfassungsrechtlich gewollten Funktion der Medien nicht zu vereinbaren, Inhalte, die andere Werte zum Ausdruck bringen als einfachgesetzliche Regeln, per se als entwicklungsbeeinträchtigend und/oder entwicklungsgefährdend einzustufen. Im einfachen Recht können nur solche Vorschriften eine Orientierung bieten, die spezifisch die Entwicklung von Kindern und Jugendlichen im Blick haben. Eine so verstandene Orientierung wäre aber wohl immer noch nicht ausreichend, da - um im Ausgangsbeispiel zu bleiben - auch keine bundesweite einfachgesetzliche Bestimmung existiert, die sexuelle Stimulation für unerwünscht erklärt.

Der Versuch, die Entwicklungsbeeinträchtigung und/oder Entwicklungsgefährdung (nur) an rechtlichen Kriterien auszurichten, muss daher scheitern, weil ein derart bestimmter Begriff entweder zu wenig erfasst, um den Zielen des Staatsvertrags gerecht zu werden, oder aber beliebig wird, so dass er der Freiheits-Schrankensystematik von Art. 5 GG zuwiderläuft. Klarheit gewinnt man nur, wenn man auf pädagogische und medienwissenschaftliche Erkenntnisse zurückgreift.

In sozialwissenschaftlicher Hinsicht liegt ein „entwicklungsbeeinträchtigendes Angebot" vor, wenn es einen solch negativen Einfluss auf Kinder und Jugendliche ausübt, dass eine als positiv gedachte Entwicklung oder Erziehung von Minderjährigen unterbrochen oder gehemmt wird. Kriterien sind in Anlehnung an die Grundsätze der Freiwilligen Selbstkontrolle der Filmwirtschaft (vgl. FSM 2008):

- eine Überreizung der Nerven,
- das Hervorrufen einer übermäßigen Belastung,
- eine Erregung der Fantasie über Gebühr,
- eine Hemmung, Störung oder Schädigung der charakterlichen, sittlichen, religiösen oder geistige Erziehung sowie
- eine Verführung zu falschen und abträglichen Lebenserwartungen.

Wird demgegenüber die Entwicklung einer Persönlichkeit gemäß diesen Kriterien gefährdet, spricht man von „Entwicklungsgefährdung" (§ 4, Abs. 2 Nr. 3). Eine schwere Gefährdung der Entwicklung bzw. des Entwicklungszieles bedeutet jedoch nicht, dass das Entwicklungsziel absolut unerreichbar geworden sein muss. Eine Entwicklungsgefährdung liegt vielmehr dann vor, wenn durch

Medieninhalte Kinder oder Jugendliche nachhaltig psychisch destabilisiert oder sozialethisch desorientiert werden, weil die rezipierten Inhalte den allgemein anerkannten Grundwerten der Gesellschaft oder denen der Verfassung zuwiderlaufen. Dabei ist es dem Kind oder Jugendlichen nicht möglich, die Gefährdung selbst zu erkennen, zu dekodieren und eigenständig zu entschärfen. Der Minderjährige ist vielmehr von den Inhalten deutlich in seiner Haltung oder in seiner Gefühlswelt beeinflusst, wobei die Beeinflussung nachhaltig ist. Demgegenüber handelt es sich bei der Entwicklungsbeeinträchtigung um eine weniger intensive Beeinflussung auf die Erreichung des Entwicklungszieles und diese Beeinflussung könnte mit relativ geringem Aufwand rückgängig gemacht oder relativiert werden, z.B. durch Trost, Erklärungen, intensive Gespräche usw. durch die Eltern.

Bei der Entwicklungsgefährdung und der Entwicklungsbeeinträchtigung wird neben der Entwicklung auch die Erziehung als gefährdungsgeeignet erwähnt. Auf den Entwicklungsprozess von Kindern und Jugendlichen wurde bereits in Kapitel 2 eingegangen. Erziehung bedeutet demgegenüber eine Prägung oder Einflussnahme auf die Entwicklung des Kindes oder Jugendlichen von außen, vornehmlich des Elternhauses, aber auch der Lehrer-/Erzieherschaft. Erziehung kann eigene Wertekanons und verschiedene Erziehungsstile oder -schritte beinhalten. S. verfolgt ein streng katholisches Elternhaus andere Erziehungsstile, als eine Feuerbachsche Glaubensgemeinschaft, und trotzdem kann das Erziehungsziel die vom Gesetzgeber bezeichnete eigenverantwortliche und gemeinschaftsfähige Persönlichkeit sein. Die Erziehungsstile unterscheiden sich dennoch grundlegend. Medieninhalte dürfen nicht geeignet sein, eine solche Erziehung schwer zu gefährden. Dies wäre z.B. dann der Fall, wenn Medieninhalte dem Erziehungsstil derart ablehnend und abschätzig gegenüber stünden, dass damit auch das Erziehungsziel gefährdet wäre.

Bei der schweren Entwicklungsgefährdung wird explizit darauf hingewirkt, dass die Beurteilung gemäß § 4 Abs. 2 Satz 1 Ziffer 3 „unter Berücksichtigung der besonderen Wirkungsform des Verbreitungsmediums“ stattzufinden hat. Die Spezifika des Verbreitungsmediums sollten zwar immer für die Beurteilung einer Gefährdung von Bedeutung sein, der explizite Hinweis hier deutet zudem aber vor allem darauf hin, dass eine für ein anderes Medium getroffene Entscheidung nicht ohne weiteres auf die Verbreitung im Internet übertragen werden kann. Zumindest bei der Beurteilung einer schweren Entwicklungsgefährdung muss das Verbreitungsmedium also deutliche Berücksichtigung finden.

9.1.2. Geeignetheit

Es ist ferner davon auszugehen, dass für eine Erfüllung des Tatbestandes von § 5 Abs. 1 oder § 4 Abs.2 Satz 1 Ziffer 3 JMStV nicht die jeweils in Rede stehende konkrete Darstellung eine persönlichkeitsbeeinträchtigende Wirkung auf Kinder und Jugendliche erwiesenermaßen erzielen muss. Anders als bei den unzulässigen Angeboten nach § 4 Abs.1 JMStV lässt sich eine über jeden Zweifel erhabene Feststellung der Kinder- und Jugendbeeinträchtigung und/oder -gefährdung einer einzelnen Darstellung selbst bei Anwendung sozialwissenschaftlicher Erkenntnisse häufig nicht treffen. Diese Unsicherheit greifen die Vorschriften auf, indem sie lediglich eine Beeinträchtigungsprognose verlangen. Auch wenn die einzelne Darstellung eine Persönlichkeitsbeeinträchtigung oder -gefährdung noch nicht hervorruft, kann sie jedoch für eine entsprechende Gefährdungslage mit verantwortlich sein. Der Gesetzgeber lässt daher die bloße „Geeignetheit“ der Beeinträchtigung oder Gefährdung ausreichen. Die gegenständliche Beeinträchtigung oder Gefährdung für Kinder und Jugendliche ergibt sich dabei erst im Laufe der Zeit aus einem Zusammenwirken der Gesamtheit der in den genutzten Medien verfügbaren Inhalte.

Hinsichtlich der „schweren Entwicklungsgefährdung“ ist zu beachten, dass ihre Eignung zur schweren Entwicklungsgefährdung *offensichtlich* sein muss, d.h. sie muss klar zu Tage treten und sich normalen, unbefangenen Betrachtern wie selbstverständlich erschließen. Auf keinen Fall können hiermit also versteckte, subtile Botschaften gemeint sein, wie z.B. die in den 80er Jahren besonders populären und heftig kritisierten angeblich rückwärts gesprochenen satanistischen Botschaften auf Heavy-Metal-Schallplatten oder Kürzel wie „666“ (die Nummer des Bösen) oder „18“ (Position im Alphabet für A.H.= Adolf Hitler). Beim „normalen, unbefangenen Betrachter“ muss es sich aber nicht um einen Jugendlichen oder gar ein Kind handeln, da diese die Gefährdungen häufig nicht dekodieren können. Außerdem muss es sich um keinen Fachmann und nicht einmal um einen medienkompetenten Rezipienten handeln. Es muss ein Erwachsener mit einfachem Bildungsstand die schwere Jugendgefährdung zu erkennen fähig sein. Eine Offensichtlichkeit ist aber insbesondere dann gegeben, wenn sich solche Angebote in Inhalt und Gestaltung in deutlich verführerischer Weise an Jugendliche oder sogar an Kinder richten.

9.2. Die Anwendungsebene

Bei der Prüfung von Internetangeboten im Sinne des § 5 Abs.1 JMStV und § 4 Abs.2 Ziffer 3 JMStV ist insbesondere auf Inhalte zu achten, die Darstellungen von Gewalt, von Sexualität und Ext remismus beinhalten. Darüber hinaus sind auch Angebote zu berücksichtigen, die nicht klar diesen Inhaltsdimensionen zuzuordnen sind, mit ihren Darstellungen aber durchaus dazu beitragen können, Kinder und Jugendliche sozial-ethisch zu desorientieren und damit deren Entwicklung oder Erziehung zu einer eigenverantwortlichen und gemeinschaftsfähigen Persönlichkeit unter bestimmten Voraussetzungen beeinträchtigen oder gefährden können. Generell gilt es, zunächst auf eine mögliche Unzulässigkeit im Sinne des § 4 Abs.1 JMStV hin zu prüfen (siehe Kap. 6) und dann auf eine mögliche offensichtlich schwere Entwicklungsgefährdung sowie im Anschluss auf eine mögliche Entwicklungsbeeinträchtigung, wobei sowohl das zu beurteilende Angebot, insbesondere die kontextuale Eingebundenheit des problematischen Inhalts, als auch die Wahrnehmungs- und Verarbeitungsweisen potentieller Rezipienten zu beachten ist. Nicht zuletzt ist auch die Wahrscheinlichkeit des Zugangs zum Angebot zu berücksichtigen.

Wenn die nachfolgend näher spezifizierten Inhalte hinsichtlich einer möglichen Entwicklungsbeeinträchtigung geprüft werden, so ist dabei immer zu bedenken, dass sie – in welcher Form auch immer (Bilder, Texte, Tonaufnahmen, Filmsequenzen) – „nur“ an die Heranwachsenden herangetragen werden. Befürchtete Implikationen des Rezeptionsprozesses sind Einstellungs- und Verhaltensveränderungen seitens der jungen Nutzer, die sich im Spannungsfeld von geplanten und ungeplanten, kurzfristigen und langfristigen Effekten bewegen (vgl. McQuail 1994), die von Rezipient zu Rezipient unterschiedlich sind. Die nachfolgende Darstellung der Kriterien für eine Prüfung von Internetangeboten auf eine mögliche Entwicklungsbeeinträchtigung oder -gefährdung erfolgt entlang der als wesentlich erachteten Inhaltsbereiche und hat ihre Basis in den verbindlichen juristischen Vorschriften, sozial- und medienwissenschaftlichen Erkenntnissen zu Kindern und Jugendlichen als Mediennutzer (vgl. Kap. 2) und zu den Spezifika des Internets (vgl. Kap. 3) sowie in den Prüferfahrungen der Mitglieder des Beschwerdeausschusses der FSM. Zudem finden sich in der Darstellung die für richtig und wichtig erachteten und auf den Onlinebereich übertragbaren Kriterien, die sich den Prüfordnungen und –richtlinien anderer Selbstkontrollen (vgl. z.B. FSM 2005) und den von der Kommission für Jugendmedienschutz der Landesmedienanstalten vorgelegten Kriterien zur Aufsicht in Rundfunk und Telemedien entnehmen lassen (vgl. KJM 2005).

9.2.1. Kriterien für schwer entwicklungsgefährdende Angebote

Folgende Darstellungen in Text, Bild und Ton sind als in der Regel schwer entwicklungsgefährdend anzusehen:

9.2.1.1. Darstellungen im Sinne demokratiefeindlicher, rassistischer, völkischer oder nationalistischer Ideologien

Dies ist der Fall wenn diktatorische oder monarchische Staatsformen propagiert oder verherrlicht werden oder Unterschiede von Völkern und Rassen propagiert und gleichzeitig entsprechende politische Forderungen gestellt werden. Auch eine Verharmlosung von Rassismus ist in diesem Sinne unzulässig. Nationalismus kann dann schwer entwicklungsgefährdend sein, wenn er das friedliche Zusammenleben der Nationen stören will, indem er z.B. Staatsgrenzen in Frage stellt oder ehemalige Regionen des deutschen Reichs als „deutsch“ tituliert.

9.2.1.2. Darstellungen von Gewalttätigkeiten, die zur Nachahmung anreizen, die selbstzweckhaft oder besonders grausam sind oder die verrohend wirken

Dies trifft auch auf Inhalte zu, die unter der Schwelle von § 131 StGB bleiben, da diese ja ohnehin unzulässig sind. Hier sind auch Eigenberichte über selbst vollzogene Gewalthandlungen einzuordnen oder Darstellungen, die die Gewalthandlung als förderlich, lustbringend, amüsant, harmlos oder ohne negative Konsequenzen für den Gewalttäter darstellen. Selbstzweckhaft ist eine Darstellung von Gewalttätigkeit dann, wenn sie ohne eine über die eigentliche Tat hinausgehende Informationsvermittlung auskommt und die Tat nicht nur im Mittelpunkt der Darstellung steht, sondern die Tat das Gesamtbild der Darstellung einnimmt. Um besonders grausame Darstellungen handelt es sich bei der exzessiven Darstellung von Schmerzen, Leid und Ängsten, bei der detaillierten Schilderung der Reaktionen oder des Verhaltens des menschlichen Körpers auf Gewalteinwirkungen (z.B. Beschreibungen, wie die Knochen brechen, das Messer in den Körper eindringt, usw.). Auch die besonders grausame Darstellung der Folgen von Gewalttätigkeiten ist hier zu erwähnen, z.B. bei der Darstellung von geöffneten Körpern nach Gewalteinwirkungen. Darstellungen realen Geschehens sind in diesem Bereich deutlich schärfer zu beurteilen, als Darstellungen, die als deutlich fiktional zu erkennen sind, da reales Geschehen auf die Rezipienten wesentlich höheres Wirkungspotential besitzt und die Distanzierungsmöglichkeiten geringer sind. Verrohend sind Darstellungen dann, wenn sie eine zynische oder das Opfer verhöhnende Haltung einnehmen oder wenn sie die Tat derart verharmlosen, dass von einer verrohenden Wirkung ausgegangen werden kann.

9.2.1.3. Befürwortung von Gewalt zur Durchsetzung sexueller Interessen

Dieser Aspekt ist nicht zu verwechseln mit der sogenannten „harten“ Pornografie, also der Pornografie in Verbindung mit Gewalt, denn diese ist nach § 4 Abs. 1 Nr. 10 JMStV ohnehin unzulässig. Hier handelt es sich vielmehr um nichtpornografische Darstellungen, die jedoch auch Gewaltaspekte beinhalten und bei denen diese Gewaltausübungen der Erlangung sexueller Befriedigung dienen. Dies können z.B. gestellte Vergewaltigungsszenen sein oder auch die Beschreibung einer Vergewaltigung aus Sicht des Täters. Auf jeden Fall schwer entwicklungsgefährdend ist die Darstellung einer Vergewaltigung als lustvoll für Täter oder Opfer. Hierunter fallen auch Aussagen, dass Frauen in bestimmter Kleidung oder mit bestimmtem Verhalten vergewaltigt werden möchten, auch wenn sie etwas anderes behaupten würden.

9.2.1.4. Besonders außergewöhnliche sexuelle Praktiken

Diese sind nicht von vornherein unzulässig, sie sind es aber dann, wenn sie als vollkommen normal und nichts Außergewöhnliches oder als besonders lustvoll beschrieben werden. Im Internet häufig zu finden sind sexuelle Erniedrigungen (z.B. sadomasochistische Darstellungen, Bondage). Diese sind vor allem dann bedeutsam, wenn sie sexuelle Erniedrigung in Verbindung mit sexuellen Handlungen an Schutzbefohlenen darstellen (Lehrer-Schülerin). Zu den besonders außergewöhnlichen sexuellen Praktiken zählen z.B. Sodomie, Nekrophilie, ausschweifende Promiskuität, Exhibitionismus, Selbstdrosselung, Fäkalerotik o.ä.). Diese Angebote sind auch dann für Minderjährige in der Regel unzulässig, wenn sie die Grenze zur Pornografie nicht überschreiten.

9.2.1.5. Sexuelle Diskriminierung von Minderheiten

Das Internet gestaltet sich immer mehr zum Versorgungsmedium für Pornografie-Interessierte mit außergewöhnlichen sexuellen Fantasien. S. gibt es immer häufiger auch Portale, die sich auf spezielle Praktiken oder auf pornografische Darstellungen mit Minderheiten spezialisiert haben. Pornografie- und Erotikprodukte mit Darstellern aus Minderheitengruppen sind, sofern nicht gleichzeitig ein Straftatbestand nach § 184b und § 184c StGB vorliegt (Jugend- und Kinderpornografie), generell vollkommen gleich zu bewerten wie gleichartige Produkte mit anderen Darstellern. Alles andere käme einer Diskriminierung der Minderheit gleich. Zu beachten ist aber, dass die Minderheit nicht sexuell diskriminiert werden darf. Dies wäre z.B. bereits dann der Fall, wenn man Thailänderinnen als besonders willfährig oder Kleinwüchsige als nur für den Oralverkehr geeignet bezeichnen würde. Solche Darstellungen sind jedenfalls für Minderjährige in der Regel unzulässig, auch wenn sie unterhalb der Grenze zur Pornografie sind.

9.2.1.6. Extremer Sexismus

Hierbei sind Darstellungen oder Aussagen zu verstehen, die das gleichberechtigte Miteinander von Mann und Frau in Frage stellen oder den Kampf der Geschlechter fordern. Insbesondere die deutliche Herausstellung von negativen Eigenschaften des jeweils anderen Geschlechts, Propagierung von extrem rückwärtsgewandten Ansichten von Ehe und Sexualität, Propagierung von Zwangsheirat oder Verharmlosung der Vergewaltigung in der Ehe sowie das Anzweifeln der Daseinsberechtigung des anderen Geschlechts sind zur Verbreitung an Minderjährige in der Regel unzulässig.

9.2.1.7. Explizite Aufforderung zur Prostitution

Eine Aufforderung zur Prostitution bzw. das konkrete Ansprechen potentieller Interessenten und Interessentinnen ist auch für abgeschwächte Formen der Prostitution, wie als Darsteller/-in in einem Pornofilm oder Telefonsex-AnbieterInnen in der Regel schwer entwicklungsgefährdend. Hingegen ist eine Bewerbung von Prostitution bzw. eine zu Werbezwecken auf Internetplattformen sichtbare Selbstdarstellung von Prostituierten, welche von ihrem Appellcharakter vergleichbar mit üblichen Werbeanzeigen in den Printmedien erscheinen, aber von ihrer Darstellungsweise durch die weitreichenderen technischen Möglichkeiten des Internet häufig davon divergieren, in der Regel als entwicklungsbeeinträchtigend zu bewerten (vgl. dazu Punkt 9.2.2.2.).

9.2.1.8. Verbreitung von destruktiv-sektiererischen Vorstellungen des Satans- oder Hexenglaubens oder anderer destruktiv-extremistischen Glaubensrichtungen

Satans- oder Hexenglauben ist im Sinne der Religionsfreiheit erlaubt und deshalb müssen auch Darstellungen von okkulten oder sektiererischen Glaubensrichtungen erlaubt sein. Wichtig ist aber, dass diese nicht destruktiv geprägt sein dürfen. Ein Glaube, der die Tötung oder Verstümmelung anderer Menschen auch nur billigt, der tierische oder gar menschliche Opfergaben verharmlost oder als heilsbringend beschreibt, der die Prädestination jeglichen Schicksals propagiert und damit die Härte von Bestrafungen verharmlost, ist unzulässig. Hierunter fallen im Übrigen auch die Formen des islamistischen Extremismus, die Selbstmordattentätern bei erfolgreichen Terrorakten zwölf Jungfrauen im Himmel versprechen.

9.2.1.9. Verführung zum Erwerb oder Gebrauch von Suchtmitteln

Gerade Jugendliche sind für Verführungsversuche zum Drogenkonsum sehr empfänglich. Deshalb ist dieser Punkt mit besonderer Genauigkeit zu betrachten. Es handelt sich hier jedoch nicht um eine bloße Verharmlosung des Konsums oder die Nichterwähnung der negativen Folgen. Vielmehr muss es sich tatsächlich um eine Verherrlichung, konkrete Aufforderung oder Bewerbung des Konsums handeln. Ebenfalls unzulässig wäre die Anleitung zum Erwerb oder Gebrauch von Drogen. Dies gilt im Übrigen nicht nur für illegale, also harte Drogen. Der Begriff „Suchtmittel" umfasst tatsächlich alle Mittel und Konsumformen, die halluzinogene Zustände erreichen lassen, also auch Alkohol, Klebstoff, Pilze usw.

9.2.1.10. Aufforderung zu Straftaten, die von § 130a StGB nicht erfasst werden

Eine explizite Aufforderung zu einer Straftat ist schwer entwicklungsgefährdend.

9.2.1.11. Aufruf zum Suizid, zur Selbstverletzung oder zur Selbstgefährdung

Auch eine bloße Verharmlosung dieser drei Handlungen wäre bereits schwer entwicklungsgefährdend, weil sie direkt auf die Zerstörung des Selbstbildes des Jugendlichen und die Missachtung des eigenen Körpers abzielt. Gerade Jugendliche in der Pubertät sind im Verhältnis zum eigenen Körper labil und zu Experimenten bereit. Nicht betroffen sind Aufrufe zu oder Verharmlosungen von Tätigkeiten, die eine Selbstverletzung tolerieren, aber nicht zum eigentlichen Ziel haben, wie z.B. Tätowierungen oder Piercings.

9.2.1.12. Einflussnahme Erwachsener auf Kinder oder Jugendliche

Kinder und Jugendliche brauchen ein gefestigtes Selbstbild und die Bestärkung ihres Selbstbewusstseins. Erwachsene, die Kinder zu pornografischen Darstellungen oder zu sexuellen Handlungen verführen wollen, zielen häufig darauf ab, dieses Selbstbild derart zu zerstören, dass Kinder sich als minderwertig betrachten und damit dem rechtswidrigen Verhalten der Erwachsenen nicht mehr selbstbewusst entgegen treten können. Gerade da, wo Kinder und Jugendliche in persönlichen Kontakt mit Erwachsenen treten, ist deshalb darauf zu achten, dass derartig abwertende Urteile an Kinder und Jugendliche nicht herangetragen werden. Verstärkt ist in letzter Zeit außerdem zu beobachten, dass häufig auf Kinder und Jugendliche Druck ausgeübt wird, bestimmten Trends zu folgen (z.B. Schönheitsoperationen und sexualisierte Selbstdarstellungen). Häufig sind diese Trends mit mittelbaren Folgen für die Minderjährigen und deren Selbstbild verbunden. Ein solches Unter-Druck-Setzen ist dann gegeben, wenn es sich um derart massive und konkrete Aufforderungen handelt, dass der/die Minderjährige den einzig gangbaren Ausweg im Verfolgen des Trends sieht.

9.2.1.13. Beschimpfen von Glaubensbekenntnissen, Religionsgemeinschaften oder Weltanschauungsvereinigungen

Eine solche Beschimpfung muss in grober Weise erfolgen. Es reicht nicht, dass es sich um eine wissenschaftliche Abhandlung oder den Erfahrungsbericht eines Aussteigers handelt. Vielmehr setzt eine Beschimpfung mehr als eine negative Kritik voraus, sondern sie beleidigt und verachtet Anhänger der Gruppen massiv.

9.2.2. Kriterien für entwicklungsbeeinträchtigende Angebote

9.2.2.1. Gewaltdarstellungen

Gewaltdarstellungen sind mediale Angebote, bei denen eine physische, psychische oder materielle Schädigung von Personen und Tieren sowie dinglichen Objekten dargestellt ist. Die zentrale Prüfdimension ist Gewalt im sozialen Kontext, bei der es vor allem um die Manifestation von Herrschaft und Macht geht, an deren Ende die Schädigung von Menschen steht. Zu unterscheiden ist dabei in strukturelle Gewalt (ungleiche Herrschafts- und Machtverhältnisse im gesellschaftlichen System) und in personale Gewalt (ungleiche Macht zwischen Ausübenden und Betroffenen), die einerseits als physische Gewalt (z.B. Schläge und Freiheitsberaubung), andererseits als psychische Gewalt (z.B. Diskriminierung, Drohung und Beleidigung) beobachtbar ist (vgl. Theunert 2000).
Die Prüfung von Gewaltdarstellungen im Sinne von § 5 Abs.1 JMStV bezieht sich auf Internetangebote mit gewalthaltigen Inhalten, die zwar nicht unzulässig im Sinne § 4 JMStV sind, deren Wahrnehmung und Verarbeitung durch Kinder und/oder Jugendliche jedoch mit Entwicklungsbeeinträchtigungen insbesondere im Bereich der emotionalen, sozialen und ethisch-moralischen Entwicklung verbunden sein kann. Folgende fünf Aspekte sind bei der Prüfung besonders zu berücksichtigen: 1. die inhaltlich-formalen Spezifika der Gewaltdarstellungen, 2. der Handlungsverlauf von Gewaltdarstellungen und ihre Einbettung in die Ge-

samthandlung, 3. die Identifikationsmöglichkeiten, die Figuren und Handlungsmuster den jungen Rezipienten bieten, 4. die Darstellung der Folgen und Auswirkungen von Gewalt und 5. der Interaktivitäts- und Aktivierungsgrad der Gewaltdarstellungen.

zu 1.) Inhaltlich-formale Spezifika:
Es ist zu klären, welche Ausprägungen die expliziten oder impliziten Gewaltdarstellungen im Gesamtkontext und in konkreten Einzeldarstellungen des zu prüfenden Internetangebots haben. Kriterien hierfür sind die Quantität der Gewaltdarstellungen (Umfang innerhalb des Gesamtangebots), ihre Qualität (strukturelle, physische oder psychische Gewalt), ihre Relevanz (Bezug zur Realität und zur Lebenswelt der Kinder und Jugendlichen) und nicht zuletzt ihre Intensität (Maß an Brutalität und Detailfreude der Darstellungen).
Eine hohe Quantität und Intensität und ein klarer Bezug zur Lebenswelt von Kindern und Jugendlichen sind erste Indizien, aber keine Garanten dafür, dass Gewaltdarstellungen geeignet sind, die Persönlichkeitsentwicklung Heranwachsender zu beeinträchtigen. Hier ist vor allem zu prüfen, inwieweit die Darstellungen dazu in der Lage sind, übermäßig Angst bei den jungen Rezipienten zu erzeugen, etwa durch besonders drastische Gewaltdarstellungen oder eine gemessen an der Realität deutlich überzogene Darstellung von Gewalt, die dann als allgegenwärtige Bedrohung empfunden werden kann. Eine emotionale Entwicklungsbeeinträchtigung im Sinne einer nachhaltigen Ängstigung durch gewaltbedingte Bedrohungen ist vor allem als Risiko für jüngere Kinder zu bewerten, denn sie korrespondiert vor allem mit medial vermittelten Lebensweltbezügen der Altergruppe unter 12 Jahren. Für die Altersgruppen ab 12 Jahren ist hingegen das Risiko der sozialethischen Desorientierung im Vordergrund, weil hier zum einen die notwendige emotionale Stabilität (gegenüber solcher Bedrohungsszenarien) bereits erreicht ist und zudem die Persönlichkeits- und Identitätsentwicklung und damit verbundene sozialethische Orientierungsrezeptionen den Großteil der psychosozialen Entwicklungsaufgaben bestimmt (vgl. Mietzel 2002).
Hinsichtlich der verschiedenen Ausprägungen von Gewaltdarstellungen ist nicht zuletzt zu beurteilen, inwieweit die Gewaltdarstellungen typisch oder atypisch für das geprüfte Internetangebot sind. Dabei ist auch abzuschätzen, wie leicht bzw. schwierig es

für Kinder und Jugendliche ist, das Angebot von vornherein bzw. nach wenigen Kontakten dem entsprechenden Genre oder Angebotstypus zuzuordnen und somit gegebenenfalls mit bestimmten Erwartungen an das Angebot herangehen zu können, die stabilisierend wirken und negative Implikationen abfangen.

zu 2.) Handlungsverlauf und -einbettung:
Wenn bildliche und verbale Darstellungen nicht nur Ereignisse und Folgen von Gewalt enthalten, sondern eine Handlung mehr oder minder differenziert darstellen, sind die Spezifika der Gewalthandlung (v.a. von wem geht sie aus, an wen oder was ist sie gerichtet bzw. wer oder was ist von ihr betroffen) in ihrem Verlauf herauszuarbeiten. Im weiteren ist zu beurteilen, inwieweit die Darstellungen mit ihrer spezifischen Gestaltung, Auswahl an Bildern, Texten und Tondokumenten, thematischen Fokussierung und inhaltlichen Verknüpfung mit anderen, gegebenenfalls problematischen Angeboten Regeln, Werte und Normen vermitteln, die den in der Gesellschaft akzeptierten entgegenstehen.
Auf formaler Ebene ist zu beachten, inwieweit eine dargestellte Gewalthandlung für Kinder und Jugendliche nachvollziehbar und verständlich sowie angemessen und logisch in den Gesamtkontext eingebettet ist. Problematisch insbesondere für die jüngeren Rezipienten sind komplexe Handlungen, die nicht chronologisch erzählt werden, unlogisch und unangemessen in die Gesamthandlung eingebettet sind. Als besonders bedenklich zu werten ist, wenn für die Darstellungen von Gewalthandlungen keine erkennbaren Gründe vorliegen oder wenn Gewaltdarstellungen ohne Rahmenhandlung zum Selbstzweck aneinander gereiht sind. Vor allem hinsichtlich einer möglichen Überforderung als problematisch einzuschätzen ist, wenn mit einer Vielzahl von Bildern und längeren detaillierten Texten durchgängig Spannung gehalten wird und keine entspannenden Elemente erkennbar sind, die einer emotionalen Überreizung und ggf. Ängstigung entgegenwirken oder einen entlastenden Charakter haben. Dies kann insbesondere bei Kindern im Vor- und Grundschulalter mit der Schwierigkeit verbunden sein, die Gewalthandlungen in den Gesamtkontext einzuordnen und als persönliche Gefährdung empfunden werden. Hinsichtlich des Risikos der nachhaltigen Angsterzeugung ist explizit auf die Altersgruppe unter 14 Jahren

zu achten, wobei insbesondere das Wohl jüngerer Kinder von 5-8 Jahren besonderes Augenmerk verdienen sollte.

zu 3.) Identifikationsmöglichkeiten:
Es ist zu klären, welche Identifikationsmöglichkeiten die Subjekte und Objekte der Gewalt (Personen oder Personengruppen, Tiere oder Wesen, Institutionen oder Macht- und Herrschaftsapparate) sowie die Handlungsmuster (v.a. Problem- und Konfliktlösungsmuster) den Kindern und Jugendlichen bieten. In diesem Zusammenhang ist besonders darauf zu achten, inwieweit die Gewaltdarstellungen für sich, in ihrem Verlauf und in ihrer Gesamteinbettung den jungen Rezipienten die Möglichkeit einer positiv konnotierten Identifikation mit Regeln, Werten und Normen eröffnen, die den in der Gesellschaft akzeptierten klar entgegenstehen.
Auf Akteursebene ist zu klären, inwieweit Täter und Opfer mit ihren spezifischen Eigenschaften (v.a. Geschlecht, Alter, Aussehen, Habitus, sozialer Status, biografischer Hintergrund, physische und psychische Fähigkeiten) Identifikationsmöglichkeiten bieten, die vor dem Hintergrund des Handelns und der Erfahrungen der Akteure problematisch sind. Als bedenklich einzustufen sind hier vor allem bildliche und verbale Inszenierungen gewalttätiger Protagonisten als positive Helden oder die erniedrigende und entwürdigende Darstellung der Opfer von Gewalttaten, insbesondere wenn die Opfer in ihrem Leid der Lächerlichkeit preisgegeben werden oder ihnen mit Zynismus begegnet wird. Richtet sich die dargestellte Gewalt gegen Kinder und Jugendliche, dann ist zu beachten, dass die Rezeption mit einer übermäßigen emotionalen Belastung, mit Distanzierungsproblemen und Verarbeitungsschwierigkeiten einhergehen kann. Dies ist insbesondere dann gegeben, wenn die Gewalt kontextuell in die Lebenswelt von Kindern und Jugendlichen eingebunden ist und wenig fiktionalen Charakter aufweist. Hier sind dann ggf. auch ältere Kinder und Jugendliche hinsichtlich des Risikos einer nachhaltigen Angsterzeugung betroffen, insbesondere wenn sie in ihrer realen Lebenswelt selbst von Gewalt betroffen sind (vgl. hierzu auch 9.3 Gefährdungsneigung). Problematisch sind nicht zuletzt Darstellungen von Gewalt gegen Tieren, da sich gerade die jüngeren Rezipienten (v.a. die Altersgruppe unter 14 Jahren) häufig mit Tieren identifizieren. Auf der Handlungsebene ist besonders darauf zu achten, inwieweit

mit den Darstellungen einseitig an Gewalt orientierte Handlungs-, Problem- und Konfliktlösungsmuster vermittelt werden bzw. inwieweit sie Gewalt legitimieren. Bedenklich zumindest für bestimmte Rezipientengruppen (v.a. Kinder und Jugendliche, die in ihrer Lebenswelt mit Gewaltanwendung zur Problembewältigung und Konfliktlösung konfrontiert sind) sind Internetangebote, die Gewalt als probates und vorrangiges Mittel zur Lösung von Problemen und Konflikten und zur Durchsetzung eigener Interessen darstellen und hierfür eine gesellschaftliche Akzeptanz propagieren. Entsprechende Darstellungen zur Ausübung von Gewalt im Namen des Gesetzes sind ebenfalls als problematisch einzustufen.

zu 4.) Darstellung der Folgen und Auswirkungen:
Es ist zu klären, inwieweit die Darstellungen für sich betrachtet oder im Gesamtkontext des Angebots die negativen Folgen und Auswirkungen von Gewalt (menschliches Leid, Schmerzen, Verletzungen, Verstümmelungen etc.) mit darstellen bzw. thematisieren und in welcher spezifischen Art und Weise dies geschieht. Problematisch ist zum Beispiel, wenn realistisch gestaltete Darstellungen sich auf die Ausübung von Gewalt fokussieren und die negativen Folgen für die Betroffenen verharmlosen oder verschweigen, und dadurch bei bestimmten Rezipienten möglicherweise eine Desensibilisierung gegenüber Gewalt gefördert werden kann. Dem entgegen als weitgehend unproblematisch einzuschätzen ist, wenn die negativen Folgen und Auswirkungen von Gewalt in unrealistisch gestalteten Darstellungen ausgespart bleiben.

zu 5.) Interaktivitäts- und Aktivierungsgrad:
Es ist zu prüfen, inwieweit Gewaltdarstellungen durch technische und dramaturgische Mittel den Rezipienten die Möglichkeit einer (inter-)aktiven Teilnahme ermöglichen bzw. sie zu eigener Gewaltaktivität animieren. Hierbei ist zu klären, inwieweit mit dem Angebot Kinder und Jugendliche als Rezipienten in die Gewalthandlungen involviert werden, etwa durch eine Lebensweltnähe der gewalthaltigen Texte und Bilder, durch eine subjektive Kameraperspektive, in der die Perspektive der Gewaltausübung übernommen wird, oder durch eine spezifische Dramaturgie, die den User emotional stark in des Geschehen einbindet.
Punktuell und bei Anhaltspunkten detailliert und wiederholt zu prüfen sind auch die für die User angebotenen Kommunikations-

möglichkeiten der Internetseiten (Chat-Räume, Pinnwände, Diskussionsforen etc.). Als problematisch einzuschätzen sind in diesem Zusammenhang zum Beispiel Chat-Räume, für die typisch ist, dass hier die Chat-Teilnehmer beschimpft und Gewaltakte ohne Thematisierung des Leides und Schreckens für die Opfer beschrieben werden, oder Diskussionsforen, in denen einige Teilnehmer andere mit gewalthaltigen Bild- und Textmaterial konfrontieren, Gewalt als probates Konfliktlösungsmuster propagieren und zu Gewaltaktivität auffordern.

9.2.2.2. Darstellungen von Sexualität und Erotik

Darstellungen von Sexualität und Erotik sind mediale Angebote, in denen sexuelle Handlungen oder mit Sexualität und Erotik in Verbindung zu bringende Posen dargestellt sind, die unterhalb der Schwelle zur Pornografie und zur Darstellung von Minderjährigen in unnatürlich geschlechtsbetonter Körperhaltung liegen. Die Prüfung im Sinne des § 5 Abs.1 und § 4 Abs.2 Satz 1 Ziffer 3 JMStV bezieht sich auf solche, gegebenenfalls nur andeutende Darstellungen von Sexualität und Erotik, die zwar nicht unzulässig im Sinne § 4 Abs.1 JMStV sind, deren Wahrnehmung und Verarbeitung durch Kinder und oder Jugendliche jedoch mit Entwicklungsbeeinträchtigungen oder -gefährdungen insbesondere im Bereich der sexuellen, ethisch-moralischen und Identitätsentwicklung verbunden sein kann. Da hier vor allem Entwicklungsaufgaben der Persönlichkeits- und Identitätsentwicklung tangiert werden, sind insbesondere Jugendliche (auch ältere) als gefährdete zu bewerten. Kinder in der Altersgruppe unter 14 Jahren rezipieren z.B. sexualisierte Angebote vorwiegend innerhalb eines weniger handlungspraktischen (also sexuellen), sondern eher theoretischen bzw. sprachlichen Rahmens, wobei sie Begriffe übernehmen und ggf. auch Wertvorstellungen z.B. im Sinne einer Normalitätsvorstellung hinsichtlich der sexualisierten Sprache bzw. der sexualisierten Gesellschaft (v.a. von stark trivialisierten Rollenklischees und z.T. auch Umgangsformen mit dem anderen Geschlecht etc.). Als entwicklungsbeeinträchtigend gelten dabei vor allem Angebote und Angebotseigenschaften, die Heranwachsende überfordern, verunsichern oder ängstigen und ihnen eine Übernahme problematischer sexueller Handlungsweisen, Einstellungen und Rollenbilder nahe legen. Bei der Prüfung von Darstellungen auf solche Beeinträchtigungspotentiale hin sind folgende vier Aspekte besonders zu berücksichtigen: 1. die inhaltlich-formalen Spezifika der Darstellungen von Sexualität und Erotik, 2. ihre kontextuelle Einbettung im Gesamtangebot, insbesondere in Hinblick auf ihre Funktion und Intention, 3. die Identifikationsmöglichkeiten, die Akteure und Handlungsmuster Kindern und Jugendlichen bieten, und 4. der Interaktivitäts- und Aktivierungsgrad der Darstellungen.

zu. 1.) Inhaltlich-formale Spezifika:
Es ist zu klären, welche Ausprägungen die expliziten und impliziten Darstellungen von Sexualität und Erotik im Gesamtkontext und in den konkreten Einzeldarstellungen des zu prüfenden Internetangebots haben. Kriterien hierfür sind die Quantität (Umfang im Gesamtangebot), die Qualität (Darstellungen oder Andeutungen von Geschlechtsakt und anderen sexuellen Handlungen im Spektrum zwischen gefühlsbetonten Zärtlichkeiten und gewaltbetonten, brutalen Sexualpraktiken), die Relevanz (Bezug zur Realität und zur Lebenswelt der Kinder und Jugendlichen) und nicht zuletzt die Intensität (Maß an dargestellter Sexualität und Detailfreude der Darstellungen).
Der quantitative Umfang von Darstellungen von Sexualität und Erotik alleine ist noch kein hinreichendes Kriterium dafür, diese als für die Entwicklung Heranwachsender problematisch einzuschätzen. Mit zu berücksichtigen sind insbesondere die inhaltlichen Charakteristika der Darstellungen. Hier ist die Frage zu beantworten, welche spezifischen Formen von Sexualität und Erotik auf welche Weise dargestellt bzw. angedeutet werden und inwieweit sie die adäquate Entwicklung von Heranwachsenden stören können. Als die sexuelle Entwicklung von Jugendlichen beeinträchtigende Darstellungen sind solche zu werten, die dem Entwicklungsziel einer gleich bestimmten Sexualität der Geschlechter entgegen stehen (vgl. Hajok 2009). In Hinblick auf die Jugendlichen, die in ihrem Leben erste sexuelle Erfahrungen sammeln, sind vor allem visuelle und verbale Darstellungen als bedenklich einzuschätzen, die explizit oder implizit Promiskuität, Prostitution oder ungeschützten Geschlechtsverkehr propagieren und in einseitig positiven Kontexten darstellen und damit verharmlosen und idealisieren.

Generell zu prüfen ist der Bezug der Darstellungen von Sexualität und Erotik zur Lebenswelt der Kinder und Jugendlichen. Als problematisch einzuschätzen ist, wenn die Darstellungen nicht dem Entwicklungsstand Heranwachsender angemessen sind und von ihnen nicht adäquat eingeordnet werden können. Das trifft insbesondere für Angebote zu, die aus der Perspektive der Erwachsenen dargestellt sind und sexuelle Erfahrungen voraussetzen, die Heranwachsenden (noch) fremd sind (z.B. Erfahrungen mit aggressiven Sexualakten, bizarren Sexualpraktiken, spezifischen Hilfsmitteln und Gruppensex). In Hinblick auf eine mögliche Angstauslösung bei den jungen Rezipienten (v.a. bei der Altersgruppe unter 12 Jahren) kann dies zu einer nachhaltigen Ängstigung führen. Bei besonders drastischen Darstellungen können aber auch Jungendliche durch eine Ängstigung im Sinne einer Angststörung hinsichtlich ihrer sexuellen Entwicklung betroffen sein (vgl. Mietzel 2002) In solchen zusammenhängen ist vor allem auf die formale visuelle Gestaltung (z.B. Zeitlupe, Detail- und Nahaufnahmen, Farb- und Lichtgestaltung) und auf die Sprache (z.B. Verwendung einer sexualisierten und vulgären Sprache, ggf. mit sexistischen und rassistischer Ausdrucksweisen) zu achten.
Nicht zuletzt ist darauf zu achten, inwieweit die Darstellungen von Sexualität und Erotik inhaltlich mit anderen Problembereichen verknüpft sind. Problematisch sind in diesem Zusammenhang die keineswegs selten im Internet anzutreffenden Verknüpfungen von Sexualität und Gewalt (meist gegen Frauen gerichtet und als luststeigernd propagiert), etwa die Spanking-Angebote, in denen Lehrer Schülerinnen mit dem Rohrstock züchtigen, oder die SM-Angebote, in denen sadistische Vorgehensweisen als luststeigernd dargestellt werden, die Umsetzung bizarrer sexueller Praktiken (z.B. Cutting und Atemreduktion) detailliert geschildert wird und Erwerbsmöglichkeiten für die Hilfsmittel aufgezeigt werden, deren in der realen Anwendung gefährlicher Charakter von Kindern und Jugendlichen möglicherweise unterschätzt werden kann. Als in jedem Fall entwicklungsbeeinträchtigend, wenn nicht im Sinne § 4 JMStV als unzulässig einzustufen, ist die verbale oder visuelle Darstellung des Tatbestandes einer Vergewaltigung als vom Opfer letztlich gewollter, provozierter oder lustvoll empfundener Vorgang (Propagieren des Vergewaltigungsmythos).

zu 2.) Funktion und Intention:
Es ist zu berücksichtigen, in welchen Gesamtkontext die Darstellungen und Andeutungen von Sexualität und Erotik eingebunden sind und welche Funktion und Intention sie verfolgen. Handelt es sich bei den zu prüfenden Websites nicht per Defintion um Sex- und Erotikangebote, ist zunächst zu prüfen, welche inhaltlichen Schwerpunkte sie haben, in welchem Zusammenhang die Darstellungen von Sexualität und Erotik mit dem Gesamtangebot stehen und inwieweit sich die Angebote mit ihren Hauptinhalten an Kinder und Jugendliche richten. Als problematisch ist einzuschätzen, wenn Kinder und Jugendliche, die sich aus ihren spezifischen Interessen heraus gezielt entsprechenden Internetangeboten zuwenden, bei der Nutzung ungewollt und unerwartet mit Darstellungen von Sexualität und Erotik konfrontiert werden, die untypisch für das Gesamtangebot sind, keine klaren Bezüge zu den anderen Seiteninhalten haben und gegebenenfalls zu einer Auseinandersetzung mit Themen anregen, die ihrem Entwicklungsstand nicht entsprechen.
Da mit den verschiedenen und in spezifischen Kontexten eingebundenen Darstellungen von Sexualität und Erotik sehr unterschiedliche Funktionen und Intentionen verfolgt werden können, die keineswegs immer als negativ für eine adäquate Entwicklung Heranwachsender anzusehen sind, ist auch zu prüfen, ob die Darstellungen lediglich der sexuellen Erregung und Stimulierung, der Unterhaltung und Zerstreuung dienen bzw. Werbung für weitergehende, gegebenenfalls pornografische Angebote sind oder aber ob sie für Heranwachsende nicht auch aufklärerische, pädagogische oder medizinische Funktionen übernehmen, ihnen lebenspraktische Orientierungen bieten und dadurch unter Umständen eine adäquate sexuelle, ethisch-moralische und Identitätsentwicklung stützen, etwa durch adäquate visuelle und verbale Darstellungen von geschütztem Geschlechtsverkehr und von sexuellen Handlungen, in denen gegen- oder gleichgeschlechtliche Sexualpartner gleichberechtigt und aufeinander bezogen agieren. Angebote mit einseitigen Darstellungen zu mit Sexualität verknüpften Themen und gesellschaftlichen Problembereichen (z.B. AIDS und Schwangerschaftsabbruch) sind hinsichtlich einer möglichen Orientierungs- und Aufklärungsfunktion allerdings als problematisch anzusehen.

zu 3.) Identifikationsmöglichkeiten:
Es ist zu klären, inwieweit die Akteure der Darstellungen von Sexualität und Erotik mit ihren Eigenschaften und Verhaltensweisen, den ihnen in der Handlung zugewiesenen Rollen und den damit verbundenen grundsätzlichen Mustern sexueller und zwischenmenschlicher Handlungen Identifikationsmöglichkeiten bieten, die geeignet sind, die adäquate psychosexuelle und soziale Entwicklung Minderjährigen zu beeinträchtigen. Eine Identifikation mit Akteuren und Handlungen ist vor allem dann zu erwarten, wenn die Akteure mit ihren spezifischen Eigenschaften und Verhaltensweisen eine Nähe zur Lebenswelt der Heranwachsenden (z.B. durch jugendliches Aussehen und Auftreten, moderne Kleidung, als Ideal empfundene Charaktereigenschaften, Status als Lehrer oder Respektsperson) und die Handlungen klare Bezüge zum Kinder- und Jugendalltag (z.B. im schulischen oder familiären Kontext stattfinden) haben.
Auf Akteursebene ist vor allem auf die Darstellungen der Geschlechter zu achten und zu prüfen, inwieweit problematische Geschlechterrollen präsentiert werden, die für Heranwachsende, die noch keine oder bisher nur wenige Erfahrungen im Bereich der Sexualität gesammelt haben und die Darstellungen als Einblick in eine neue, interessante Welt nutzen, eine bedenkliche Orientierungs- und Vorbildfunktion einnehmen. Einseitige Charakterisierungen der Geschlechter beinhalten zudem das Potential, die sich gerade ausdifferenzierende kindliche und jugendliche Wahrnehmung des anderen Geschlechts zu stören. Als problematisch einzuschätzen sind Angebote, die in aufdringlicher Weise eine permanente Verfügbarkeit von Frauen (seltener von Männern) als willige oder unterwürfige Sexualobjekte propagieren, zu einer Diskriminierung und Erniedrigung aufrufen und diese als von ihnen gewollt darstellen. Zu beachten sind auch die Darstellungen unterschiedlicher Altersgruppen, insbesondere wenn daran konkrete Macht- und Herrschaftsverhältnisse geknüpft sind, erwachsene Akteure beispielsweise Weisungen erteilen, denen sich jugendliche bzw. jugendlich wirkende Akteure aus Angst vor Sanktionen unterwürfig beugen (müssen).
Auf der Ebene der Handlungen ist zu prüfen, inwieweit die Darstellungen insgesamt betrachtet den Zielen einer gefühlsbejahenden und normenkritischen Sexualerziehung massiv zuwider laufen und Sexualität als positive Lebensäußerung erheblich infrage

gestellt wird. Denn aus einer (zu) starken Diskrepanz zwischen persönlichem Empfinden und medialer Erfahrungen können erhebliche Irritationen mit negativen Implikationen für den normalen Verlauf der sexuellen Entwicklung entstehen. Problematisch sind daher Darstellungen, die eine einseitige Dominanz oder Unterwürfigkeit als grundsätzliche Muster von Sexualität im Speziellen und in zwischenmenschlichen Beziehungen im Allgemeinen propagieren. Generell ist als bedenklich einzustufen, wenn in den Handlungsmustern sexuelle Orientierungen (Verhaltensweisen, Vorlieben, Praktiken) pauschalisiert, verächtlich gemacht oder einseitig propagiert und beworben werden. Dadurch können eventuell bestehende, damit konform gehende Einstellungen seitens der jungen Rezipienten bestätigt oder die Selbstwahrnehmung Heranwachsender mit sexuellen Orientierungen, die in den Angeboten pauschalisiert und verächtlich gemacht werden, negativ besetzt werden, was unter Umständen Ausgrenzungstendenzen verstärkt.

zu 4.) Interaktivitäts- und Aktivierungsgrad:
Es ist zu beurteilen, inwieweit die Darstellungen von Sexualität und Erotik im Internet durch technische und dramaturgische Mittel die Möglichkeit einer (inter-)aktiven Teilnahme ermöglichen. Dabei ist zu klären, in welchem Maße Kinder und Jugendliche durch die Texte, Bilder oder Filmsequenzen bei der Rezeption in die Handlungen involviert werden, beispielsweise durch die im Angebot eingenommene Perspektive (die der männlichen oder weiblichen Akteure oder die eines Beobachters von außen) und die verschiedenen Möglichkeiten einer virtuellen Teilnahme mit Einfluss auf den Handlungsverlauf (z.B. in Chat-Rooms oder durch frei wählbare Webcams und „live streams"). Als problematisch sind dabei vor allem die Angebote einzuschätzen, bei denen die User unabhängig von ihrem Alter die Ausführung sexueller Handlungen ohne Tabus bestimmen können oder aufgefordert werden, selbst Sexualhandlungen zu praktizieren.

9.2.2.3. Darstellungen von Extremismus

Darstellungen von Extremismus sind mediale Angebote, in denen politisch-weltanschauliche Totalitarismen oder religiöse Fundamentalismen angedeutet, dargestellt oder propagiert werden. Bei der Prüfung im Sinne § 5 Abs.1 JMStV und § 4 Abs.2 Satz 1 Ziffer 3 ist zunächst zu beurteilen, inwieweit die Darstellungen von Extremismus als Propagandamittel verfassungswidriger Organisationen einzuschätzen oder den Bereichen Volksverhetzung, Gewalt- und Kriegsverherrlichung, Anleitung zu Straftaten und Verletzung der Menschenwürde zuzuordnen und damit im Sinne § 4 Abs.1 JMStV nicht zulässig sind (vgl. Kap. 6). Dabei ist zu berücksichtigen, dass auch bei Darstellungen von Extremismus in der Regel die Äußerungen von der Meinungs- und Informationsfreiheit geschützt sind, jedoch – sofern nicht ein strafbarer Inhalt vorliegt - eine Abwägung mit dem Jugendschutz vorzunehmen ist. Anders ausgedrückt muss eine Abwägung vorgenommen werden, indem die Frage zu stellen ist, ob im konkreten Fall die Meinungs-und Informationsfreiheit überwiegt oder der Jugendschutz. Überwiegen die Interessen des Jugendschutzes, muss der Anbieter eine Maßnahme der Verbreitungsbeschränkungen nach § 4 Abs.2 Ziffer 3 bzw. § 5 Abs.2-7 einsetzen. Bei extremistischen Darstellungen könnten in gewissen Kontexten aber auch die Privilegien der Berichterstattung zum politischen Zeitgeschehen (§ 5 Abs.8) (vgl. 10.2.4) einschlägig sein.

Als problematisch, vor allem in Hinblick auf die ethisch-moralische Entwicklung von Heranwachsenden, sind vor allem verbale und visuelle Extremismusdarstellungen einzuschätzen, die offensiv Gesellschaftsmodelle, Ansichten und Einstellungen propagieren, die im Widerspruch zur freiheitlich-demokratischen Grundordnung stehen, und mit ihren spezifischen Darstellungsmitteln auch oder vorrangig an Kinder und Jugendliche gerichtet sind. Folgende Aspekte sind dabei besonders zu berücksichtigen, 1. die inhaltlich-formalen Spezifika der Darstellungen von Totalitarismen und Fundamentalismen, 2. ihre Funktion und Intention, 3. die Identifikationsmöglichkeiten, die die geschilderten Zusammenhänge Kindern und Jugendlichen bieten, und 4. der Interaktivitäts- und Aktivierungsgrad der Darstellungen. Was die gefährdeten Altersgruppen angeht, so gilt auch hier, dass ältere Kinder und Jugendliche vorwiegend hinsichtlich ihrer psychosozialen Persönlichkeits- und Identitätsentwicklung gefährdet sind. Bei den jüngeren Altersgruppen besteht vor allem das Risiko einer prekären Sprachentwicklung/-verwendung (z.B. durch den als normal erscheinenden Gebrauch von rassistischen, sexistischen oder diskriminierenden Begriffen, Äußerungen und Ausdrucksweisen, die so Bestandteil der üblichen Sprachverwendung von Kindern werden können – etwa „Frauen" vorwiegend als „Schlampen" bzw. „Ausländer" hauptsächlich als „Kanaken" zu bezeichnen etc.) und einer Ängstigung durch ggf. bedrohlich wirkende extremistische Inhalte (vgl. Mietzel 2002).

zu 1.) Inhaltlich-formale Spezifika:
Es ist zu klären, welche konkreten Ausprägungen die expliziten oder impliziten Darstellungen von Totalitarismen und Fundamentalismen im Gesamtkontext und in den konkreten Einzeldarstellungen des zu prüfenden Internetangebots haben. Wie bei anderen problematischen Angeboten ist auch hier auf die Quantität der Darstellungen (Umfang innerhalb des Gesamtangebots), ihre Qualität (weltanschauliche, politische oder religiöse Extremismen), ihre Relevanz (Bezug zur gesellschaftlichen Realität und zur konkreten Lebenswelt von Kinder und Jugendlichen) und nicht zuletzt ihre Intensität (Vehemenz und Offensivität der Darstellungen) zu achten.
Die Prüfung von Extremismusdarstellungen auf eine mögliche Entwicklungsbeeinträchtigung hin setzt eine präzise inhaltliche Analyse der vorrangig verbalen Darstellungen (ein Aspekt der neben den o.g. Entwicklungsaufgaben auch auf der Darstellungsebene eher die Altersgruppen über 14 Jahren als Risikogruppe anspricht) voraus, wobei explizit geäußerte oder implizit enthaltene problematische Vorstellungen von Macht- und Herrschaftsverhältnissen auf der Welt, innergesellschaftlichen Zusammenhängen und politischen Strukturen herauszuarbeiten und auf ihr Beeinträchtigungspotential hin zu prüfen sind. Als problematisch einzuschätzen sind nicht nur die Angebote, die sich an der Ideologie des Nationalsozialismus orientieren, sondern auch all diejenigen, in denen (programmatisch) das Gewaltmonopol des Staates negiert wird, rechtstaatliche und demokratische Instrumentarien zur Durchsetzung gesellschaftlicher Interessen einseitig negativ bewertet werden oder die grundsätzliche Freiheit und Gleichheit der Menschen sowie die religiöse Freiheit und das Recht auf freie Religionsausübung in Frage gestellt wird.
In besonderem Maße ist zu berücksichtigen, in welcher spezifischen Art und Weise in den Darstellungen politisch-weltanschau-

liche Totalitarismen oder religiöse Fundamentalismen angedeutet, dargestellt oder propagiert werden. Als problematisch einzuschätzen ist, wenn in den Angeboten extremistische Meinungen vehement, offensiv und gegebenenfalls handlungsauffordernd nach außen getragen und unter Einsatz spezifischer Gestaltungsmittel Kinder und Jugendliche mit extremistischen Inhalten direkt oder indirekt angesprochen und ihnen Identifikationsmöglichkeiten geboten werden (s.u.). Besonders problematisch ist, wenn die Extremismusdarstellungen für Heranwachsende nicht klar als solche erkennbar sind oder wenn sie ein reduziertes und einseitiges, für Kinder und Jugendliche mit geringen Kenntnissen und Erfahrungen im politischen Bereich und Schwierigkeiten beim Verstehen komplexer gesamtgesellschaftlicher Prozesse und Funktionsweisen, aber stimmiges und nachvollziehbares Gesamtbild zeichnen.

zu 2.) Funktion und Intention:
Es ist zu prüfen, welche Intention mit den Darstellungen im Gesamtkontext des Internetangebots verfolgt wird (Aufklärungen und sachliche Berichterstattung zu Problemen auf der Welt und in der eigenen Gesellschaft vs. einseitige Propaganda und Beeinflussung und Aufruf zur Gesinnungsübernahme) und welche Funktion sie seitens der Rezipienten übernehmen können (z.B. Bestärkung oder Infragestellen bereits verinnerlichter, aber noch nicht gefestigter ethisch-normativer Prinzipien, Internalisierung der dargestellten grundsätzlichen Orientierungsmuster, Einstellungen und Meinungen). Im Weiteren ist zu beurteilen, inwieweit sich für Kinder und Jugendliche beim Zugang erkennen lässt, welche Intention die Angebote verfolgen, und inwieweit es ihnen möglich ist, den Wahrheitsgehalt und die Glaubwürdigkeit der Angebote abschätzen zu können.
Als problematisch einzuschätzen ist vor allem, wenn politisch-weltanschauliche Totalitarismen oder religiöse Fundamentalismen als logische Konsequenz von gesellschaftlichen Problemen und ihre faktische Umsetzung als einzige Möglichkeit zur Lösung der Probleme propagiert werden. Solche und andere extremistischen Darstellungen sind insbesondere dann als bedenklich einzustufen, wenn den Usern die (eigentliche) Intention im Spektrum von einseitiger Propaganda und Beeinflussung verborgen bleibt und sich die Angebote für Außenstehende nicht gleich dem entsprechenden Genre oder Angebotstypus zuordnen lassen, was

Kindern und Jugendlichen die Möglichkeit eröffnen würde, mit spezifischen Erwartungen, die stabilisierend wirken und negative Implikationen abfangen können, an das Angebot heranzugehen. Als problematisch einzuschätzen ist auch, wenn die Glaubwürdigkeit der Darstellungen durch punktuell ausgewählte, die propagierten Thesen und Meinungen einseitig stützende Fakten und wissenschaftliche Erkenntnisse nach außen hin untermauert und dadurch eine logische Argumentationsweise erreicht und ein hoher Wahrheitsgehalt suggeriert wird. Durch solche Darstellungsweisen erhöht sich die Wahrscheinlichkeit, dass Kinder und Jugendliche mit geringen Kenntnissen und Erfahrungen im politischen Bereich und noch nicht gefestigten ethisch-normativen Prinzipien Schwierigkeiten haben, die vorgebrachten Argumente kritisch zu hinterfragen und aufgrund des eigenen Wissens zu widerlegen und dann im Sinne einer Vermeidung kognitiver Dissonanzen (vgl. Festinger 1978) die eigenen Konzepte infrage stellen und gegebenenfalls abändern und dadurch die dargestellten zumindest ein Stück weit internalisieren.

zu 3.) Identifikationsmöglichkeiten:
Es ist zu prüfen, inwieweit die verbalen und visuellen Darstellungen Kindern und Jugendlichen die Möglichkeit bieten (sollen), sich mit politisch-weltanschaulichen Totalitarismen oder religiösen Fundamentalismen und den darin enthaltenen Orientierungen, Einstellungen und Meinungen zu identifizieren. Als problematisch einzuschätzen ist in diesem Zusammenhang vor allem, wenn einseitige und positiv konnotierte Andeutungen, Darstellungen und Propagierungen von Extremismus einen klaren Bezug zur Lebenswelt von Kindern und Jugendlichen haben bzw. sich direkt oder indirekt auf die gesellschaftlichen Strukturen und kulturellen Milieus beziehen, in denen sie heranwachsen.
Konkret ist mit Blick auf Inhalt und Machart der Darstellungen (v.a. Themenauswahl, Relevanzzuweisung, Textform und visuelle Gestaltung) zu beurteilen, inwieweit damit spezifische inhaltliche Interessen, Orientierungsbedürfnisse und ästhetische Vorlieben von Kindern und Jugendlichen bedient werden. Als problematisch gelten hier extremistische Darstellungen, die kinder- und jugendrelevante Probleme (z.B. Ausländerkriminalität und Jugendarbeitslosigkeit) aufgreifen und durch den Einsatz gestalterischer Mittel kind- und jugendgerecht aufarbeiten (z.B. durch klar ver-

ständliche Sprache, Emotionalisierung, Übernahme der Perspektive Jugendlicher) und extremistisches Handeln als adäquate oder einzige Lösungsmöglichkeit propagieren und Heranwachsende gegebenenfalls dazu aufrufen (z.B. durch direkte Ansprache), in diesem Sinne aktiv zu werden.

zu 4.) Interaktivitäts- und Aktivierungsgrad:
Es ist zu prüfen, inwieweit potentiell extremistische Angebote eine (inter-)aktive Teilnahme an extremistischer Meinungsäußerung oder Aktivität ermöglichen bzw. darauf ausgelegt sind. Einerseits ist einzuschätzen, inwieweit Kinder und Jugendliche durch die spezifische verbale und bildliche Darstellung (z.B. Lebensweltbezug, Sprechakttyp, Beobachter- und Erzählperspektive) in die geschilderten Zusammenhänge (emotional) eingebunden werden, etwa durch das Aufgreifen lebensweltnaher Probleme und Vorurteile, durch direkte Ansprache oder durch die Übernahme der Perspektive von Heranwachsenden. Ein solcher thematischer Zugang wie auch eine stark sprachlich orientierte Darstellungsebene extremistischer Inhalte spricht vor allem den Entwicklungshorizont von Jugendlichen und weniger von Kindern an. Andererseits ist zu beurteilen, inwieweit Internetangebote Möglichkeiten der User-Anbieter- und User-User-Kommunikation bieten, die primär dem Austausch extremistischen Gedankenguts dienen bzw. dafür prädestiniert sind und sich gegebenenfalls einer Kontrolle von außen partiell oder ganz entziehen. Zu berücksichtigen sind hier vor allem Chatrooms, Diskussionsforen, Blogs etc., in denen die (anonymen) Teilnehmer die Möglichkeit haben, extremistisches Material ungefiltert an eine größere Öffentlichkeit zu richten und von den Teilnehmern oder Rezipienten extremistische Aktivitäten zu fordern bzw. ihnen die Notwendigkeit extremistischen Handelns einzuschärfen.

9.2.2.4. Sozial-ethisch desorientierende Angebote

Neben Angeboten, die den bisher benannten Inhaltsdimensionen zuzuordnen sind, gibt es noch eine Reihe weiterer Angebote, die für Kinder und Jugendliche insbesondere hinsichtlich der sozialen und ethisch-moralischen Entwicklung als problematisch einzuschätzen sind. Die Kernproblematik liegt in einer möglichen sozial-ethischen Desorientierung, die negative Implikationen haben kann für die Selbstwahrnehmung der Heranwachsenden, für die Wahrnehmung anderer Menschen und für die Ausbildung der an gesellschaftlichen Werten und Normen orientierten persönlichen Orientierungen und Wertvorstellungen (z.B. individuelle Freiheit, Eigenverantwortung, Chancengleichheit, Achtung der Menschenwürde und kultureller Vielfalt). Als (eigenständiges) Prüfkriterium findet sich die sozial-ethische Desorientierung zwar in den Regularien und Verlautbarungen fast aller prüfenden Institutionen des Jugendmedienschutzes, sie wird aber noch immer uneinheitlich definiert und systematisiert und - je nach Perspektive und Anwendungsfall - entweder der Entwicklungsbeeinträchtigung oder der Entwicklungsgefährdung zugeordnet. Als Grundannahme lässt sich allerdings formulieren, dass sozial-ethische desorientierende Darstellungen den erklärten Erziehungszielen entgegenwirken bzw. ihnen widersprechen (vgl. Hajok et al. 2010).

Potentiell sozial-ethisch desorientierende Angebote sind bei der Prüfung im Gesamtkontext zu betrachten. Sie umfassen ein breites inhaltliches Spektrum (z.B. Macht- und Herrschaftsverhältnisse, Diskriminierungen, idealisierte Wertorientierungen und Lebensentwürfe) und beinhalten nicht selten Darstellungen oder Andeutungen von Gewalt, Sexualität oder Extremismus. Hinsichtlich einer möglichen sozial-ethischen Desorientierung ist vor allem darauf zu achten, inwieweit mit Texten, Bildern oder visualisierten Handlungen Diskriminierungen propagiert und dabei gegebenenfalls auf dokumentarische und aufklärerisch anmutende Darstellungen zurückgegriffen wird, was insbesondere in Hinblick auf die kognitiven Fähigkeiten und noch nicht gefestigte Normen von Kindern als bedenklich einzustufen ist. Inhaltlich ist auf diskriminierende Darstellungen der Geschlechter (Männer, Frauen, Transsexuelle), bestimmter sozialer Gruppen (z.B. Personen aus spezifischen soziokulturellen Milieus, Behinderte und Kranke, Angehörige einer Altersgruppe) und ethnischer Gruppen (z.B. Personen mit spezifischer regionaler oder nationaler Herkunft, Menschen einer bestimmten Hautfarbe) zu achten.

Indizien für diskriminierende Darstellungen sind pauschale Zuweisungen, Übertreibungen, Herabwürdigungen, Zurschaustellungen oder einseitige Propagierungen bestimmter Charakter- und Persönlichkeitseigenschaften, biologisch-physiologischer Merk-

male, kognitiver Fähigkeiten und persönlicher Orientierungen. Weitere, bei einer Überprüfung auf eine mögliche sozial-ethische Orientierung hin besonders zu berücksichtigende Inhalte, sind auch Darstellungen, in denen problematische Vorstellungen von Ethik und Moral einseitig propagiert werden.
Als bedenklich einzustufen ist vor allem, wenn die vermittelten ethisch-moralischen Vorstellungen die Notwendigkeit gesellschaftlicher Normen, Werte, Regeln und Konventionen für das Zusammenleben negieren oder das Überschreiten der dort definierten und allgemein anerkannten moralischen Grenzen zum handlungsleitenden Ziel erklären oder wenn sie ein asoziales, einzig an persönlichen Interessen und Bedürfnissen orientiertes Handeln als Erfolg versprechende oder einzig mögliche Strategie zum Erreichen von persönlichem Erfolg propagieren.
Nicht zuletzt sind auch Angebote auf eine mögliche sozial-ethische Desorientierung hin zu prüfen, die fragwürdige Identitätsentwürfe als anstrebenswerte Persönlichkeitsideale vermitteln. Solche Angebote sind dann als sehr bedenklich einzustufen, wenn mit den spezifischen Darstellungen nahe gelegt oder dazu aufgefordert wird, dass Kinder und Jugendliche ihr Selbstbild aktiv einem als Ideal dargestellten Identitätsentwurf, der wünschens- und nachahmungswert ist, anpassen und dabei gesundheitliche Risiken bezogen auf Körper und Psyche eingehen sollen (z.B. durch Schönheitsoperationen), über die nur unzureichend aufgeklärt wird. Solche Darstellungen sind in der Lage, die Entwicklung einer stabilen Ich-Identität nachhaltig zu stören, insbesondere dann, wenn auch im sozialen Umfeld der Jugendlichen entsprechende Persönlichkeitsideale kaum kritisch hinterfragt und als anstrebenswert propagiert werden.
Hinsichtlich der gefährdeten Altersgruppen gilt auch bei der Risikodimension der sozial-ethischen Desorientierung, dass die Altersgruppen von 14 bis 18 Jahren hinsichtlich ihrer aktuellen Entwicklungsaufgaben (v.a. der Persönlichkeits- und Identitätsentwicklung) in besonderem Maße gefährdet sind. Es sind vor allem die praktischen und handlungsleitendenen Konzepte der Jugendlichen, die sich im Zuge der von Elternhaus und Schule zunehmend losgelösten Moralentwicklung mehr und mehr zu eigenständigen Moralkonzepten entwickeln. Für die Altersgruppen unter 14 Jahren besteht das Risiko einer Desorientierung in erster Linie darin, dass vergleichsweise triviale und vor allem theoreti-

sche bzw. kognitive und weniger handlungspraktische Konzepte übernommen werden können, die sich vorwiegend in der Sprachentwicklung und der kindlichen Weltvorstellung niederschlagen, aber immer noch stark mit dem elterlichen oder schulischen Weltbild korrespondieren (vgl. Mietzel 2002).

9.3. Gefährdungsneigung

9.3.1. Einzelfallabhängige Prüfung der Gefährdungsneigung

Bei der Prüfung, ob ein Medieninhalt nach § 5 Abs. 1 JMStV für Minderjährige als „entwicklungsbeeinträchtigend" einzustufen ist, stellt sich immer auch die Frage, auf welche Nutzergruppe bei der Angebotsbewertung abzustellen ist: auf die „durchschnittlichen" oder die sog. „gefährdungsgeneigten" Jugendlichen.[34]

Bei der Bewertung von Internet- bzw. Onlineangeboten i.S.d. § 5 JMStV ist grundsätzlich vom durchschnittlichen, nicht gefährdungsgeneigten Jugendlichen auszugehen. Wenn sich anhand objektivierbarer Kriterien und Angebotseigenschaften (v.a. Inhalt, Darstellungsform, Ansprache, Zielgruppe und Nutzerschaft) jedoch ableiten lässt, dass eine Risikogruppe gefährdungsgeneigter Jugendlicher das Angebot vermutlich überdurchschnittlich nutzt, ist abweichend der gefährdungsgeneigte Jugendliche als Referenztyp für die Bewertung heranzuziehen.
Mit diesem Vorgehen wird nicht pauschal auf den „gefährdungsgeneigten" oder „durchschnittlichen" Minderjährigen abgestellt, sondern das Kriterium „Gefährdungsneigung" in Abhängigkeit von Angebot und Nutzerschaft einbezogen. Hiermit werden auch die spezifischen Rezeptionsweisen bei der Internetnutzung ange-

34 Wie das Ergebnis einer Evaluation des Prüfverfahrens der FSM im Jahr 2006 gezeigt hatte, wendeten die Prüferinnen und Prüfer in der Praxis in der Vergangenheit zum Teil unterschiedliche Konzepte der Gefährdungsneigung an und kamen dadurch in Einzelfällen auch zu abweichenden Prüfergebnissen. Eine Arbeitsgruppe aus Mitgliedern des FSM Beschwerdeausschusses hat daher das folgende Konzept erstellt, mit dem das Kriterium „Gefährdungsneigung" systematisch in die Prüfpraxis einbezogen werden kann.

messen berücksichtigt. Sie sind im Kern davon gekennzeichnet, dass im Gegensatz zur Rezeption anderer Medien mit vorgegebener Programmstruktur die Nutzung des Internets in der Regel selektiv erfolgt: Ein Internetangebot muss erst gezielt aufgerufen werden, und der User hat bei der unüberschaubaren Vielfalt der Angebote die Möglichkeit und Notwendigkeit einer bedürfnis- und interessengeleiteten Auswahl.

9.3.2. Die Prüfmatrix zur Gefährdungsneigung

Um im Einzelfall zu entscheiden, ob der durchschnittliche oder der gefährdungsgeneigte Minderjährige als Grundlage der Bewertung heranzuziehen ist, kann die folgende Matrix verwendet werden. Durch die Matrix werden dabei die der Prüfentscheidung zugrunde liegenden Vorstellungen und Konzepte transparent, mit denen die Prüfenden eine Risikogruppe Minderjähriger (i.S. „Gefährdungsgeneigter“) identifizieren, die eine besondere Schwäche oder Anfälligkeit für Beeinträchtigungen ihrer Persönlichkeitsentwicklung durch die zu prüfenden Medieninhalte haben. Der Prüfprozess wird in einem weiteren wichtigen Punkt kriteriengeleitet und somit sowohl in der Genese wie auch im Ergebnis für andere nachvollziehbarer und verständlicher. Die Matrix trägt zur besseren Strukturierung der Prüfbeurteilungen bei und macht zugrunde liegende Beurteilungsspielräume nachvollziehbarer.

9.3.2.1. Prüfschritte der Matrix im Einzelnen

Die Matrix berücksichtigt beide Dimensionen, die des Angebots und die des Nutzers, und sie strukturiert das Vorgehen entlang einzelner Prüfschritte sinnvoll vor. Bei der Matrix werden folgende vier Prüfschritte vorgegeben:

Im ersten Schritt ist das zu prüfende Angebot hinsichtlich seiner zentralen Eigenschaften (Inhalt, Anliegen des Angebots und Zielgruppe) kurz zu beschreiben. Im zweiten Schritt ist sein grundsätzliches Gefährdungspotential herauszuarbeiten. Nach Beantwortung der Frage, inwieweit das Angebot überhaupt in der Lage ist, Heranwachsende in ihrer Entwicklung zu beeinträchtigen, müssen die Prüfenden die verschiedenen Bereiche der Entwicklung von Kindern und Jugendlichen in den Blick nehmen und bei der Abschätzung des Gefährdungspotentials dann auf die Entwicklungsbereiche fokussieren, die vom zu prüfenden Medienangebot überhaupt tangiert werden – sei es durch spezifische Inhalte oder spezielle Darstellungsformen, Gestaltungsmittel, Kommunikationsformen, verwendete Sprache, Interaktionsmöglichkeiten u.a.m. Folgende Entwicklungsbereiche und ihnen eigene Entwicklungsziele lassen sich in diesem Zusammenhang als zentral herausstellen und hierfür einige Medienangebote exemplarisch als potentiell entwicklungsbeeinträchtigend benennen.[35]

körperlich-physiologische Entwicklung: Im Ideal ungestörte physiologische Entfaltung hin zum körperlich und geistig gefestigten Erwachsenen, der die mit den Wachstumsprozessen in Zusammenhang stehenden psychischen Prozesse (Auseinandersetzung mit der eigenen körperlichen Erscheinung, Entwicklung eines Selbstbildes etc.) angemessen bewältigen kann. Potentielle Beeinträchtigungen z.B. durch Pro-Ana-/Pro-Mia-Foren, Foren/Blogs zu Suizid und Selbstverletzung, Cannabis-/Kiffer-Portale.

sexuelle Entwicklung: Entwicklung hin zu einer selbstbestimmten und gleichberechtigten Sexualität der Geschlechter, bei der sich die Akteure auch der möglichen Gefahren (Übertragung von Infektionskrankheiten, ungewollte Schwangerschaften etc.) bewusst sind. Potentielle Beeinträchtigungen z.B. durch Sexportale, sexualisierte Songtexte oder Videoclips, die einseitig Inhalte und Strukturen vermitteln, die dem Ideal von Sexualität entgegenstehen und Risiken ausblenden oder verharmlosen.

35 Neben den nachfolgend exemplarisch angeführten Entwicklungsbereichen, die von den Medien in vielerlei Hinsicht direkt oder indirekt tangiert werden und die Entwicklung Heranwachsender stören, aber auch fördern können, gibt es noch einige weitere Bereiche, die bei der Prüfung von potentiell entwicklungsbeeinträchtigenden Medieninhalten nicht gänzlich aus dem Blickfeld geraten sollten. S. z.B die kognitive/geistige Entwicklung, die aufgrund der Schlüsselstellung von Sprache auch medial beeinflusst ist, oder die emotionale Entwicklung bzw. die Entwicklung der Emotionen, die unter dem Eindruck spezifischer medialer Ausdrucksformen (Akronyme, Emoticons etc.) und medial vermittelter Anlässe für drastische Emotionen (z.B. für Angst/Ekel/Abscheu bei der Konfrontation mit drastischen, real bisher nicht wahrgenommenen Darstellungen) steht.

Identitätsbildung/Selbstfindung: Entwicklung zu einer einzigartigen und unverwechselbaren Persönlichkeit mit der Fähigkeit, eine Balance zwischen eigenen Bedürfnissen/Interessen und gesellschaftlichen Anforderungen/Ansprüchen herzustellen (stabile Ich-Identität). Potentielle Beeinträchtigungen z.B. durch Medienangebote, die fragwürdige Identitätsentwürfe als anstrebenswert und gesellschaftlich gewollt vermitteln (z.B. Selbstverwirklichung ohne Rücksicht auf andere).

soziale Entwicklung/politische Sozialisation: Entwicklung eines positiven sozialen Verhaltens (inkl. Fähigkeit zu Empathie und sozialer Perspektivübernahme) und Sozialisation zu einem Mitglied der Gesellschaft, das sich auf legale Weise aktiv an der Gestaltung der politischen Umwelt beteiligt. Potentielle Beeinträchtigungen z.B. durch Onlinekommunikationsformen, bei denen Beleidigungen, Cybermobbing/-stalking an der Tagesordnung sind, oder einseitige, politisch motivierte Anprangerung der gesellschaftlichen Grundordnung in Foren, Blogs etc. und Websites mit extremen politischen Forderungen und Boykottaufrufen, mit denen die Grenze zu gesellschaftlich akzeptierten politischen Partizipationsmöglichkeiten klar überschritten wird (z.B. Aufruf zu Gewalt gegen Staatsmacht).

Moralische und religiöse Entwicklung: Internalisierung der grundlegenden sozialen Normen und Regeln, mit dem Ziel, auch ohne Kontrolle und zu befürchtende Sanktionen regelkonform zu handeln, und Herausbildung eines individuell-reflektierenden Glaubens (i.S. einer existenziellen Sinnsuche/-findung). Potentielle Beeinträchtigungen z.B. durch Websites, in denen Gewalt und Delinquenz als probate Mittel zur Durchsetzung persönlicher Interessen dargestellt werden oder Minderjährige für Sekten vereinnahmt werden.

Das Urteil der Prüfenden darüber, ob die zu prüfenden Medienangebote geeignet sind, die Entwicklung Heranwachsender in den beschriebenen Bereichen zu beeinträchtigen, muss sich an empirischen Fakten orientieren und mit konkreten und im Prüfgremium zur Diskussion gestellten Wirkungsannahmen belegt werden.
Im dritten Schritt richtet sich der Blick auf die Nutzer des Medienangebotes. Entlang der Entwicklungsbereiche, in denen nach

Einschätzung der Prüfenden Beeinträchtigungen möglich sind, ist die jeweilige Gefährdungsneigung von Minderjährigen abzuschätzen. Sollte sich das Angebot explizit an eine bestimmte Risikogruppe richten bzw. eine Risikogruppe bei der tatsächlichen Nutzerschaft des Angebots (nachweislich oder höchstwahrscheinlich) überrepräsentiert sein (männliche Neonazis, weibliche Bulimiekranke, Suizidgefährdete beider Geschlechter etc.), ist von der (über alle Jugendlichen hinweg betrachtet) durchschnittlichen bzw. normalen Gefährdungsneigung abzurücken und auf die in der tatsächlichen Nutzerschaft als normal einzustufende Anfälligkeit für Entwicklungsbeeinträchtigungen und Jugendgefährdungen abzustellen.
Im abschließenden vierten Schritt des Vorgehens nach der Prüfmatrix ist in einer zusammenfassenden Betrachtung von Gefährdungspotential des Angebots und Gefährdungsneigung der Nutzer zunächst für jeden relevanten Entwicklungsbereich eine Entscheidung zur Jugendschutzrelevanz des Angebots zu treffen und das Resultat festzuhalten. Das Ergebnis „jugendmedienschutzrelevant" erfordert eine konkrete Vorstellung von einer tatsächlichen Gefährdung bzw. Wirkung, die auf das Angebot explizit rückbeziehbar sein muss und sich auf eine ausreichend große (Risiko-)Gruppe von normal gefährdungsgeneigten Jugendlichen bezieht.

Die Matrix ist nicht zu verstehen und nicht angelegt als eine Art Fragebogen, der abgehakt werden muss. Sie möchte durch eine bessere Strukturierung der Prüfung Beurteilungen und auch Beurteilungsspielräume besser nachvollziehbar machen. Es kann Angebote geben, bei denen die Matrix und ihre Anwendbarkeit an ihre Grenzen stoßen, bei denen Problembereiche auftreten, die bislang noch nicht berücksichtigt sind. Insofern ist die Matrix auch kein abschließendes Konzept, sondern für Ergänzungen und Erweiterungen offen,die sich aus zukünftigen Medienentwicklungen und neuen Medieninhalten ergeben.

9.3.2.2. Die Prüfmatrix:

	Physiologisch-körperliche Entwicklung	Sexuelle Entwicklung	Identitätsbildung/Selbstfindung	Soziale Entwicklung/ Politische Sozialisation	Moralische/religiöse Entwicklung	Sonstige Entwicklungsbereiche ...	Gesamtergebnis der Prüfung
Angebot: Gefährdungspotential - präsentierter Inhalt (z.B. Gewalt, Sexualität, Extremismus) - Art bzw. Ziel und Anliegen des Angebots - Darstellungsform - gestalterische Mittel - Jugendaffinität/Nutzerschaft des Angebots							
Nutzer: Gefährdungsneigung * (Durchschnittliche Jugendliche bzw. Risikogruppe) - Alter - Geschlecht - Entwicklungsstand - Familiäres Anregungsmilieu - Persönliche Medienbindung - Vorerfahrungen bzgl. des Themas - Rezeptionsweisen (Involvement, Identifikation mit Inhalten)							
Resultat der Prüfung i.S.d. JMS							

* Hinweis: Die tatsächliche Gefährdung/Wirkung des Angebots auf den Nutzer muss explizit rückbeziehbar sein und es muss gerade das bewertete Gefährdungspotential des Angebots in Bezug stehen zur Gefährdungsneigung des Jugendlichen.

Kapitel 10: Kriterien für die Prüfung der Eignung der vom Anbieter vorgesehenen Schutzmaßnahmen bei Erwachsenenangeboten und bei entwicklungsbeeinträchtigenden Angeboten

Der JMStV stellt Verpflichtungen für Anbieter auf, deren Angebote entwicklungsbeeinträchtigende oder relativ unzulässige Inhalte (Erwachsenenangebote) enthalten: Es gilt der Grundsatz, dass die Anbieter Vorkehrungen treffen müssen, die Wahrnehmung des Angebots durch Minderjährige, für die der Inhalt nicht geeignet ist, zu erschweren bzw. auszuschließen.

Die Anforderungen an diese Vorkehrungen steigen mit der Jugendschutzrelevanz der Inhalte: Je höher eine mögliche Gefährdung oder Beeinträchtigung durch die Inhalte, desto größere Hürden müssen vom Anbieter implementiert sein: Während der Anbieter für relativ unzulässige Inhalte nach § 4 Abs. 2 JMStV sichergestellt sein muss, dass diese nur Erwachsenen zugänglich gemacht werden („geschlossene Benutzergruppe"), reichen bei entwicklungsbeeinträchtigenden Inhalten abgestufte Sicherungsmaßnahmen, die von dem Einsatz eines technischen oder sonstigen Mittels – etwa der Programmierung des Angebotes für ein Jugendschutzprogramm – über zeitliche Verbreitungsbeschränkungen bis hin zu einer rein „räumlichen" Trennung des Angebots von für Kinder gedachten Inhalten reicht.

Umfasst vom Prüfungsumfang im Rahmen eines Beschwerdeverfahrens ist neben der Einordnung der in Frage stehenden Inhalte in eine der Jugendschutzkategorien (inhaltlich Gewalt, Sexualität, Extremismus etc. und formal 12er, 14er, 16er, 18er Inhalte sowie relativ unzulässige Inhalte) auch, inwieweit der Anbieter seinen aus der Jugendschutzrelevanz der in Frage stehenden Inhalte resultierenden Schutzpflichten nachkommt, d.h. die Prüfung der Eignung der vom Anbieter vorgesehenen Schutzmaßnahmen bei Erwachsenenangeboten und bei entwicklungsbeeinträchtigenden Angeboten.

10.1. Prüfung der Schutzmaßnahmen bei Erwachsenen-inhalten (geschlossene Benutzergruppen)

Nach § 4 Abs. 2 Satz 2 JMStV dürfen pornographische, indizierte und offensichtlich schwer jugendgefährdende Angebote nur verbreitet werden, wenn der Anbieter sicherstellt, dass sie nur Erwachsenen zugänglich gemacht werden. Der JMStV selbst stellt aber keine konkreteren Anforderungen an die Art der Zugangsbarriere. In der Praxis werden geschlossene Benutzergruppen durch den Einsatz von sogenannten Altersverifikationssystemen (AVS) realisiert. In Literatur und Rechtsprechung hat sich in den letzten Jahren im Hinblick auf rechtliche Anforderungen an AVS die Ansicht durchgesetzt, dass die Sicherstellung des Erwachsenenzugangs insbesondere durch zwei Schritte zu gewährleisten ist, nämlich
(a) eine Volljährigkeitsprüfung, die über persönlichen Kontakt erfolgen muss („Identifizierung") und
(b) durch eine Überprüfung beim einzelnen Nutzungsvorgang („Authentifizierung").

Beide Phasen sind hinsichtlich der an sie gestellten Anforderungen durch Literatur, Rechtsprechung, JuSchRiL und Spruchpraxis von KJM und FSM weiter konkretisiert worden, wobei nach h.M. das Tatbestandsmerkmal des „Sicherstellens" i. S. d. § 4 Abs. 2 Satz 2 JMStV dabei nicht bedeutet, dass jedwede Umgehung und jedweder technischer Missbrauch durch Minderjährige ausgeschlossen sein muss. Was aus Sicht des BVerwG das Vorliegen des Merkmals „Sicherstellen" erfüllt, ist bereits das Bestehen einer „effektiven Barriere".[36]
Das lediglich abstrakt durch § 4 Abs. 2 S. 2 JMStV vorgegebene Schutzniveau des „Sicherstellens" des Zugangs für ausschließlich Erwachsene muss nach h.M. zudem angesichts der dynamischen

36 Zu begrenzten Übertragbarkeit der BVerwGE angesichts anderer Bewertungskontexte im digitalen Fernsehen Sellmann, MMR 2006, 723 (726), aus dessen Sicht die Sicherungsmaßnahmen dazu „geeignet sein müssen, regelmäßig den Zugang von Jugendlichen zu verhindern". Auch Sellmann sieht aber, dass dies nicht „gänzlich verhindert werden kann", vielmehr sei eine „Wahrscheinlichkeitsbewertung" maßgebend, s. ebd.; auch Altenhain sieht, dass der Zugang zu AVS-geschützten Inhalten für Minderjährigen nicht „absolut ausgeschlossen" sein muss, vgl. Altenhain in Hoeren/Sieber, Handbuch Multimedia-Recht, 25. Ergänzungslieferung 2010, Teil 20 Jugendschutz, Rn. 67.

technischen Weiterentwicklungen offen für technische Fortentwicklungen und Lösungsinnovationen sein[37]; bei der Bewertung einzelner Konzepte und Systeme muss der Fokus insoweit auf der Frage liegen, inwieweit in allen relevanten Prozessabläufen Möglichkeiten des Missbrauchs, der Umgehung und der Manipulation weitgehend ausgeschlossen werden.[38]
In der Begutachtungspraxis der FSM hat sich dieser Ansicht folgend herausgestellt, dass die beiden genannten Schritte auf verschiedene Weise realisiert werden können.

a)
Der Schritt der **Identifizierung** soll sicherstellen, dass der Zugang begehrende Nutzer tatsächlich ein Erwachsener ist, insbesondere um auszuschließen, dass durch Falschangaben eines Minderjährigen Volljährigkeit vorgetäuscht wird. Um dies in dieser Phase möglichst auszuschließen, bedarf es nach der h. M. und nach derzeitigem technischem Entwicklungsstand grundsätzlich einer Verifizierung der Altersangaben auf Grund eines persönlichen Kontakts (Face-to-Face-Kontrolle).[39] Dieser persönliche Kontakt muss dabei nicht direkt zwischen dem AVS-Anbieter und dem Nutzer erfolgen, sondern der AVS-Anbieter darf dabei auf Identifikations- und Altersdaten zurückgreifen, die bereits zu einem früheren Zeitpunkt von einer vertrauenswürdigen Stelle im Rahmen einer Face-to-Face-Kontrolle verifiziert worden sind, etwa von Kreditinstituten (die auf der Grundlage des Geldwäschegesetzes[40] zu einer entsprechenden Verifizierung verpflichtet sind). Auf ein zeitliches Zusammenfallen von AVS-Durchlauf und persönlichem Kontakt kommt es insoweit nicht an.[41]
Für Formen der Identifizierung, die nicht auf einer simultanen oder ex ante-Verifizierung beruhen, muss angesichts der Zukunftsoffenheit des Begriffs des „Sicherstellens" auch ein Rückgriff auf persönliche Daten genügen, die auf einem vergleichbar

37 Liesching, MMR 2008, 802 (802).

38 Vgl. Liesching, MMR 2008, 802 (804).

39 Erdemir in Spindler/Schuster, Recht der elektronischen Medien, 1. Auflage 2008, § 4 JMStV Rn. 54.

40 S. § 4 GwG.

41 S. auch Sellmann, MMR 2006, 723 (727).

sicheren Weg wie solche im Zusammenhang mit einem persönlichen Kontakt erhoben worden sind.[42] Bewertungserheblich ist dabei – hier schlägt der Ansatz der Face-to-Face-Kontrolle durch – die Minimierung von Missbrauchs- und Manipulationsmöglichkeiten[43]; der BGH spricht hier von Sicherungen, die „den Zuverlässigkeitsgrad einer persönlichen Altersprüfung erreichen".[44] Um Missbrauchspotentiale bei diesen vorgelagerten Identifizierungslösungen zu minimieren, werden erhöhte Anforderungen an den Schritt der Übersendung der Zugangsdaten an den identifizierten Nutzer gestellt: Hier gilt dann entsprechend, dass der AVS-Anbieter sicherstellen muss, dass entsprechende Hardware- bzw. Softwareschlüssel oder Zugangsdaten in die Hände der identifizierten Person gelangen, d.h. einfache Umgehungen wie etwa durch das Abfangen einer entsprechenden Übersendung durch einen Dritten, insbesondere einen Minderjährigen, ausgeschlossen sein müssen; auch hier bedarf es insoweit einer effektiven Barriere.[45] Zustellrisiken auf der Seite des Einbringens in den Nutzerhaushalt muss der Versender dabei aber gerade nicht vollumfänglich ausschließen.[46] Vielmehr geht es auch hier um die Beachtung der Prämisse, dass die gewählte Übersendungsart Risiken des Missbrauchs bzw. die Umgehung durch Minderjährige gleich effektiv ausschließen wie beispielsweise durch Zustellung per „Einschreiben eigenhändig".[47] Bei allen Verfahren ist darauf zu achten, dass die Nutzer von Seiten der Anbieter hinreichend über die Bedeutung des PINs informiert werden.
Nachgelagerte Risiken innerhalb des Nutzerhaushalts (offen liegende Zugangskennung etc.) werden dagegen von den rechtlichen Anforderungen nicht umfasst.

---

42 Liesching, MMR 2008, 802 (805).

43 Ebd.

44 BGH MMR 2008, 400 (404) – ueber18.de.

45 S. auch Liesching, MMR 2008, 802 (805);Sellmann, MMR 2006, 723 (727); KJM-Pressemitteilung v. 22.9.2005, http://www.kjm-online.de/de/pub/aktuelles/pressemitteilungen%202010/pressemitteilungen_2005/pm_082005.cfm

46 Liesching, MMR 2008, 802 (805); Erdemir, CR 2005, 275 (281); Liesching, NJW 2004, 3303 f.; Sulzbacher, JMS-Report 1/2005, 2 (3).

47 Sellmann, MMR 2006, 723 (727); vgl. Liesching, MMR 2008, 802 (806)

Daneben ist Ausfluss der Entwicklungsoffenheit des Begriff des „Sicherstellens", dass eine Identifizierung mit Alterskontrolle auch durch technisch visuelle Übertragungslösungen wie etwa durch eine Gesichtskontrolle mittels Webcam genügen kann (s. oben).[48]

b)
An dic Phasc dcr **Authcntifizicrung**, d.h. dcr Zugangsgcwährung gegenüber einem einzelnen Nutzer in jedem konkreten Fall, wird die Anforderung gestellt, dass das System gewährleisten muss, dass ausschließlich dem zuvor als volljährig identifizierten Nutzer der Zugriff auf die Inhalte der geschlossenen Benutzergruppe gewährt wird. Die massenhafte Verbreitung und Weitergabe einer Zugangsmöglichkeit muss insoweit ausgeschlossen werden.[49] Um dies zu gewährleisten, ist bei jedem Zugriff auf die per AVS geschützten Inhalte ein Schlüsselpaar aus Passwort und Hardwarekomponente bzw. einem vergleichbar sicheren Softwaremerkmal erforderlich, mit dem sich der Nutzer in das System einloggen muss. Wenn eine eindeutige Verknüpfung von Zugangspasswort und Hardware nicht möglich ist, sind bisher andere Möglichkeiten zur Authentifizierung positiv beurteilt worden, etwa durch die Zusendung einer mTAN an eine zuvor gespeicherte und verifizierte Mobilnummer. Eine weitere Maßnahme, Weitergabe oder Missbrauch wirksam zu erschweren stellt das Vorsehen persönlicher Weitergaberisiken für autorisierte Benutzer dar, insbesondere aufgrund kreditorischer Risiken.[50] Maßstab muss dabei sein, dass der Nutzer die Zugangsdaten nicht leichtfertig und sanktionslos „an (vor allem eine Vielzahl von) Jugendliche(n)" weitergibt.[51]

Als weiterer wichtiger Punkt sollte auch die Verknüpfung mit der Programmierbarkeit und dem Abspielen von AVS-geschützten Beiträgen bei der Beurteilung eines AVS berücksichtigt werden.

48 BGH MMR 2008, 400 (404) – ueber18.de; s. auch Liesching, MMR 2008, 802 (805); Sellmann, MMR 2006, 723 (727).

49 Vgl. Sellmann, MMR 2006, 723 (727).

50 Sellmann, MMR 2006, 723 (728); Liesching, MMR 2008, 802 (806).

51 Altenhain in Hoeren/Sieber, Handbuch Multimedia-Recht, 25. Ergänzungslieferung 2010, Teil 20 Jugendschutz, Rn. 80; Liesching, MMR 2008, 802 (806).

Hier sieht § 4 Abs. 5 der Jugendschutzsatzung[52] die Eingabe der PIN bei der Programmierung eines AVS-geschützten Beitrags vor, in der Praxis ist jedoch seit 2007 die PIN-Abfrage beim Abspielen der aufgenommenen Sendung als die unter Jugendschutzaspekten sinnvollere Alternative akzeptiert.

Die Prüfung, ob Erwachseneneinhalte ausschließlich innerhalb einer geschlossenen Benutzergruppe im Sinne des § 4 Abs. 2 S. 2 JMStV und damit in rechtlich zulässiger Weise angeboten werden, muss prüfen, ob die dargestellten Anforderungen im Hinblick auf die Identifizierungs- und Authentifizierungsschritte vorliegen. Ein starkes Indiz dafür liegt vor, wenn das eingesetzte AVS bereits von der FSM oder der KJM positiv beurteilt wurde. In diesen Fällen ist zu prüfen, ob das eingesetzt System dem Stand entspricht, der einer etwaigen Positivbeurteilung zugrunde lag.

10.2. Prüfung der Schutzmaßnahmen bei entwicklungsbeeinträchtigenden Inhalten

Nach § 5 Abs.1 JMStV werden Anbieter von entwicklungsbeeinträchtigenden Angeboten dazu verpflichtet, Sorge zu tragen, dass Kinder oder Jugendliche der betroffenen Altersstufe diese Angebote üblicherweise nicht wahrnehmen. Als entwicklungsbeeinträchtigende Angebote werden dabei solche Angebote aufgefasst, „die geeignet sind, die Entwicklung von Kindern oder Jugendlichen zu einer eigenverantwortlichen und gemeinschaftsfähigen Persönlichkeit zu beeinträchtigen". Der Staatsvertrag sieht ausdrücklich, aber nicht abschließend bestimmte Instrumente vor, bei deren Nutzung ein Anbieter seiner Pflicht nach § 5 Abs. 1 JMStV nachkommt. An diese Instrumente stellt der JMStV im Gegensatz zu den „Erwachsenenangeboten" des § 4 Abs. 2 JMStV deutlich geringere Anforderungen an die Verbreitungskontrolle durch den Anbieter.

Nach § 5 Abs. 3 JMStV kann der Anbieter seiner Pflicht aus § 5 Abs. 1 dadurch nachkommen, dass er entweder „durch **techni-**

52 Satzung der Landesmedienanstalten zur Gewährleistung des Jugendschutzes in digital verbreiteten Programmen des privaten Fernsehens (Jugendschutzsatzung – JSS)

sche oder sonstige Mittel die Wahrnehmung des Angebots durch Kinder oder Jugendliche der betroffenen Altersstufe unmöglich macht oder wesentlich erschwert" oder er „die **Zeit**, in der die Angebote verbreitet oder zugänglich gemacht werden, so wählt, dass Kinder oder Jugendliche der betroffenen Altersstufe üblicherweise die Angebote nicht wahrnehmen".

10.2.1 Einsatz eines technischen oder sonstigen Mittels

Der Anbieter kann ein „technisches oder sonstiges Mittel", das „die Wahrnehmung des Angebots durch Kinder oder Jugendliche der betroffenen Altersstufe unmöglich macht oder wesentlich erschwert" einsetzen. Damit müssen im Gegensatz zu den nach § 4 Abs.2 S. 2 erforderlichen geschlossenen Benutzergruppen (s. oben 10.1) geringere Anforderungen erfüllt werden. Eine gänzliche Unmöglichmachung ist bei den technischen oder sonstigen Mitteln gerade nicht gefordert.[53]

10.2.1.1. Programmierung für ein geeignetes Jugendschutzprogramm

Als spezielle technische Mittel zur Erfüllung der Anbieterpflichten nach § 5 Abs. 3 Nr. 1 JMStV sieht § 11 Abs. 1 JMStV ausdrücklich vor, dass seine entwicklungsbeeinträchtigenden Angebote „für ein als geeignet anerkanntes Jugendschutzprogramm programmiert werden oder dass es ihnen vorgeschaltet wird". Jugendschutzprogramme sind nutzerseitig eingerichtete Programme, die auf dem Endgerät des Nutzers, von dem aus der Zugang zu den Onlineinhalten erfolgt, den Zugang zu bzw. die Anzeige von bestimmten jugendschutzrelevanten Inhalten für bestimmte Altersgruppen unterbinden.

Mit dem jugendschutzrechtlichen Instrument der Jugendschutzprogramme verlagern die Staatsvertragsgeber die Verantwortung der Zugangsbeschränkung – von der rechtmäßigen Altersbewertung und Programmierung durch den Anbieter abgesehen – in

53 Vgl. Scholz/Liesching, Jugendschutz, 4. Auflage 2004, § 5 JMStV, Rn. 4.

die Hände der Erziehungsbeauftragten[54]; dies entspricht prinzipiell auch dem verfassungsrechtlichen Erziehungsprimat der Eltern, das auch bei der Nutzung der Offlinemedien durch Kinder und Jugendlichen (Fernsehen, Kino etc.) Berücksichtigung findet: Durch Jugendschutzprogramme entscheidet nicht der Anbieter starr nach einer Altersgrenze, ob der minderjährige User seine Inhalte nutzen kann, sondern regelmäßig der Elternteil, der das Jugendschutzprogramm auf dem jeweiligen Endgerät installiert und konfiguriert. Individuellen Erziehungskonzepten von Eltern kann auf diese Weise besonders Rechnung getragen werden.
Für die Prüfung, ob ein Angebot gesetzesgemäß für ein geeignetes Jugendschutzprogramm programmiert worden ist, muss jeweils festgestellt werden, ob
(a) eine zulässige und funktionierende Programmierung für ein Jugendschutzprogramm feststellbar ist und
(b) zweitens das Jugendschutzprogramm, für das die Programmierung vorgesehen ist, tatsächlich im Sinne des § 11 JMStV „als geeignet anerkannt" ist.

(a)
Der JMStV stellt wenige Anforderungen an die **Programmierung** für ein Jugendschutzprogramm. Das intendierte Jugendschutzprogramm muss die Programmierung bei Aufruf des Angebots oder während des Ladens (d.h. vor der Anzeige auf dem Display bzw. der ggf. möglichen [Zwischen-]Speicherung auf der Festplatte) lediglich so auslesen können, dass es die Darstellung auf dem Endgerät bei entsprechender Alterseinstellung im Jugendschutzprogramm unterbinden kann. Ist ein Angebot für ein Jugendschutzprogramm X programmiert, so reicht aus, dass zum einen das entsprechende Programm X die jeweilige Altersstufe auslesen kann und dementsprechend die Anzeige bzw. Nicht-Anzeige steuert.

Anforderungen an die Beachtung bestimmter technischer Standards bestehen dabei nicht; die Auslesbarkeit muss insoweit einem faktischen Standard entsprechen oder bilateral zwischen Inhalteanbieter und Jugendschutzprogrammanbieter erfolgen.

---

54 Vgl. Altenhain in Hoeren/Sieber, Multimedia-Recht, 22. Auflage 2009, Teil 20 Jugendschutz Rn. 93.

(b)
Im Hinblick auf die Prüfung der **Anerkennung der Geeignetheit** des Jugendschutzprogramms, für das die Programmierung vorgenommen worden ist, muss berücksichtigt werden, ob mindestens ein Jugendschutzprogramm bereits als geeignet anerkannt worden ist und ob dieses die Programmierung des Anbieters richtig auszulesen in der Lage ist. Sind mehrere Jugendschutzprogramme anerkannt sind, reicht das korrekte Auslesen der Programmierung durch lediglich eines der anerkannten Programme. Die Anerkennung der Eignung kann gemäß § 11 Abs. 2 JMStV ausschließlich durch die KJM erfolgen, hier ist insoweit der Entscheidungsstand der KJM zu berücksichtigen. Eine eigene Prüfung der Geeignetheit im Rahmen des FSM-Prüfverfahrens erfolgt nicht.

10.2.1.2. Nutzung eines technischen oder sonstigen Mittels

Die Programmierung für ein als geeignet anerkanntes Jugendschutzprogramm ist ein gesetzlich vorgesehener Spezialfall eines technischen oder sonstigen Mittels im Sinne von § 5 Abs. 3 Nr. 1 JMStV. Insoweit sieht der Staatsvertrag vor, dass es auch andere technische oder sonstige Mittel geben kann, durch die die Wahrnehmung des Angebots durch Kinder oder Jugendliche der betroffenen Altersstufe unmöglich gemacht oder wesentlich erschwert wird.
Für die Prüfung der Geeignetheit solcher Mittel macht der JMStV keine konkreteren Angaben. Die technischen Vorsorgemaßnahmen müssen lediglich gewährleisten, dass die Nutzer, für die der entsprechende Inhalt entwicklungsbeeinträchtigend sein kann, nur wesentlich erschwert auf die Inhalte zugreifen oder diese üblicherweise nicht wahrnehmen können. Als wesentlich erschwert ist der Zugriff dann anzusehen, wenn er – aus dem Blickwinkel eines Kindes oder Jugendlichen – nur unter Überwindung nicht offensichtlich umgehbarer technischer Barrieren oder nur bei Kenntnis spezieller Zugangsinformationen ermöglicht wird.[55] Dabei kann auf das normale Nutzerverhalten der betroffenen Altersgruppe abgestellt werden; untypisches (d.h. böswilliges) Nutzerverhalten und ein überdurchschnittliches technisches Verständnis

55 Hertel in Hahn/Vesting, Rundfunkrecht, 2. Auflage 2008, § 5 JMStV Rn. 19.

muss dabei nicht unterstellt werden.[56] Außerdem liegt die Verantwortung nach § 5 Abs. 1 bei der Wahl solcher alternativen Mittel allein bei dem einsetzenden Anbieter.[57]
In der Praxis wurden bisher Systeme der Zigarettenhersteller Phillip Morris GmbH und British American Tobacco Germany als rechtskonform angesehen, bei deren Ansätzen es sich um verschiedene Varianten einer Personalausweisroutine handelte.[58] Neben der Abfrage der Personalausweiskennziffer können etwa auch die folgenden Vorrichtungen als Zugangssysteme vom Anbieter eingesetzt werden: Eine Nutzerregistrierung in Kombination mit einem erfolgreichen Abbuchungsvorgang von einer Kreditkarte oder eine Nutzerregistrierung in Kombination mit einem erfolgreichen Abbuchungsvorgang von einem Bankkonto. Ebenfalls erscheint die Zusendung einer Personalausweiskopie als ausreichend. Die verschiedenen anerkannten Möglichkeiten der Identifikation bzw. Altersverifikation, wie sie im Rahmen der Schutzmaßnahmen bei Erwachseneninhalten zur Anwendung kommen (face-to-face-Kontrolle), sind in jedem Fall auch zulässige technische oder sonstige Mittel gemäß § 5 Abs. 2 Nr. 1 JMStV. Daneben sind auch die Möglichkeiten (z.B. webcam-basierte Kontrolle von Ausweisdokumenten, elektronische Übermittlung von Ausweiskopien) denkbar, sofern sie die Wahrnehmung des Angebots durch Minderjährige unterhalb der jeweiligen Altersgrenze zumindest wesentlich erschweren.

10.2.2. Zeitliche Verbreitungsbeschränkungen

Der Anbieter eines entwicklungsbeeinträchtigenden Angebots genügt den Anforderungen von § 5 Abs. 1 JMStV auch, wenn er gem. § 5 Abs. 3 Nr. 2 JMStV eine zeitliche Verbreitungsbeschränkung für den entsprechenden Inhalt vorsieht. § 5 Abs. 4 JMStV

---

56 Altenhain in Hoeren/Sieber, Multimedia-Recht, 22. Auflage 2009, Teil 20, Rn. 94; Nikles/Roll/Spürck/Umbach plädieren hier allerdings für steigende Anforderungen, je höher die auszuschließende Altersstufe ist, vgl. dies., Jugendschutzrecht, 2. Auflage 2005, § 5 JMStV Rn 9.

57 Erdemir in Spindler/Schuster, Recht der elektronischen Medien, § 5 Rn. 15.

58 Als unzureichend sieht Liesching Formen der Personalausweiskennzifferkontrolle, vgl. Scholz/Liesching, Jugendschutz, 4. Auflage 2004, § 11 JMStV Rn. 4.

gibt ausdrücklich die je nach Eignung für unterschiedliche Altersstufen abgestuften Zeitgrenzen vor:

- Angebote, die für Jugendliche unter 18 Jahren entwicklungsbeeinträchtigend sind, dürfen in der Zeit von 23.00 Uhr bis 6.00 Uhr verbreitet bzw. zugänglich gemacht werden (§ 5 Abs. 4 S. 1 JMStV).
- Angebote, die für Minderjährige unter 16 Jahren entwicklungsbeeinträchtigend sind, dürfen in der Zeit von 22 Uhr bis 6 Uhr verbreitet bzw. zugänglich gemacht werden (§ 5 Abs. 4 S. 2 JMStV).
- Für Angebote, die für Kinder unter 14 Jahren entwicklungsbeeinträchtigend sein können, reicht es aus, wenn das Angebot getrennt von für diese Kinder bestimmten Angeboten verbreitet wird oder abrufbar ist (§ 5 Abs. 5 JMStV).

Die vorgesehenen Verbreitungszeiten gelten für die gesamte Dauer des Angebots, nicht nur für die jeweils entwicklungsbeeinträchtigenden Darstellungen; Teile eines Videos oder Films, aber auch Beginn oder Ende einer Online-Spiel-Session dürfen diese Grenzen insoweit nicht überschreiten.[59]

10.2.3. „Unter 12er"-Inhalte: Trennung von Angeboten für Kinder

Das Trennungsgebot nach § 5 Abs. 5 JMStV gilt für Inhalte im Internet, die als entwicklungsbeeinträchtigend für Kinder (d.h. Minderjährige unter 14 Jahren) eingestuft werden. Nach dem Trennungsgebot ist es für den Anbieter erlaubt, derartige entwicklungsbeeinträchtigende Angebote zu verbreiten, wenn diese nicht gleichzeitig Kinderangebote enthalten bzw. auf oder von Kinderseiten verlinkt werden. Inwieweit sich ein Angebot an Kinder richtet bestimmt sich ausschließlich nach der inhaltlichen Ausrichtung, nicht nach der tatsächlichen (Mit-)Nutzung durch

59 Hertel in Hahn/Vesting, Rundfunkrecht, 2. Auflage 2008, § 5 JMStV Rn. 14; Erdemir in Spindler/Schuster, Recht der elektronischen Medien, § 5 Rn. 21; im Prinzip auch Nikles/Roll/Spürck/Umbach, Jugendschutzrecht, 2. Auflage 2005, § 5 JMStV Rn. 11, die aber Sendezeiten für Online-Spiele nicht anwendbar halten.

Kinder.[60] Anders gewendet heißt dies, dass auf an Erwachsene gerichteten Angeboten Inhalte verbreitet werden dürfen, die für Kinder entwicklungsbeeinträchtigend sind. Dabei geht der Gesetzgeber (wohl) davon aus, dass Kinder auf Erwachsenen-Angeboten für gewöhnlich nicht surfen.[61]
Eine ausreichende Trennung von Kinderangeboten ist bereits dann gegeben, wenn der jugendschutzrelevante Inhalt nicht unmittelbarer Gegenstand der spezifischen Kinderangebote ist und in den auf Kinder zielenden Angeboten kein Hinweis auf den beeinträchtigenden Teil des Angebots enthalten ist.[62] Auf neutralen Startseiten von Portalen eines Angebotes darf nach diesem Verständnis sowohl auf an Kinder gerichtete Unterseiten des Angebotes als auch auf solche verwiesen werden, welche für Minderjährige unter 14 Jahren entwicklungsbeeinträchtigend sein können.[63]

Sonderfall: „Presseprivileg" des § 5 Abs. 6 JMStV

Eine entwicklungsbeeinträchtigende Darstellung ist auch ohne den Einsatz technischer Mittel oder Sendezeitbeschränkungen gemäß § 5 Abs. 3 JMStV zulässig, wenn es sich gemäß § 5 Abs. 6 JMStV um eine Nachrichtensendung, eine Sendung zum politischen Zeitgeschehen und vergleichbare Angebote bei Telemedien handelt. Ausnahmen sieht § 5 Abs. 6 für Fälle vor, bei denen ein berechtigtes Interesse gerade an dieser Form der Darstellung oder Berichterstattung vorliegt. Die Privilegierungsregelung normiert das verfassungsrechtlich notwendige Korrelat einer ausreichenden Berücksichtigung der Meinungs- und Pressefreiheit: Kein möglicherweise entwicklungsbeeinträchtigender Medieninhalt darf unbesehen und ohne gehörige Berücksichtigung grundrechtlicher Garantien für unzulässig erklärt werden.
Dieses verfassungsrechtliche Gebot greift der JMStV in der Rechtfertigungsnorm auf: Aufgrund ihrer Funktion als Kontrollinstanz staatlicher Gewalt sind die meinungsbildenden Medien mit weit

60 Hertel in Hahn/Vesting, Rundfunkrecht, 2. Auflage 2008, § 5 JMStV Rn. 21.

61 Altenhain in Hoeren/Sieber, Multimedia-Recht, 22. Auflage 2009, Teil 20, Rn. 95.

62 Hertel in Hahn/Vesting, Rundfunkrecht, 2. Auflage 2008, § 5 JMStV Rn. 21.

63 Vgl. Scholz/Liesching, Jugendschutz, 4. Auflage 2004, § 5 JMStV Rn. 17.

reichenden Freiheiten ausgestattet. Eine die Meinungs- und Pressefreiheit einschränkende Regelung wie etwa § 5 Abs. 1 JMStV muss im Lichte der wertsetzenden Bedeutung des Grundrechts ausgelegt und in ihrem Anwendungsbereich ggf. eingedämmt werden. Stets ist zu fragen, welchen Schaden die freie öffentliche und private Meinungsbildung insgesamt nimmt, wenn die Regelung im konkreten Fall die Untersagung einer geschützten Äußerung zur Folge haben kann. In Einklang mit der Rechtsprechung des Bundesverfassungsgerichts streitet daher für die Berichterstattung der Medien im öffentlichkeitsrelevanten und politischen Bereich eine Vermutung zugunsten der freien Rede.

Von dem Privileg erfasst sind in jedem Falle genuin journalistische Angebote, wozu nahezu alle Internet-Dienste der Tageszeitungen und Magazine gehören. Diese können nur dann das Privileg nicht für sich in Anspruch nehmen, wenn der betreffende Beitrag offensichtlich kein berechtigtes Informationsinteresse der Öffentlichkeit anspricht.

Doch nicht nur professionell-journalistische Dienste können sich auf das Nachrichtenprivileg berufen. Sofern die Darstellung einen öffentlichkeitsrelevanten Inhalt aufweist, kann jedes Internet-Angebot nach § 5 Abs. 6 JMStV gerechtfertigt sein. Dies gilt sogar für Werbung, weil allein die Tatsache, dass der Form nach eine kommerzielle Kommunikation gegeben ist, noch nicht ausschließt, dass ein öffentlichkeitsrelevanter Umstand angesprochen wird. Es kommt daher nicht auf die Form und die Gattung der Darstellung an, sondern allein auf ihren Inhalt.[64]

Ein berechtigtes Interesse „gerade an dieser Art der Darstellung“ liegt vor, wenn der Inhalt zur näheren Beschreibung der öffentlichkeitsrelevanten Aussage angemessen ist. So liegt ein berechtigtes Interesse immer dann vor, wenn etwa mit einer entwicklungsbeeinträchtigenden Bebilderung die Kernaussage eines öffentlichkeitsrelevanten Textbeitrags unterstrichen werden soll. Abweichendes gilt nur dann, wenn der Textbeitrag allein deshalb veröffentlicht wurde, um der Einbindung des Fotos in Sinne eines Feigenblatts der Rechtfertigung einen seriösen Anstrich zu geben.

64 Für eine weite Auslegung auch Liesching, tv diskurs 4/2008 Nr. 46, S. 28 (30 f.); a.A. Hopf/Braml, ZUM 2010, 654, (645). Inwieweit die Beweislastumkehr des JMStV 2011 (s. unten) zu einer Änderung des weiten Begriffsverständnisses führen könnte, bedürfte einer ausführlichen Untersuchung.

Bei der Frage des „berechtigten Interesses gerade an dieser Art der Darstellung" kommt es nicht darauf an, ob die Darstellung erforderlich oder gar notwendig ist. § 5 Abs. 6 JMStV verlangt kein „zwingendes", sondern lediglich ein „berechtigtes" Interesse. Dies impliziert, dass dem Anbieter bei der Bebilderung seines Beitrags ein Ermessen eingeräumt wird, dass extern nur auf seine offensichtliche Zweckverfehlung überprüft werden kann. Eine Erforderlichkeitsprüfung in Gestalt der Frage, ob das am wenigsten einschneidende, relativ mildeste Bildmittel zur Untermauerung der Aussage eingesetzt wurde, verbietet sich dabei; sie stünde nicht in Einklang mit der in Art. 5 Abs. 1 GG verankerten Medien- und Meinungsfreiheit, die die Medien nicht nur in der Dimension der bloßen Informationsvermittlung, sondern auch in der Wirkungsdimension ihrer Veröffentlichungen schützt. Demnach steht es den Medien prinzipiell nicht nur frei, zu veröffentlichen, was sie wollen, sondern grundsätzlich auch zu veröffentlichen, wie sie es wollen.

Aufgrund des Zwecks des Kommunikationsgrundrechts, geistige Wirkung in der Gesellschaft zu erzielen und so die öffentliche und private Meinungsbildung zu fördern, verbleibt dem sich Äußernden auch die freie Wahl der Ausdrucksweise. Insbesondere im medialen Zeitalter bedarf er zum Durchstoßen der hohen Reizschwelle des Publikums ggf. zugespitzter Darstellungen, um sich Aufmerksamkeit zu verschaffen. Eine Erforderlichkeitsprüfung bei der Bestimmung der Grenzen der Zulässigkeit eines Berichts würde demgegenüber den Zielvorstellungen der Meinungsfreiheit zuwider laufen.

Kapitel 11: Kriterien für eine Prüfung im Rahmen von § 6 JMStV (Jugendschutz in der Werbung)

11.1. Allgemeines

Online-Angebote, die sich nicht durch Nutzungsgebühren finanzieren, sind regelmäßig auf Einnahmen durch Werbeeinblendungen innerhalb ihres Angebots angewiesen als dies bei anderen Medien der Fall ist. Marketing und Werbung haben sich in Deutschland daher als ein wichtiges funktionierendes Finanzierungsmodell für Online-Angebote – auch für Kinder- und Jugendseiten – erwiesen.
Da die Prüfung eines Angebots durch die Prüfungskommission jeweils das Gesamtangebot umfasst (s. oben Kap. 5), rückt auch die im bzw. auf dem Angebot vorfindliche Werbung in den Blickpunkt. Für Werbeinhalte sieht § 6 JMStV spezielle Anforderungen vor, deren Einhaltung insoweit ebenfalls geprüft werden muss. Zur Frage der Verantwortlichkeit und der Prüfungstiefe bei Werbeeinblendungen durch Dritte s. oben S. 83.

11.1.1. Verfassungsrechtliche und europarechtliche Einordnung

Das Verhältnis von Jugendschutz und Werbung bewegt sich – wie nicht-werbliche Inhalte auch – im Spannungsfeld der Gewährleistung der Kommunikationsfreiheiten nach Art. 5 Abs. 1 GG zur nach Art. 5 Abs. 2 GG zulässigen Schrankensetzung für diese Grundrechte im Interesse des Schutzes der Jugend (wobei dem verfassungsrechtlichen Jugendschutz vor allem Kraft aus Art. 2 Abs. 1 iVm. Art. 1 Abs. 1 GG erwächst). Denn auch Werbeaussagen, soweit diese einen Meinungsgehalt aufweisen, genießen nach ständiger Rechtsprechung des Bundesverfassungsgerichts grundsätzlich den Schutz der Meinungsfreiheit sowie den der – je nach Verbreitungsweg – Presse- oder der Rundfunkfreiheit.[65] Der

65 BVerfGE 85, 1 (11 f.); 86, 122 (128); 97, 391 (400]).

Umstand, dass Werbung zur Finanzierung von Internetangeboten maßgebend beiträgt, verstärkt die grundsätzliche Schutzbedürftigkeit auch von Werbung im Interesse eines freien massenkommunikativen Prozesses.[66] Darüber hinaus fällt der Einsatz von Werbung unter die Berufsausübungsfreiheit aus Art. 12 Abs. 1 GG.

Das verfassungsrechtliche Verhältnis von Jugendschutz und Werbung wird einfachgesetzlich durch die Vorgaben in *§ 6 JMStV* konkretisiert; diese Vorgaben gehen zu großen Teilen auf europarechtliche Vorgaben der Audiovisuellen Mediendienste-Richtlinie[67] (früher: EU-Fernsehrichtlinie) zurück.[68] Hintergrund jugendschutzspezifischer Vorschriften für Werbung ist die Erkenntnis, dass Minderjährige sich noch in der Entwicklung befinden, auch im Hinblick auf ihre Kritikfähigkeit gegenüber kommerziellen Kommunikationen. Eine wachsende Distanz zu (regelmäßig manipulativer) Werbung entwickelt sich insoweit erst mit zunehmendem Jugendalter.[69]

Neben den jugendschutzrechtlichen Werbevorschriften sehen § 6 TMG und §§ 7, 7a, 8, 8a, 15, 16, 44, 45 RStV weitere allgemeine Vorschriften für werbliche Inhalte bzw. kommerzielle Kommuni-

66 S. Ukrow, Das Jugendschutzrecht in der Praxis – Alte Fragen, neue Antworten. Jugendschutz und Werbung, Vortrag am 06.05.2004, abrufbar unter: http://www.emr-sb.de/EMR/Vortrag_Ukrow.pdf

67 Art. 9 Buchst. g) der Richtlinie 2010/13/EU vom 10. März 2010 zur Koordinierung bestimmter Rechts- und Verwaltungsvorschriften der Mitgliedstaaten über die Bereitstellung audiovisueller Mediendienste (Richtlinie über audiovisuelle Mediendienste): „[...] audiovisuelle Kommunikation darf nicht zur körperlichen oder seelischen Beeinträchtigung Minderjähriger führen. Daher darf sie keine direkten Aufrufe zum Kaufen oder Mieten von Waren oder Dienstleistungen an Minderjährige richten, die deren Unerfahrenheit und Leichtgläubigkeit ausnutzen, Minderjährige nicht unmittelbar dazu auffordern, ihre Eltern oder Dritte zum Kauf der beworbenen Ware oder Dienstleistung zu bewegen, nicht das besondere Vertrauen ausnutzen, das Minderjährige zu Eltern, Lehrern und anderen Vertrauenspersonen haben, und Minderjährige nicht ohne berechtigten Grund in gefährlichen Situationen zeigen." ABl. EG L 9/1 v. 15.4.2010. Den Mitgliedstaaten bleibt bei der Umsetzung unbenommen, höhere Anforderungen in nationales Recht aufzunehmen.

68 Zur europarechtlichen Einordnung s. Ladeur in Hahn/Vesting, Rundfunkrecht, 2. Auflage 2008, § 7 RStV Rn. 8 ff. m.w.N.

69 Vgl. Nikles/Roll/Spürck/Umbach, Jugendschutzrecht, 2. Auflage 2005, § 6 JMStV Rn. 1

kationen vor. Diese sind im Rahmen einer jugendschutzrechtlichen Überprüfung aber nicht zu berücksichtigen.

11.1.2. Einordnung der Regelung des § 6 JMStV[70]

§ 6 JMStV ergänzt die allgemeinen Beschränkungen des § 58 RStV (im Hinblick auf Telemedien) sowie der §§ 4 und 5 JMStV in Bezug auf unzulässige und entwicklungsbeeinträchtigende Angebote. Denn letztere Verbote gelten für alle Angebote ganz unabhängig von ihrer Darstellung und Intention. Aus § 6 JMStV erwachsen aber inhaltliche Vorgaben, die weitergehender als §§ 4, 5 JMstV sind und diesen zudem als speziell für Werbeinhalte konzipierte Vorgaben vorgehen. Insoweit ist eine Prüfung eines werblichen Inhalts etwa nach § 5 JMStV nicht mehr vorzunehmen, wenn schon ein Fall von § 6 Abs. 2, 4 oder 5 JMStV vorliegt.
Bei der Auslegung von § 6 JMStV können die „Verhaltensregeln des deutschen Werberats über die Werbung mit und vor Kindern in Hörfunk und Fernsehen“ in der Fassung von 1998[71] sowie die „Verhaltensregeln des deutschen Werberats über die kommerzielle Kommunikation für alkoholhaltige Getränke“ von 2009[72] auch für den Bereich der Telemedien zumindest indizielle Zusatzhinweise liefern. Als Form der privaten Selbstregulierung erzeugen diese Verhaltensregeln zwar keine unmittelbaren Rechtspflichten, sie enthalten jedoch Anforderungen, die jedenfalls die Wertvorstellungen der Werbewirtschaft selbst zum Ausdruck bringen und so in Zweifelsfällen zur Konkretisierung beitragen können.

11.2. Definition des Begriffs der „Werbung“

Werbung definiert § 2 Abs. 2 Nr. 7 RStV als „jede Äußerung bei der Ausübung eines Handels, Gewerbes, Handwerks oder freien Berufs“, die „entweder gegen Entgelt oder eine ähnliche Gegenleistung oder als Eigenwerbung“ mit dem Ziel gesendet wird,

70 Auf die in § 6 JMStV enthaltenen Vorschriften zum Teleshopping (Abs. 6) wird mangels Relevanz für den Onlinebereich im Folgenden nicht weiter eingegangen.

71 Abrufbar unter http://www.werberat.de/content/Kinder.php (Stand 1.9.2010).

72 Abrufbar unter http://www.werberat.de/content/Alkohol.php (Stand 1.9.2010).

„den Absatz von Waren oder die Erbringung von Dienstleistungen, einschließlich unbeweglicher Sachen, Rechte und Verpflichtungen, gegen Entgelt zu fördern".[73] Ob die vom Anbieter überlassene Werbefläche gegen ein direktes Entgelt oder eine andere Gegenleistung des Werbenden eingeräumt wird, ist ohne Belang für die Frage, ob Werbung vorliegt. Auch die Eigenwerbung des Anbieters wird erfasst.[74]

Unerheblich ist auch, ob die Werbung vom Anbieter als solche deklariert wird (z.B. Schleichwerbung) oder ob sie im Rahmen des Angebots von Dritten ohne Einverständnis des Anbieters stattfindet. In Zweifelsfällen muss aus jugendschutzrechtlicher Sicht insoweit auf den Eindruck aus Sicht des Empfängers (sprich: Angebotsnutzers) abgestellt werden.

Nicht vom Werbebegriff erfasst sind zulässige redaktionelle Medieninhalte, also insbesondere eine journalistische Auseinandersetzung mit Waren, Dienstleistungen oder Angeboten. Denn der Begriff der Werbung setzt zumindest voraus, dass der angesprochene Gegenstand nicht in einer Weise dargestellt und erörtert wird, die gegenläufige Ziele erkennen lässt. Dabei ist zu beachten, dass das Ziel einer Werbung auch unter dem Deckmantel der Ablehnung verfolgt werden kann; hierfür bedarf es jedoch besonderer Anhaltspunkte.

Links auf Angebote Dritter sind nur insoweit als Werbung zu werten, wenn der Anbieter damit ersichtlich und gezielt das wohlwollende Interesse der Nutzer an dem fremden Angebot wecken oder fördern will; Indizien für einen werblichen Charakter sind unter

---

73 Die Werbedefinition in § 2 RStV ist zugeschnitten auf Rundfunk. Ausdrücklich auf diesen Werbebegriff im Hinblick auf Telemedien rekurrieren weder § 58 RStV noch § 6 JMStV. Da die rundfunkstaatsvertragliche Definition aber unstrittig auf Rundfunk anwendbar ist, soll § 6 JMStV insoweit das gleiche Begriffsverständnis für Rundfunk und Telemedien haben, damit es nicht zu einem begrifflichen Auseinanderfallen kommt; vgl. Altenhain in Hoeren/Sieber, Multimedia-Recht, 22. Auflage 2009, Rn. 113.

74 Die Frage, inwieweit Cross-Promotion zugunsten eines konzernverbundenen Unternehmens unter den Werbebegriff fällt, kann hier nicht geklärt werden, zur Problematik der werberechtlichen Einordnung von Cross-Promotion s. etwa Holznagel/Stenner in Spindler/Schuster, Recht der elektronischen Medien, § 45 RStV Rn. 15 m.w.N.; in der jugendschutzrechtlichen Literatur gibt es hier keine einheitliche Meinung, vgl. Nikles/Roll/Spürck/Umbach, Jugendschutzrecht, 2. Auflage 2005, § 6 JMStV Rn. 9 (nicht umfasst) und Liesching in BeckOK, Stand: 25.02.2010, § 6 JMStV Rn. 2 (umfasst).

anderem die Gestaltung oder der Kontext des Links.[75] Links als solche, bei denen dieser Charakter nicht hervortritt, sind regelmäßig nicht als Werbung anzusehen, d.h. die Sondervorschriften des § 6 JMStV sind dann unbeachtlich (s. aber zur Frage der allgemeinen jugendschutzrechtlichen Verantwortlichkeit des Linksetzers sowie zur Prüfungstiefe im Hinblick auf ein Angebot oben Kapitel 5).

Ebenfalls nicht erfasst sind von § 6 JMStV kommerzielle Transaktionen an sich, sondern lediglich die Werbung hierfür. Werbung politischer, weltanschaulicher oder religiöser Art wird von § 6 JMStV ebenfalls nicht erfasst (diese hat sich jedoch immer auch an den generellen Maßstäben der §§ 4 und 5 JMStV messen zu lassen).

Neben den einzelnen Beschränkungen des § 6 JMStV sind darüber hinaus noch die Werbeverbote des § 15 Abs. 1 Nr. 6 JuSchG (Werbeverbot für indizierte oder schwer jugendgefährdende Trägermedien) sowie die strafrechtlichen Werbeverbote bei gewaltdarstellenden Schriften und Pornografie zu beachten (§§ 131 Abs. 1 Nr. 4, §§ 184 Abs. 1 Nr. 5, 184a Nr. 3, 184b Abs. 1 Nr. 3, 184c Abs. 1 Nr. 3 StGB) zu beachten.

11.3. Kriterien für die Bewertung von Inhalt und Gestaltung der Werbung nach § 6 Absätze 2 bis 4 JMStV

Die Absätze 2 bis 4 des § 6 JMStV enthalten die zentralen inhaltlichen und gestalterischen Werbebeschränkungen des JMStV. Diese Beschränkungen tragen dem Umstand Rechnung, dass Minderjährige leichter beeinflussbar sind als Erwachsene, weil sie unbeschadet der Erfolge im Bereich Vermittlung von Medienkompetenz in der Regel weniger gut in der Lage sind, Werbeangebote kritisch zu beurteilen (s. oben).
Nach Sinn und Zweck dieser Vorschriften kommt es gerade darauf an, ob die jeweils in Frage stehende *Werbung selbst* eine beeinträchtigende Wirkung hat oder nicht. Dagegen muss die Frage, ob das beworbene Produkt oder die beworbene Dienstleistung in der

75 S. Altenhain in Hoeren/Sieber, Multimedia-Recht, 22. Auflage 2009, Rn. 115.

realen Welt die Entwicklung von Minderjährigen beeinträchtigt, in den Hintergrund treten. Die Vorschriften des § 6 Abs. 2 und Abs. 3 untersagen daher lediglich bestimmte Formen, Darstellungsweisen und Inhalte der Werbung, nicht hingegen generell die Werbung für Produkte, welche bei deren Kauf oder Konsum entwicklungsbeeinträchtigend sein können.

11.3.1. § 6 Abs. 2 Hs. 1 (Unzulässige Werbegestaltung)

Nach *§ 6 Abs. 2, Halbsatz 1 JMStV* darf Werbung Minderjährigen zunächst weder körperlichen noch seelischen Schaden zufügen. Entscheidend ist hier – wie eingangs bereits erwähnt – nicht die Wirkung des beworbenen Produkts oder der Dienstleistung, sondern die Wirkung der zugänglich gemachten Werbeinhalte.[76]
Anders als bei § 4 Abs. 2 S.1 Nr.3 oder §§ 5 Abs. 1, 6 Abs. 3 JMStV ist hier nicht nur erforderlich, dass das jeweilige Angebot zur Beeinträchtigung bzw. Schädigung Jugendlicher oder/und Kinder *geeignet* ist; vielmehr muss die Werbung aufgrund allgemein anerkannter Erfahrungssätze erwarten lassen, dass Kindern und Jugendlichen ein Schaden zugefügt wird.[77] Zu weit ginge es allerdings, einen Verstoß gegen dieses Verbot erst dann anzunehmen, wenn nachgewiesen werden kann, dass (mindestens) ein Kind bzw. eine jugendliche Person einen solchen Schaden konkret infolge der Werbung erlitten hat – der präventive Schutzzweck der Bestimmung liefe dann weitgehend leer. Ausreichend ist vielmehr eine mit an Sicherheit grenzende Wahrscheinlichkeit, dass ein Schaden eintreten wird[78].
Die Gefahr eines *körperlichen Schadens* durch Werbung wird aber nur in Extremfällen anzunehmen sein. Erforderlich ist hier eine mehr als nur unerhebliche gesundheitliche Beeinträchtigung des Minderjährigen, wie etwa einer neurotischen Überreizung aufgrund schockartig wirkender visueller Reize (z.B. durch schnell

76 Etwas weitergehend Nikles/Roll/Spürck/Umbach, Jugendschutzrecht, 2. Auflage 2005, § 6 JMStV Rn. 10, die auch schädigende Handlungen einbeziehen, die durch die Werbung veranlasst worden sind.

77 Zweifelnd im Hinblick auf das Gelingen des Nachweises Altenhain in Hoeren/Sieber, Multimedia-Recht, 22. Auflage 2009, Rn. 134.

78 Nikles/Roll/Spürck/Umbach, Jugendschutzrecht, 2. Auflage 2005, § 6 JMStV Rn. 10.

wechselnde Hell-Dunkel-Kontraste[79]). Bloß kurzfristige Belästigungen oder Unwohlsein fallen nicht unter das Verbot, da insoweit noch von keinem Schaden die Rede sein kann. Ebenso wenig ist Schockwerbung von diesem Verbot erfasst (z.B. diejenige von Benetton).
In *seelischer* Hinsicht kann eine konkrete Schädigungsgefahr bestehen bei der verfrühten Konfrontation von Kindern und Jugendlichen mit traumatisch wirkenden, von Minderjährigen angstvoll erlebten Werbeinhalten, welche von der jeweiligen Altersgruppe nicht oder noch nicht emotional bewältigt werden können.[80]
Im zweiten Halbsatz des Abs. 2 werden vier Fallgruppen genannt, die „darüber hinaus" zu beachten sind. Teilweise wird vertreten, hierbei handele es sich um Regelbeispiele für die körperliche bzw. seelische Schadenszufügung im Sinne des ersten Halbsatzes, weil nach der amtlichen Begründung diese Regelung Art. 16 I der EG-Fernsehrichtlinie (nunmehr: Art. 10 Abs. 1 Buchst. g der AVMD-Richtlinie) entspreche; letztere stellt vor diese Fallgruppe die Worte „...daher folgende Kriterien zum Schutz Minderjähriger...". Dem steht aber der klare Wortlaut des § 6 Abs. 2 JMStV entgegen: „Darüber hinaus" ist so zu verstehen, dass die Ziffern 1 bis 4 selbstständig neben dem allgemeinen Verbot der körperlichen und seelischen Schädigung im Sinne des ersten Halbsatzes stehen.[81]

11.3.2. § 6 Abs. 2 Hs. 2 (Direkte Kaufappelle)

Nach *§ 6 Abs. 2 Hs. 2 Nr. 1 JMStV* darf Werbung darüber hinaus keine direkten Kaufappelle an Kinder oder Jugendliche enthalten, die deren Unerfahrenheit und Leichtgläubigkeit ausnutzen. Erforderlich zur Wirksamkeit dieses Verbots sind zwei Komponenten, die kumulativ vorliegen müssen: Ein direkter Kaufappell, sowie ein (dadurch erfolgtes) Ausnutzen der Unerfahrenheit und Leichtgläubigkeit.

---

79 Vgl. Scholz/Liesching, Jugendschutz, 4. Auflage 2004, § 6 JMStV Rn. 6.

80 Scholz/Liesching, Jugendschutz, 4. Auflage 2004, § 6 JMStV Rn. 6.

81 S. auch Nikles/Roll/Spürck/Umbach, Jugendschutzrecht, 2. Auflage 2005, § 6 JMStV Rn. 11.

Direkte Kaufappelle sind alle unmittelbaren Aufforderungen zum entgeltlichen Erwerb von Waren oder Dienstleistungen, welche durch Worte, Gesten oder sonstige Darstellungen dem Verbraucher übermittelt werden. Ein *direkter Kaufappell* wird regelmäßig durch Worte/Schrift erfolgen, gänzlich ausgeschlossen erscheint ein Appell durch eine bestimmte visuelle Darstellung jedoch nicht. *Beispiele*[82] für vom Werberat bisher als Verstoß bewertete Werbemaßnahmen, die auch für die Bewertung in Telemedien herangezogen werden können:

- Die Aufforderung „Probiert doch auch mal ..." in einem Spot, in dem Gebäck essende Kinder gezeigt werden;
- die Aufforderung „Holt euch das neue Heft", gesprochen von einer Kinderstimme in einem Spot für eine Zeitschrift;
- die an Kinder gerichtete Aufforderung „Die schönsten Weihnachtslieder könnt ihr jetzt mit X lernen", um eine CD oder ein Computerspiel zu verwenden;
- die an Kinder gerichtete Aufforderung „Ihr könnt jetzt X selbst bemalen".

Zu beachten ist, dass aufgrund des eindeutigen Wortlauts nur *direkte* Kaufappelle an Kinder und Jugendliche vom Verbot des § 6 Abs. 2 HS 2 Nr. 1 JMStV erfasst sind. Ob dem solche Kaufaufforderungen gleichgestellt werden können, die lediglich eine Umschreibung direkter Kaufaufforderungen enthalten, erscheint sehr zweifelhaft und bedarf einer sehr sorgfältigen Prüfung im Einzelfall. Ohne Hinzutreten weiterer Umstände kann jedoch nicht ohne weiteres von einer solchen Gleichstellung ausgegangen werden.
Zur Entfaltung des Verbots muss zudem durch den direkten Kaufappell die *Leichtgläubigkeit und Unerfahrenheit* von Kindern und Jugendlichen *ausgenutzt* werden. (Geschäftliche) *Unerfahrenheit* liegt vor, wenn ein Verbraucher nicht die Kenntnis von den rechtlichen Anforderungen und den wirtschaftlichen Auswirkungen von Verträgen in einer Marktwirtschaft hat, die von einem durchschnittlich informierten, aufmerksamen und verständigen Durchschnittsverbraucher zu erwarten ist. Unerfahrenheit dürfte jedenfalls bei Kindern stets anzunehmen sein; es bedarf insoweit keines weiteren Nachweises. Bei Jugendlichen bedarf die Feststellung der Unerfahrenheit einer gesonderten Prüfung im Einzelfall;

82 Vgl. Scholz/Liesching, Jugendschutz, 4. Auflage 2004, § 6 JMStV Rn. 7.

der BGH hatte – im Rahmen eines wettbewerbsrechtlichen Verfahrens über die Bewerbung von Handy-Klingeltönen[83] – entschieden, dass Minderjährige in der Regel weniger in der Lage sind, die durch die Werbung angepriesene Leistung in Bezug auf Bedarf, Preiswürdigkeit und finanzielle Folgen zu bewerten und daher höhere Anforderungen an die Transparenz zu stellen seien. Diese Überlegungen können insoweit auch im Rahmen der Prüfung von § 6 Abs. 2 Nr. 1 JMStV fruchtbar gemacht werden (s. unten).[84]
Leichtgläubigkeit liegt vor, wenn ein Verbraucher bzw. eine Person aufgrund mangelnden Urteilsvermögens nicht in der Lage ist, die Vor- und Nachteile eines Geschäfts richtig einzuschätzen und gegeneinander abzuwägen oder die Eigenschaften eines Produkts zu beurteilen und aus diesem Grund geneigt ist, den Behauptungen des Werbenden ungeprüft Glauben zu schenken.
Ein *Ausnutzen* besonderer Umstände liegt vor, wenn der Handelnde diese Umstände kennt und gezielt als Mittel einsetzt, um einen bestimmten Zweck, in der Regel den Abschluss eines Vertrags, zu erreichen. Gegenüber Minderjährigen ist dies insbesondere dann anzunehmen, wenn der Minderjährige z.B. die aus einem Kauf resultierenden, insbes. finanziellen Belastungen nicht in ihrer Tragweite abschätzen kann:

- Dazu gehört z.B. das Angebot zum Herunterladen von Klingeltönen auf Mobiltelefone, das zwar den Minutenpreis, aber nicht den Gesamtpreis für den unbestimmt langen Ladevorgang angibt.
- Ein Ausnutzen ist ebenfalls anzunehmen, wenn die finanzielle Belastung zwar bekannt ist, der Minderjährige sie aber voraussichtlich nicht tragen kann (z.B. bei der Bestellung eines Angebots mit langer Kündigungsfrist) oder wenn der Vertrag mit nicht unerheblichen Risiken behaftet ist (z.B. Girovertrag).

Kinder und gegebenenfalls Jugendliche sind von Natur aus weniger als Erwachsene in der Lage, Werbeangebote kritisch zu beurteilen und sind mithin leicht beeinflussbar. Denn Kinder entscheiden sich zumeist gefühlsmäßig und folgen einem spon-

---

83 BGH Urteil vom 6.4.2006 – I ZR 125/03, MMR 2006, 542 ff.

84 S. auch Frank/Pathe, Heise Online-Recht, 1. Ergänzungslieferung 2009, Kapitel V. Jugendmedienschutz, Rn. 53.

tanen Begehren. Aus diesem Grunde dürfte ein Ausnutzen der Unerfahrenheit und Leichtgläubigkeit in den o.g. Fällen bereits regelmäßig vorliegen, ohne dass es darüber hinaus einer besonderen „Vertrauenserschleichung" oder gar „Täuschung" durch die Werbeinhalte bedarf.

Nach *§ 6 Abs. 2 HS 2 Nr. 2 JMStV* darf Werbung Kinder und Jugendliche nicht unmittelbar auffordern, ihre Eltern oder Dritte zum Kauf der beworbenen Waren oder Dienstleistungen zu bewegen. Auf ein (zusätzliches) Ausnutzen der Unerfahrenheit oder Leichtgläubigkeit kommt es in dieser Alternative – im Gegensatz zu § 6 Abs. 2 Hs. 2 *Nr. 1* JMStV – nicht mehr an.

Beispiele für vom Werberat bisher als Verstoß bewertete Werbemaßnahmen, die auch für die Bewertung in Telemedien herangezogen werden können:

- Aufforderung durch ein Kind: „Kinder, wünscht euch Y!"
- „Gebt euren Eltern einen Ruck!"
- - „... darf auf dem Weihnachtswunschzettel nicht fehlen!"

Da die Verbotsnorm jedoch ebenfalls nur auf unmittelbare Aufforderungen abstellt, wird im Übrigen die Darstellung von Minderjährigen, welche die Eltern um ein bestimmtes Produkt bitten, tatbestandlich nicht erfasst.[85]

Nach *§ 6 Abs. 2 Hs. 2 Nr. 3 JMStV* darf Werbung nicht das besondere Vertrauen ausnutzen, das Kinder oder Jugendliche zu Eltern, Lehrern oder anderen Vertrauenspersonen (z. B. Großeltern, sonstigen engen Verwandten, Betreuern, Kindergärtner/innen usw.) haben. Erfasst werden vom Verbot z.B. Werbebotschaften, mit denen Eltern ihren Kindern oder Lehrer ihren Schülern Vorzüge eines bestimmten Produkts im Hinblick auf die Attraktivität oder Leistungsfähigkeit des Minderjährigen vermitteln. Erfasst werden dürften auch solche Werbeinhalte, welche Minderjährigen suggerieren, durch den Konsum bzw. Gebrauch des beworbenen Produkts in besonderer Weise die Gunst oder Wertschätzung einer der genannten Vertrauenspersonen zu erfahren.[86]

85 Scholz/Liesching, Jugendschutz, 4. Auflage 2004, § 5 JMStV Rn. 8.

86 Scholz/Liesching, Jugendschutz, 4. Auflage 2004, § 5 JMStV Rn. 9.

Beispiele:[87]

- „...macht eure Eltern stolz und glücklich“
- - „Zeigt den Lehrern, was ihr draufhabt!“

Nach *§ 6 Abs. 2 Hs. 2 Nr. 4 JMStV* darf Werbung Kinder oder Jugendliche nicht ohne berechtigten Grund in gefährlichen Situationen zeigen. Die Vorschrift soll verhindern, dass gefährliches Verhalten als harmlos, nachahmens- oder billigenswert dargestellt wird (z. B. Umgang mit Waffen oder Feuer, Konsum von Drogen, gefährliche Sportarten etc.).[88] Darüber hinaus dürfen Minderjährige nicht aufgrund angstvoll erlebter Werbeinhalte über Gefahrsituationen motiviert werden, zur Vermeidung derartiger Gefahren ein bestimmtes Produkt zu konsumieren bzw. Dritte zu dessen Kauf zu bewegen. Ein *berechtigter Grund* für die Darstellung in solchen Situationen dürfte nur in Ausnahmefällen anzunehmen sein und bedarf besonderer Begründung.
Beispiele für vom Werberat bisher als Verstoß bewertete Werbemaßnahmen, die auch für die Bewertung in Telemedien herangezogen werden können:

- Darstellung, in der ein Mädchen seinen Bruder verprügelt, während ein anderes Kind den Jungen festhält
- Darstellung, in der Kinder Hunde während des Fressens streicheln, da Hunde in solchen Situationen zum Beißen neigen können

11.3.3. § 6 Abs. 3 (Trennungsgebot bei entwicklungsbeeinträchtigenden Werbeinhalten)

Nach § 6 Abs. 3 JMStV muss entwicklungsbeeinträchtigende Werbung getrennt von Angeboten erfolgen, die sich an Kinder oder Jugendliche richten. Im Verhältnis zu den Vorgaben in § 5 JMStV, der sich auf sämtliche Inhalte bezieht, stellt sich § 6 Abs. 3 als spezifisch für werbliche Inhalte geschaffene Vorgabe dar; es

87 Scholz/Liesching, Jugendschutz, 4. Auflage 2004, § 5 JMStV Rn. 9.

88 S. auch Scholz/Liesching, Jugendschutz, 4. Auflage 2004, § 6 JMStV Rn. 10.

ist davon auszugehen, dass § 6 Abs. 3 JMStV insoweit neben den Vorschriften aus § 5 JMStV anwendbar ist.[89]

Die Vorschrift des § 6 Abs. 3 JMStV enthält ein Trennungsgebot für bestimmte Werbung zu sonstigen Angebotsinhalten, die Kinder oder Jugendliche ansprechen. Danach muss der Anbieter sicherstellen, dass im Umfeld seines ansonsten für Kinder oder Jugendliche ausgerichteten Angebots jedenfalls *keine entwicklungsbeeinträchtigenden* Werbeinhalte verbreitet werden. Dies bedeutet konkret:

- Zur Frage der Entwicklungsbeeinträchtigung: vgl. die Grundsätze zu § 5 JMStV (in direkter bzw. in indirekter Anwendung);
- nicht entwicklungsbeeinträchtigende Werbeinhalte können im Umkehrschluss zu Abs. 3 verbreitet werden, solange sie nicht gegen die übrigen Absätze des § 6 JMStV verstoßen.

Die Vorschrift korrespondiert weitgehend mit dem Trennungsgebot nach § 5 Abs. 7 JMStV und ergänzt dieses (vgl. hierzu die Grundsätze zu § 5 JMStV). Dennoch ergibt sich aus der Formulierung, dass Werbung, die auf entwicklungsbeeinträchtigende Angebote verweist, selbst aber nicht entwicklungsbeeinträchtigend ist, innerhalb von Angeboten für Kinder und Jugendliche zulässig ist. In diesen Fällen gelten für die entwicklungsbeeinträchtigenden Angebote, auf die die Werbung verweist, die Vorgaben des § 5, d.h. der Anbieter des beworbenen Angebots muss entsprechende Sicherungsmaßnahmen (technische Mittel, zeitliche Verbreitungsbeschränkungen, etc.) vorgesehen haben. Zudem kann argumentiert werden, dass die Prüfung der ersten Linkebene (in diesem Fall werbebedingt) im Rahmen der Prüfung des Gesamtangebots mit beachtet wird, so dass sich über den Werbelink eine Verantwortlichkeit des Anbieters ergeben kann; dies wird aber je nach Erscheinungsform und technischer wie rechtlicher Gestaltung der Werbeeinblendungen unterschiedliche Ergebnisse zu

89 Nikles/Roll/Spürck/Umbach, Jugendschutzrecht, 2. Auflage 2005, § 6 JMStV Rn. 13; s. aber auch Altenhain in Hoeren/Sieber, Multimedia-Recht, 22. Auflage 2009, Rn. 145.

Tage führen. Diese Lücke ist tendenziell unbefriedigend[90], muss aber bei der Prüfung berücksichtigt werden.

11.3.4. § 6 Abs. 4 (Interessenschädigende Werbung; Ausnutzung von Unerfahrenheit)

§ 6 Abs. 4 bestimmt, dass Werbung, die sich *auch* an Kinder oder Jugendliche richtet und bei denen Kinder oder Jugendliche als Darsteller eingesetzt werden, nicht den Interessen von Kindern oder Jugendlichen schaden oder deren Unerfahrenheit ausnutzen darf. Diese Generalklausel stellt ergänzend sicher, dass über die Absätze 1 und 2 hinaus auch sonstige Beeinträchtigungen der Entwicklung bei Telemedien nicht erfolgen dürfen. In der Praxis dürfte sich für diese Vorschrift nur ein geringer Anwendungsbereich ergeben.

Als Interessenschädigung Minderjähriger kommen z.B. Darstellungen in Betracht, die strafbare Handlungen oder sonstiges soziales Fehlverhalten, durch das Personen gefährdet sind oder ihnen geschadet werden kann, als nachahmenswert oder billigenswert erscheinen lassen.

Eine Ausnutzung der Unerfahrenheit (zu den Begriffen „Ausnutzen" und „Unerfahrenheit" vgl. die Ausführungen oben zu § 6 Abs. 2 Nr. 1) kann auch bei aleatorischen Werbemitteln (Gratisverlosungen, Preisausschreiben und –rätsel etc.) vorliegen, wenn diese geeignet sind, Kinder oder Jugendliche irrezuführen, durch übermäßige Vorteile anzulocken, deren Spielleidenschaft auszunutzen, diese anreißerisch zu belästigen.[91] Unzulässig ist es zudem, wenn etwa ein sog. Dialer auf Kinder-/ Jugendangeboten für Minderjährige nicht verständliche Preisangaben enthält.

Die Anknüpfung eines Verbots daran, dass sich Werbung *auch* an Kinder und Jugendliche richtet, darf nur insoweit erfolgen, als es darum geht, spezielle Gefährdungen einer jugendlichen Adressatengruppe etwa infolge ihrer Unerfahrenheit auszuschließen.

---

90 Nikles/Roll/Spürck/Umbach sehen ein Verbot der Werbung für entwicklungsbeeinträchtigende Angebote ohne weitere Begründung vom Trennungsgebot gedeckt; dies., Jugendschutzrecht, 2. Auflage 2005, § 6 JMStV Rn. 18.

91 Altenhain in Hoeren/Sieber, Multimedia-Recht, 22. Auflage 2009, Rn. 143.

11.3.5. § 6 Abs. 5 (Grenzen zulässiger Alkoholwerbung)

§ 6 Abs. 5 JMStV sieht strikte Grenzen für Alkoholwerbung vor; die Vorschrift setzt Art. 9 Abs. 1 e) der AVMD-Richtlinie (vormals: Art. 15 der EG-Fernsehrichtlinie) um und erstreckt sie auf sämtliche Angebote von Rundfunk und Telemedien.[92]
„Alkoholische Getränke" sind alle Getränke, die Alkohol enthalten, unabhängig von der Höhe ihres Alkoholgehalts; nicht erfasst sind Getränke, die sich als alkoholfrei bezeichnen dürfen.
Werbung für alkoholische Getränke darf sich zunächst nicht an Kinder oder Jugendliche richten. Neben der Ausrichtung auf ein jugendliches Publikum darf Werbung für alkoholische Getränke Kinder oder Jugendliche auch nicht durch die Art der Darstellung besonders ansprechen. Zur Beurteilung von Werbeinhalten in Telemedien kann hier ergänzend auf die „Verhaltensregeln des deutschen Werberats über die kommerzielle Kommunikation für alkoholische Getränke" von 2009[93] zurückgegriffen werden, die in Nr. 2 folgende Grundsätze im Hinblick auf Minderjährige vorsehen:

- Kommerzielle Kommunikation für alkoholhaltige Getränke soll Kinder und/oder Jugendliche weder zum Trinken alkoholhaltiger Getränke auffordern noch trinkende bzw. zum Trinken auffordernde Kinder und/oder Jugendliche zeigen.
- Sie soll nicht in Medien erfolgen, deren redaktioneller Teil sich mehrheitlich an Kinder und/oder Jugendliche richtet.
- Sie soll keine Aussagen enthalten, in denen Kinder und/oder Jugendliche als noch nicht alt genug für den Konsum alkoholhaltiger Getränke angesprochen und dadurch zum Trinken provoziert werden.
- Sie soll keine Personen darstellen, die aussagen, dass sie bereits als Kind oder Jugendlicher alkoholhaltige Getränke getrunken haben.
- Kommerzielle Kommunikation für alkoholhaltige Getränke soll weder über Trikotwerbung bei Kinder- und Jugendmannschaf-

92 Das Verbot der Werbung für Tabakerzeugnisse in Telemedien, wie es sich aus der EU-Tabakwerberichtlinie ergibt, hat der deutsche Gesetzgeber in Art. 21a, 21b des Tabakgesetzes umgesetzt; danach ist sämtliche Werbung für Tabakerzeugnisse sowie alle öffentlich zugänglichen kommerziellen Kommunikationen dafür verboten. Das Tabakwerbeverbot ist insoweit aber nicht Gegenstand des JMStV.

93 Abrufbar unter http://www.werberat.de/content/Alkohol.php

ten erfolgen, noch über Werbe- und Sponsoringmaßnahmen, die im direkten Zusammenhang mit Kindern und Jugendlichen stehen.

Auch der Fall des dargestellten Konsums Erwachsener im Beisein von Minderjährigen dürfte erfasst sein, soweit aufgrund der exponierten Anpreisung des Produkts der Gesameindruck entstehen kann, alle dargestellten Personen einschließlich der Minderjährigen würden diese konsumieren.

11.4. Werbung und indizierte Inhalte (§ 6 Abs. 1 JMStV)

§ 6 Abs. 1 S. 1 bestimmt, dass Angebote, die indiziert sind, nicht frei beworben werden dürfen (vgl. § 15 Abs. 1 Nr. 6 JuSchG). Vielmehr ist erforderlich, dass auch für die Werbung hierfür die gleichen Beschränkungen gelten, die für das Angebot selbst aufgrund seiner Indizierung durch die Bundesprüfstelle Geltung beanspruchen. Für Angebote, die in die Listenteile B oder D aufgenommen worden sind, darf demnach überhaupt nicht geworben werden. Für Angebote, die in die Listenteile A und C aufgenommen wurden, darf lediglich in Telemedien und hier auch nur in durch Altersverifikationssysteme geschützten Erwachsenenangeboten geworben werden.
§ 6 Abs. 1 S. 2 JMStV – eine parallele Regelung findet sich in § 15 Abs. 4 JuSchG – bestimmt, dass die Liste der jugendgefährdenden Medien i.S. des § 18 JuSchG (der sog. „Index") nicht zu Werbezwecken veröffentlicht werden darf. Damit soll verhindert werden, dass mit der Indizierung selbst Werbung für Angebote gemacht wird, die Kindern oder Jugendlichen nicht zugänglich gemacht werden dürfen. Auch die nur auszugsweise erfolgende Publikation der nicht-öffentlichen Listenteile C und D ist verboten. Die Verbreitung der öffentlichen Listenteile A und B ist hingegen dann zulässig, wenn sie nicht zu Werbezwecken, sondern ausschließlich zu Informationszwecken erfolgt (z.B. gegenüber Buch-, Zeitungs- und Zwischenhändlern).[94] Die Bestimmung der Zweckrichtung der Listenpublikation sollte bei einer Prüfung immer anhand der Umstände des konkreten Einzelfalls erfolgen, eine

94 Scholz/Liesching, Jugendschutz, 4. Auflage 2004, § 15 JuSchG, Rn. 43.

öffentliche Verbreitung ausschließlich zu Informationszwecken wird aber nur in Ausnahmefällen anzunehmen sein.
Ähnliches gilt für § 6 Abs. 1 S. 3 JMStV (eine parallele Regelung findet sich in § 15 Abs. 5 JuSchG), der das Verbot des Satzes 2 ausweitet auf Hinweise, dass ein konkretes Werk für eine Indizierung geprüft wird oder wurde. Auch damit soll vermieden werden, dass aufgrund des Indizierungsverfahrens Kinder oder Jugendliche darauf hingewiesen werden, dass es sich um ein jugendgefährdendes Angebot handelt. Auf den Ausgang des Indizierungsverfahrens kommt es nicht an: Auch bei Ablehnung der Listenaufnahme besteht ein Verbot des Hinweises auf das frühere Indizierungsverfahren bei geschäftlicher Werbung. Hinweise auf Indizierungsverfahren im Rahmen der (redaktionellen) Berichterstattung oder zu reinen Informationszwecken (vgl. oben zu § 6 Abs. 1 S. 2) sind hingegen zulässig.

Kapitel 12: Teletext

12.1. Hintergrund: Geschichte und Technik

Der in Deutschland vor allem als *Videotext* bekannte Dienst stammt ursprünglich aus Großbritannien. Ingenieure der BBC entwickelten ein System, mit dem die sog. Austastlücke bei der Übertragung von Fernsehbildern für weitere Daten genutzt werden kann. Während ein Fernsehbild nach der europäischen Norm 625 Bildzeilen umfasst, werden nur 576 tatsächlich für die Übertragung von Bildinformationen genutzt. Im verbleibenden Rest sind verschlüsselte Informationen versteckt, die, ein Gerät mit entsprechendem Decoder vorausgesetzt, herausgefiltert und als Teletext angezeigt werden können.

1977 wurde das System auch in Deutschland vorgestellt und wegen der Verwechslungsgefahr mit dem damaligen *Teletex*-Dienst[95] als Videotext bezeichnet. ARD und ZDF nahmen 1980 einen Probebetrieb auf, 1990 startete der Regelbetrieb. Heute bieten die meisten Rundfunkveranstalter umfangreiche Teletext-Angebote an.

Eine Teletext-Seite („Tafel") besteht aus 25 Zeilen, pro Zeile sind 40 Zeichen möglich. Grafiken werden durch Striche, ausgefüllte Kästchen und Sonderzeichen realisiert. Die Seiten werden durch dreistellige Zahlen im Bereich 100 (Startseite) bis 899 bezeichnet. Viele Seiten sind als Rollseiten ausgestaltet: S. kann jede einzelne Seitennummer theoretisch bis zu 99 Unterseiten aufweisen, die je nach (Fernseh-) Gerät und Seitenprogrammierung in festgelegten Zeitabständen automatisch durchlaufen werden.

12.2. Rechtliche Einordnung

Zwar unterscheiden sich Teletext und WWW strukturell wie technisch deutlich voneinander. Dennoch handelt es sich bei beiden

95 Der Teletex-Dienst war ein international standardisierter Textkommunikationsdienst für die Übermittlung von Texten mit einer Geschwindigkeit bis zu 2400 Bit/s.

um Telemedien, auch wenn sich der Mediensprung vom Fernsehprogramm (Rundfunk) zum Teletext (Telemedium) dem Nutzer nicht ohne Weiteres aufdrängt.

Dies war jedoch nicht immer so. Der erste gesamtdeutsche Rundfunkstaatsvertrag (RStV) aus dem Jahr 1991[96] bezeichnete den „Fernsehtext" noch ausdrücklich als Rundfunk (§ 2 Abs. 1). Der Rundfunkstaatsvertrag in der Fassung des 4. Rundfunkänderungsstaatsvertrag (RÄStV)[97], in Kraft seit dem 1. April 2000, schwieg zum Thema Fernsehtext, verwies aber in § 2 Abs. 1 S. 3 für sog. Mediendienste – in Abgrenzung zum Rundfunk – auf den damals neu eingeführten Mediendienste-Staatsvertrag. Erst im 9. RÄStV[98] aus dem Jahr 2006, in Kraft seit 1. März 2007, mit dem der Rundfunkstaatsvertrag umbenannt wurde in „Staatsvertrag für Rundfunk und Telemedien" (wobei die Kurzform „Rundfunkstaatsvertrag" gleichwohl erhalten blieb), fand sich in § 2 Abs. 1 S. 4 der Begriff „Fernsehtext" wieder und wurde dort eindeutig den Telemedien zugeschlagen.

Seit Inkrafttreten des 12. RÄStV am 1. Juni 2009 ergibt sich diese Zuordnung nur noch indirekt aus § 58 Abs. 2 RStV, wo der Begriff „Fernsehtext" im Zusammenhang mit anderen Telemedien verwendet wird. Der Wegfall der Legaldefinition im RStV hat also keinesfalls zu einem erneuten Wechsel der Rechtsnatur geführt. Auch der Bundesgesetzgeber ging an anderer Stelle, nämlich im Gesetzentwurf zum Telemediengesetz (TMG), ausdrücklich davon aus, dass es sich bei Teletext um einen Telemediendienst handelt.[99]

---

96 http://www.urheberrecht.org/law/normen/rstv/RStV-00b-1991/text/1991_01.php3, abgerufen am 23.09.2010.

97 http://www.urheberrecht.org/law/normen/rstv/RStV-04/text/2000_01.php3, abgerufen am 23.09.2010.

98 http://www.urheberrecht.org/law/normen/rstv/RStV-09/text/2007_01.php3, abgerufen am 23.09.2010.

99 BT-Drs. 16/3078, S. 13, r. Sp.

12.3. Bewertung von Teletext-Inhalten: Was ist die Bewertungseinheit?

Die strukturellen, medienspezifischen Besonderheiten von Teletext rechtfertigen es, die Definition der Bewertungseinheit im Vergleich zu WWW-Angeboten anzupassen.

Eine Website besteht in der Regel aus zahlreichen Einzelseiten, die oftmals eine enge inhaltliche Geschlossenheit und starke Bezüge untereinander aufweisen. Die Gestaltung von Websites folgt meist einem einheitlichen Konzept, die einzelnen Inhalte sind durch Links und andere Verweise eng miteinander verknüpft.

Gänzlich anders stellt sich die Situation jedoch im Bereich Teletext und hier insbesondere im jugendschutzrechtlich besonders relevanten Bereich der Werbung für nicht vom Sender bzw. Teletext-Anbieter verantwortete Telefonmehrwertdienste dar. Abgesehen von einem gemeinsamen „Thema" weisen die einzelnen Tafeln im Bereich dieser Werbung kaum inhaltliche Bezüge zueinander auf. Von vereinzelten Verknüpfungen über Werbeseiten des gleichen Werbetreibenden oder kurze einseitige Inhaltsverzeichnisse abgesehen, stehen die einzelnen Motive nicht miteinander in Beziehung. Sie bauen in aller Regel nicht aufeinander auf und weisen zumeist keinerlei gemeinsame Gestaltungsmerkmale auf. Dies gilt auch für Werbebanner, die sich beispielsweise auf Tafel 100 oder anderen Einzelseiten befinden. Der Eindruck eines zusammenhängenden, einheitlichen Gesamtangebots entsteht beim Rezipienten deshalb nicht. Dies ist auch nicht die Intention des Teletext-Anbieters.

Grundsätzlich ist deshalb davon auszugehen, dass die jeweilige Bewertungseinheit allein das auf der aktuellen Tafel Sichtbare umfasst.[100] Diskutiert werden kann im Einzelfall, ob innerhalb eines Angebots thematisch zusammengefasste Blöcke existieren, die redaktionell miteinander in Beziehung gesetzt worden sind (z.B. die

100 Hopf/Braml ZUM 2010 S. 211, 213, Fn. 21 meinen, die Bewertungseinheit umfasse „das komplette Teletextangebot, wobei dies aus Verhältnismäßigkeitserwägungen auf das Erotik-Teletextangebot beschränkt werden kann"; Argumente oder Begründung hierfür werden nicht angegeben.

Bereiche „Nachrichten“ oder „Sport“). Einzelne Werbeseiten sind jedoch in der Regel[101] nicht auf diese Weise miteinander verbunden. Der Bereich der Werbung für Telefonmehrwertdienste ist in seiner Konsistenz am ehesten mit einem Werbeblock im Rundfunk zu vergleichen: Hier wie dort werden in loser Folge einzelne Anzeigen unterschiedlichster Urheber aneinandergereiht, die abgesehen von der ggf. denkbaren Orientierung auf eine bestimmte Zielgruppe keinerlei Bezugspunkte zueinander aufweisen. Der Anbieter des Mediums – Rundfunkveranstalter bzw. Teletextanbieter – fügt die einzelnen Anzeigen lediglich zusammen. Wie auch im Rundfunk, erfolgt beim Teletext keine Einflussnahme auf das Werbemotiv, mit Ausnahme ggf. notwendiger jugendschutzrechtlicher Korrekturen durch den Jugendschutzbeauftragten.

Keinesfalls gehören die im Teletext beworbenen externen Dienstleistungen (z.B. Telefonmehrwertdienste) zur zu prüfenden Bewertungseinheit; diese umfasst lediglich die Werbeanzeigen bzw. den im Teletext sichtbaren Inhalt. Der Inhalt der Anrufdienste liegt außerhalb des Verantwortungsbereichs der Teletext-Anbieter und ist ihnen üblicherweise nicht bekannt.

12.4. Werbung für erotische Telefonmehrwertdienste

Als aus Sicht des Jugendmedienschutzes relevant hat sich im Teletext bislang vornehmlich die Werbung für erotische Telefonmehrwertdienste erwiesen. Seit einigen Jahren ist dieser Bereich immer wieder zwischen Aufsicht und Anbietern hinsichtlich grundsätzlicher Punkte, aber auch in Detailfragen diskutiert worden, was im Ergebnis dazu geführt hat, dass sich zahlreiche Anbieter privater Teletext-Angebote im Jahr 2008 der FSM anschlossen. Gemeinsam haben sie durch die Gutachterkommission der FSM zwei ausführliche Stellungnahmen bezüglich der jugendschutzrechtlichen Bewertung einer Vielzahl von Text- und Grafikbausteinen von Werbeanzeigen für erotische Telefonmehrwertdienste eingeholt. Aufgabe war es, die vorgelegten Inhalte hinsichtlich ihrer

101 Dies wird nur sehr selten anders sein und muss dann für die Bewertung im Einzelfall konkret begründet werden.

Eignung zur Entwicklungsbeeinträchtigung von Kindern und Jugendlichen unter 16 Jahren einzuschätzen.

12.4.1. Grundsätzliche Zulässigkeit vs. Eignung zur Entwicklungsbeeinträchtigung

Grundsätzlich ist davon auszugehen, dass Werbung für sexuelle Dienstleistungen im Teletext erlaubt sein darf. Alles andere wäre realitätsfern und entspräche nicht einer zeitgemäßen Sexualaufklärung. Das gesellschaftliche Ziel einer gesunden Persönlichkeitsentwicklung schließt eine Tabuisierung von Sexualität gerade nicht ein, sondern will die unverkrampfte – wenn auch nicht enthemmte – Einstellung zu Sexualität gewährleisten. Insoweit können sexualitätsbezogene werbliche Äußerungen unter Beachtung der Verstehensfähigkeit von Kindern grundsätzlich in Teletextangeboten enthalten sein.

Da die im Teletext verbreiteten Inhalte jederzeit abrufbar und die aus dem Internet bekannte Schutzmechanismen nicht einsetzbar sind, müssen die Belange von vor allem denjenigen Kindern und Jugendlichen im Interesse des Jugendmedienschutzes gewahrt werden, die bereits eine (vage) Vorstellung von Sexualität und Erotik haben und die in der Lage sind, die beworbenen Erotikanzeigen zu decodieren. Bei jüngeren Kindern ist Letzteres berechtigt anzuzweifeln, so dass eine Entwicklungsbeeinträchtigung in dieser Altersgruppe eher nicht zu unterstellen ist. Die Problematik betrifft infolgedessen vor allem ältere Kinder sowie Jugendliche. Dementsprechend ist besonderes Augenmerk zu legen auf die Deutlichkeit bzw. Drastik, in der sowohl die gezeigten Grafiken, als auch die damit verbundenen Texte sexuelle Bezüge aufweisen.

12.4.2. Bewertungsverfahren der FSM: Begründungskategorien

Die von den Teletext-Anbietern unter den FSM-Mitgliedern beauftragten Prüfausschüsse der FSM-Gutachterkommission haben im Interesse einer konsistenten Bewertung der zahlreichen Begrifflichkeiten Begründungskategorien genutzt, die auch in anderen Bereichen bei der Einschätzung von erotischen Angeboten in Bezug auf ihre Möglichkeit zur Entwicklungsbeeinträchtigung von Kindern und Jugendlichen üblich sind. Dies führte im Ergebnis dazu, dass den Anbietern ein umfangreiches „Vokabular" an die Hand gegeben werden konnte, welches bei der Auswahl von Texten und Grafiken unter Beachtung der jugendmedienschutzrechtlichen Wertungen zu Hilfe genommen werden kann. Ein großer Teil der vorgelegten Begrifflichkeiten wurde als geeignet angesehen, die Entwicklung von Kindern und Jugendlichen unter 16 Jahren zu beeinträchtigen, und darf deshalb zwischen 6 und 22 Uhr nicht verwendet werden. Das verfügbare Vokabular soll zukünftig durch weitere, wiederum einem Gutachterausschuss vorzulegende Begrifflichkeiten ergänzt werden.

Die als unzulässig eingestuften Wörter, Wortgruppen und Abbildungen ließen sich jeweils einzeln folgenden Kategorien zuordnen:

- grob aufdringlich/anreißerisch:
  Begriffe, die deutlich und drastisch Eigenschaften und Vorlieben von Personen, Körperteile und (sexuelle) Praktiken bezeichnen oder darstellen, wenn Aufdringlichkeit und Drastik von Wortwahl oder Darstellung über das für Kinder und Jugendliche verarbeitbare Maß hinaus geht

- abwertend/diskriminierend:
  Darstellung bestimmter Personenkreise, Personeneigenschaften oder Sexualpraktiken als unerwünscht, schmutzig oder (abwertend) andersartig, soweit dadurch die sexuelle Identitätsbildung oder die Persönlichkeitsentwicklung im Hinblick auf ein soziales Miteinander nicht nur unerheblich beeinträchtigt werden kann

- sexual-/sozialethisch desorientierend:
  Begriffe, die Minderjährigen eine Übernahme problematischer sexueller Handlungsweisen oder Einstellungen nahelegen können; Darstellungen eines extrem rückwärtsgewandten Rollenverständnisses von Mann und Frau, bei dem insbesondere Frauen als unterwürfige Sexualobjekte ohne eigenen Willen

dargestellt werden; Aufrufe zur (verbalen, körperlichen oder psychischen) Erniedrigung des Sexualpartners

- Warencharakter, Austauschbarkeit:
  Darstellungen, die einer gefühlsbetonten und partnerbezogenen Sexualität widersprechen, z.B. weil sie auf zumeist aufdringliche Weise die permanente Verfügbarkeit von Frauen oder (seltener) Männern als allzeit willige Sexualobjekte implizieren

- Gewalt, Ängstigung:
  explizite oder implizite Gewaltdarstellungen insbesondere in Verbindung mit sexuellen Handlungen; Darstellungen von Orten, Tätigkeiten oder (Respekts-) Personen, die Minderjährigen Angst einflößen können

- Kinder-/Jugendaffinität:
  Begriffe oder Darstellungen, die Kinder und Jugendliche in besonderem Maß ansprechen bzw. sie betreffen, z.B. Jugendsprache sowie Gegenstände und Personen, die eine erhöhte Affinität zur Fantasie- und/oder Lebenswelt von Kindern und Jugendlichen aufweisen; wegen des hohen Identifikationspotenzials minderjähriger Zuschauer bzw. Nutzer mit den dargestellten Personen werden Altersangaben im Teenagerbereich (also auch: 18, 19) als grundsätzlich unzulässig angesehen; dies gilt auch für implizite Darstellungen, die eine direkte Verbindung zur Adoleszenz bzw. der Lebensphase von Jugendlichen herzustellen geeignet oder bestimmt sind (Lehrer-Schüler-Verhältnis, „Azubi“)

- Vulgärsprache:
  Sprache, die gesellschaftlich nicht akzeptiert ist und Begrifflichkeiten zur Bezeichnung von Personen, Tätigkeiten, Objekten und Körperteilen enthält, die in abstoßender Weise derb oder ordinär sind

- direkte Aufforderungen, Superlative:
  Aussagen, die Druck im Hinblick auf ein unmittelbares Tätigwerden aufbauen; Begrifflichkeiten, die eine einmalige Höchststufe eines bestimmten Erlebnisses oder einer bestimmten Tä-

tigkeit beschreiben und auf diese Weise den Handlungsdruck auf Kinder und Jugendliche erhöhen; in diesem Zusammenhang sind auch die besonderen Vorschriften des § 6 Abs. 2 Nr. 1 JMStV zu beachten, die direkte Appelle zum Erwerb von Waren oder Dienstleistungen an Minderjährige unter bestimmten Umständen untersagen

- vermeintlich Zensiertes/Verbotenes
  Begriffe, die besonderes Interesse dadurch hervorrufen können, dass das Beschriebene eigentlich verboten ist/sein kann, um damit besonderes Interesse zu fördern

12.4.3. Sternchen und Platzhalter

Eine Umgehung der über das Vorgesagte erreichten Bewertung von Wörtern und Wortgruppen kann nicht dadurch erfolgen, dass einzelne Buchstaben ausgelassen oder durch andere Zeichen (z.B. Sternchen, Punkte) ersetzt („maskiert") werden. Zwar mögen einzelne Wörter dadurch schwerer lesbar sein. Bleiben sie gleichwohl erkennbar oder zu entziffern, entfällt die Möglichkeit der Entwicklungsbeeinträchtigung nicht. Hierbei ist zu beachten, dass die Maskierung einzelner Zeichen oder Zeichenfolgen u.U. sogar verstärkende Wirkung haben kann, da sich der Fokus des Betrachters dann auf gerade dieses Wort richtet.

12.4.4. Notwendigkeit der Eins-zu-Eins-Kontrolle

Die Einordnung von Begrifflichkeiten und Grafiken als unzulässig ist in der Regel unabhängig von der konkreten Art der Verwendung innerhalb eines Teletextmotivs. Umgekehrt gilt dies jedoch nicht: Auch wenn die Gutachten der FSM und die darin enthaltene Bewertung zahlreicher Wörter und Abbildungen eine praktikable Hilfestellung bieten, so muss ein fertiges Gesamtmotiv vor seiner endgültigen Freischaltung durch den Jugendschutzbeauftragten des Anbieters, durch ein ihm zugeordneten Mitarbeiter oder jedenfalls durch einen anderen jugendschutzrechtlich entsprechend vorgebildeten Menschen erfolgen. Nur so kann die Etablierung eines Automatismus verhindert werden, der, zumal wegen der großen „räumlichen“ Nähe zum jugendschutzrechtlich besonders umhegten Rundfunkbereich, den Anforderungen des Jugendmedienschutzes in diesem sensiblen Bereich nicht gerecht würde. Dabei ist stets auf den Gesamtkontext abzustellen, hier also auf die jeweilige Teletext-Anzeige bzw. die einzelne Tafel.[102]

102 Hopf/Braml ZUM 2010 S. 211, 218 geben den Ansatz der „Kategorisierungsmethode“ nur unvollständig wider und kommen deshalb zu dem unrichtigen Schluss, das Vorgehen der FSM stelle „eine Missachtung der allgemein anerkannten Bewertungsgrundsätze dar“.

Literaturverzeichnis

Ausubel, David P. (1968): Das Jugendalter. Fakten – Probleme – Theorie. Deutsche Übersetzung der 7. Auflage der amerikanischen Originalausgabe „Theory and Problems of Adolescent Development" von 1965. München: Juventa.

Baacke, Dieter (1993): Die 13- bis 18jährigen. Einführung in Probleme des Jugendalters. 6. Auflage. Weinheim – Basel: Beltz.

Baacke, Dieter (1976): Einführung in die außerschulische Pädagogik. München: Juventa.

Barthelmes, Jürgen (2001): Funktionen von Medien im Prozess des Heranwachsens. Ergebnisse einer Längsschnittuntersuchung bei 13- bis 20-Jährigen. In: media perspektiven, 2/01, S. 84-89.

Baum, Detlef (2001): Veränderung von Altersgrenzen und Veränderung jugendgefährdender Tatbestände auf Grund veränderter Bedingungen des Aufwachsens und Handelns. In: BAJ (Bundesarbeitsgemeinschaft Kinder- und Jugendschutz) (Hrsg.), „Darf ich 'mal den Ausweis sehen?" Altersgrenzen im Kinder- und Jugendschutz. Bonn: BAJ, S. 7-11.

Berger, Peter L. & Luckmann, Thomas (1980): Die gesellschaftliche Konstruktion der Wirklichkeit. Eine Theorie der Wissenssoziologie. Frankfurt: Fischer.

Buseman, Katrin & Gscheidle, Christoph (2010): Web 2.0: Nutzung steigt - Interesse an aktiver Teilhabe sinkt. Ergebnisse der ARD/ZDF-Onlinestudie 2010. In: medie perspektiven, Heft 7-8/2010, S. 359-368.

Bonfadelli, Heinz (1981): Die Sozialisationsperspektive in der Massenkommunikationsforschung. Neue Ansätze, Methoden und Resultate zur Stellung der Massenmedien im Leben der Kinder und Jugendlichen. Beiträge zur Medientheorie und Kommunikationsforschung, Band 20. Berlin: Spieß.

Charlton, Michael & Neumann-Braun, Klaus (1992): Medienkindheit – Medienjugend. Eine Einführung in die aktuelle kommunikationswissenschaftliche Forschung. München: Quintessenz.

Deetz, Werner (1997): Verfassungsrechtliche Dimensionen. Fernsehen in der Gesellschaft. In: Ruth Blaes & Gregor Alexander Heussen (Hrsg.), ABC des Fernsehens. Reihe praktischer Journalismus, Band 28. Konstanz: UVK Medien, S. 26-42.

Dieners/Reese, Handbuch des Pharmarechts, 2010

Dreher, Eva & Dreher, Michael (1985): Wahrnehmung und Bewältigung von Entwicklungsaufgaben im Jugendalter: Fragen, Ergebnisse und Hypothesen zum Konzept einer Entwicklungs- und Pädagogischen Psychologie des Jugendalters. In: Rolf Oerter (Hrsg.), Lebensbewältigung im Jugendalter. Weinheim: Edition Psychologie, S. 30-61.

DFG (Hrsg.) (1987): Medienwirkungsforschung in der Bundesrepublik Deutschland: Enquète der Senatskommission für Medienwirkungsforschung, Weinheim.

Döring, N (1998): Sozialpsychologie des Internet – Die Bedeutung des Internet für Kommunikationsprozesse, Identitäten, soziale Beziehungen und Gruppen, Göttingen, Bern, Toront, Seattle.

Drinck, B./Ehrenspeck, Y./Hackenberg, A./Hedenigg, S./Lenzen, D. (2001): Von der Medienwirkungsbehauptung zur erziehungswissenschaftlichen Medienrezeptionsforschung. In: Medien Pädagogik – Online-Zeitschrift für Theorie und Praxis der Medienbildung, Zürich (http://www.medienpaed.com).

Dröge, F. / Göbbel, N. / Loviscach, L. (1979): Medien als lebenspraktische Vermittlung zwischen Individuum und Gesellschaft. In: F. Dröge / N. Göbbel / L. Loviscach u.a., Der alltägliche Medienkonsum. Grundlagen einer erfahrungsbezogenen Medienerziehung. Frankfurt am Main.

Eimeren, Birgit van / Gerhard, Heinz / Frees, Beate (2004): Internetverbreitung in Deutschland: Potenzial vorerst ausgeschöpft.

ARD/ZDF-Online-Studie 2004. In: media perpektiven 8/2004, S. 350-370.

Eimeren, Birgit van / Gerhard, Heinz / Frees, Beate (2003): Internetverbreitung in Deutschland: Unerwartet hoher Zuwachs. ARD/ZDF-Online-Studie 2004. In: media perpektiven 8/2003, S. 338-357.

Eimeren, Birgit van & Maier-Lesch, Brigitte (1997): Mediennutzung und Freizeitgestaltung von Jugendlichen. Ergebnisse einer Repräsentativbefragung von rund 1000 Jugendlichen zwischen zwölf und 19 Jahren. In: media perspektiven, 11/97, S. 590-603.

Eimeren, Birgit van & Frees, Beate (2010): Fast 50 Millionen Deutsche Online - Multimedia für alle? Ergebnisse der ARD/ZDF-Onlinestudie 2010. In: media perspektiven, Heft 7-8/2010, S. 334-349.

Eller, Friedhelm (2001): Alterseinstufungen im Jugendmedienschutz auf dem Hintergrund (entwicklungs-)psychologischer Erkenntnisse. In: BAJ (Bundesarbeitsgemeinschaft Kinder- und Jugendschutz) (Hrsg.), „Darf ich 'mal den Ausweis sehen?" Altersgrenzen im Kinder- und Jugendschutz. Bonn: BAJ, S. 30-58.

Enzensberger, H. M. (1970): Baukasten zu einer Theorie der Medien. In: Pias, C., Vogel, J., Engell, L., Fahle, O., Neitzel, B. (Hrsg.): Kursbuch Medienkultur – Die maßgeblichen Theorien von Brecht bis Baudrillard, Stuttgart.

Erdemir, Murad: Filmzensur und Filmverbot. Eine Untersuchung zu den verfassungsrechtlichen Anforderungen an die strafrechtliche Filmkontrolle im Erwachsenenbereich, Marburg 2000

European Commission (2008): Towards a safer use of the Internet for children in the EU – a parents' perspective. http://ec.europa.eu/information_society/activities/sip/docs/eurobarometer/analyticalreport_2008.pdf

Feierabend, Sabine & Klingler, Walter (2003): Medienverhalten Jugendlicher in Deutschland. Fünf Jahr JIM-Studie Jugend, Information, (Multi-)Media. In: media perspektiven, 10/2003, S. 450-462.

Fend, Helmut (1997): Der Umgang mit Schule in der Adoleszenz. Aufbau und Verlust von Lernmotivation, Selbstachtung und Empathie. Entwicklungspsychologie der Adoleszenz in der Moderne, Band IV. Bern – Göttingen – Toronto – Seattle: Huber.

Ferchhoff, Wilfried (1999): Jugend an der Wende vom 20. zum 21. Jahrhundert. Lebensformen und Lebensstile. 2. Auflage. Opladen: Leske & Budrich.

Flotho, Barbara & Hajok, Daniel (2010): Pornografie und sexuelle Übergriffe im Internet: Möglichkeiten zum Einbezug der Themen in die sexual- und medienpädagogische Arbeit mit Jugendlichen. In: merz – medien + erziehung, Heft 3/2010, S. 36-41.

Jens Frieling (2010) Zielgruppe Digital Natives: Wie das Internet die Lebensweise von Jugendlichen verändert: Neue Herausforderungen an die Medienbranche, Hamburg

FSM (2008): Grundsätze der Freiwilligen Selbstkontrolle der Filmwirtschaft GmbH. 19. Fassung vom 1. Juli 2008. http://www.spio.de/media_content/422.pdf

Groebel, Jo & Gehrke, Gernot (Hrsg.) (2003): Internet 2002: Deutschland und die digitale Welt. Internetnutzung und Medieneinschätzung in Deutschland und Nordrhein-Westfalen im internationalen Vergleich. Opladen: Leske & Budrich.

Hackenberg, A. (2004) : Filmverstehen als kognitiv-emotionaler Prozess – Zum Instruktionscharakter filmischer Darstellungen und dessen Bedeutung für die Medienrezeptionsforschung, Berlin.

Hackenberg, Achim / Hajok, Daniel / Selg, Olaf (2010): Sozialethische Desorientierung als Risikodimension des Jugendmedienschutzes. Eine Bestandsaufnahme. In: tv diskurs – Verantwortung in audiovisuellen Medien, Heft 52, S. 66-71

Hackenberg, Achim / Hajok, Daniel / Humberg, Anja / Pathe, Imme (2009): Konzept zur Einbeziehung des Kriteriums der "Gefährdungsneigung" in die Prüfpraxis der FSM. In: JMS-Report, Heft 6/2009, S. 2-7.

Hackenberg, Achim / Hajok, Daniel / Humberg, Anja / Pathe, Imme (2010): Auf wen ist bei der Prüfung von entwicklungsbeeinträchtigenden Internetangeboten eigentlich abzustellen? Konzept zum Einbezug des Kriteriums „Gefährdungsneigung" in die Prüfpraxis der FSM. In: tv diskurs – Verantwortung in audiovisuellen Medien, Heft 52, S. 58-62.

Hajok, Daniel (2009): Pornografie im Internet. Angebot und Nutzung durch Jugendliche, unterstellte Wirkungen und Konsequenzen für Jugendmedienschutz und pädagogische Praxis. In: JMS-Report, Heft 5/2009, S. 2 6.

Hajok, Daniel (2009): Pornografie und Darstellungen von Sexualität im Internet: Ein kurzer Blick auf eine zentrale Problemdimension. In: tv diskurs – Verantwortung in audiovisuellen Medien, Heft 47, S. 76-79.

Hajok, Daniel / Selg, Olaf / Hackenberg, Achim (2010): "Sozialethische Desorientierung" als Risikodimension des Jugendmedienschutzes. In: JMS-Report, Heft 2/2010, S. 2-6.

Hajok, Daniel (2010): Pornografie und Jugendmedienschutz: Neue Herausforderungen durch das Internet. In: KJug – Kinder- und Jugendschutz in Wissenschaft und Praxis, Heft 1-2010, S. 21-24.

Hahn/Vesting, Rundfunkrecht, 2. Auflage 2008

Harms, Ilse/Voermanek, Achim: Interaktiv heißt die Zukunft. In: Medienpsychologie 3/1994; 241 - 251.

Havighurst, Robert J. (1972): Developmental tasks and education. New York.

Heise Online-Recht, 1. Ergänzungslieferung 2009

Hoeren/Sieber, Multimedia-Recht, 22. Auflage 2009, Beck Verlag München

Hörisch, Jochen (Hrsg.): Mediengenerationen. Frankfurt a. M., 1997.

Hurrelmann, Klaus (2002): Einführung in die Sozialisationstheorie. 8. vollständig überarbeitete Auflage. Weinheim – Basel: Beltz.

Hurrelmann, Klaus (1997): Lebensphase Jugend. Eine Einführung in die sozialwissenschaftliche Jugendforschung. Reihe Grundlagentexte Soziologie. 5. Auflage. Weinheim – München: Juventa.

Hurrelmann, Klaus (1995): Einführung in die Sozialisationstheorie. Über den Zusammenhang von Sozialstruktur und Persönlichkeit. 5. Auflage. Weinheim – Basel: Beltz.

Jäckel, Michael (2008):Medienwirkungen: Ein Studienbuch zur Einführung. Wiesbaden

Jarass, BimSchG, 6.Auflage 2005

Katzer, Catarina (2007): Tatort Chatroom. Aggression, Psychoterror und sexuelle Belästigung im Internet. In: Innocence in Danger Sektion Deutschland e.V. & Bundesverein zur Prävention von sexuellem Missbrauch an Mädchen und Jungen e.V. (Hrsg.), Mit einem Klick zum nächsten Kick. Aggression und sexuelle Gewalt im Cyberspace. Köln: mebes & noack.

Katzer, Catarina & Fetchenhauer, Detlef (2007): Cyberbullying: Aggression und sexuelle Viktimisierung in Chatrooms. In: Gollwitzer, Mario / Pfetsch, Jan / Schneider, Vera / Schulz, André / Steffke, Tabea / Ulrich, Christian (Hrsg.), Gewaltprävention bei Kindern und Jugendlichen. Band I: Grundlagen zu Aggression und Gewalt in Kindheit und Jugend. Göttingen: Hogrefe, S. 123-138.

Katzer, Catarina (2009): Sexuelle Viktimisierung von Mädchen in Internet-Chatrooms. In: Betrifft Mädchen, Heft 3/2009, S. 117-121.

Simone Kimpeler, Michael Mangold, Wolfgang Schweiger (Hrsg.) (2007): Die digitale Herausforderung: Zehn Jahre Forschung zur computervermittelten Kommunikation, (Wiesbaden)

Hans-J. Koch / Eckhard Pache / Dieter Scheuing (Hrsg.), Gemeinschaftskommentar zum Bundes-Immissionsschutzgesetz (GK-BImSchG), 2010

Knoll, Joachim H. (1999): Kindheit, Jugend, Erwachsensein. Anmerkungen wider einen statischen „Jugend"-Begriff. Schriftenreihe der IMS Informationsgemeinschaft Münz-Spiel. Bonn: IMS.

Knoll, Joachim (1999): Jugend, Jugendgefährdung, Jugendmedienschutz, Münster

Krappmann, Lothar (1969): Soziologische Dimensionen der Identität. Strukturelle Bedingungen für die Teilnahme an Interaktionsprozessen. Stuttgart: Klett.

Kraßer, Patentrecht, 6. Auflage 2009

Kromer, Ingrid (Hrsg.) (1995): Abschied von der Kindheit? Die Lebenswelten der 11- bis 14jährigen Kids. Eine Untersuchung des Österreichischen Instituts für Jugendforschung. Projektbericht. Wien: ÖIJ.

Landmann/Rohmer, Umweltrecht, 56. Ergänzungslieferung 2009

MPFS (Medienpädagogischer Forschungsverbund Südwest) (Hrsg.) (2009a): JIM 2009. Jugend, Information, (Multi)Media. Basisstudie zum Medienumgang 12- bis 19-Jähriger in Deutschland. Stuttgart: MPFSM

MPFS (Medienpädagogischer Forschungsverbund Südwest) (Hrsg.) (2009b): KIM Studie 2008. Kinder und Medien. Computer und Internet. Basisuntersuchung zum Medienumgang 6- bis 13-Jähriger in Deutschland. Stuttgart: MPFSM

Meyn, Herrmann (1999): Massenmedien in Deutschland. Konstanz: UVK Medien.

Mietzel, Gerd (2002): Wege in die Entwicklungspsychologie – Kindheit und Jugend, Weinheim

Mikos, Lothar (2004): Medien als Sozialisationsinstanz und die Rolle der Medienkompetenz. In: Hoffmann, Dagmar / Merkens, Hans (Hrsg.), Jugendsoziologische Sozialisationstheorie. Impulse für die Jugendforschung. Weinheim, München: Juventa, S. 157-172.

Münchmeier, Richard (1997): Die Lebenslage junger Menschen. In: Jugendwerk der Deutschen Shell (Hrsg.), Jugend '97. Zukunftsperspektiven, gesellschaftliches Engagement, politische Orientierungen. Opladen: Leske & Budrich, S. 277-301.

MPFS (Medienpädagogischer Forschungsverbund Südwest) (Hrsg.) (2004): JIM 2004. Jugend, Information, (Multi)Media. Basisstudie zum Medienumgang 12- bis 19-Jähriger in Deutschland. Stuttgart: MPFSM

Nikles/Roll/Spürck/Umbach Jugendschutzrecht, 2. Auflage 2005

Oerter, Rolf & Dreher, Eva (1995): Jugendalter. In: Rolf Oerter & Leo Montana (Hrsg.), Entwicklungspsychologie. 3. Auflage. Weinheim: Beltz, S. 310-395.

Pross, H. (1976): Der Kommunikationsprozess. In: Beth, H./Pross, H.: Einführung in die Kommunikationsforschung. Stuttgart, S. 70-123.

Pross, Harry: Medienforschung. Darmstadt 1974.

Sander, Uwe & Vollbrecht, Ralf (1994): Wirkungen der Medien im Spiegel der Forschung. Ein Überblick über Theorien, Konzepte und Entwicklungen der Medienforschung. In: Susanne Hiegemann & Wolfgang H. Swoboda (Hrsg.), Handbuch der Medienpädagogik. Theorieansätze - Traditionen - Praxisfelder - Forschungsperspektiven. Opladen: Leske & Budrich, S. 361-385.

Schäfers, Bernhard (1998): Soziologie des Jugendalters. 6. Auflage. Opladen: Leske & Budrich.

Schell, Fred (1993): Aktive Medienarbeit mit Jugendlichen. Theorie und Praxis. Reihe Medienpädagogik, Band 5. 2. Auflage. München: KoPäd Verlag.

Shell Deutschland (Hrsg.) (2010): Jugend 2010. 16. Shell Jugendstudie. Frankfurt a.M.: Fischer.

Schmidbaucr, Michael & Löhr, Paul (1997): Jugendmedien und Jugendszenen. Ergebnisse einer aktuellen Untersuchung. In: TelevIZIon 1/97, S. 13-26.

Schönke/Schröder, Strafgesetzbuch, 28. Auflage 2010, Beck Verlag München

Scholz/Liesching, Jugendschutz, 4. Auflage 2004, Beck Verlag, München

Schorb, Bernd (1995): Medienalltag und Handeln. Medienpädagogik im Spiegel von Geschichte, Forschung und Praxis. Opladen: Leske & Budrich.

Schorb, Bernd / Mohn, Erich / Theunert, Helga (1991): Sozialisation durch (Massen-)Medien. In: Klaus Hurrelmann & Dieter Ulich (Hrsg.), Neues Handbuch der Sozialisationsforschung. 4. Auflage. Weinheim: Beltz, S. 493-508.

Schorb, Bernd & Theunert, Helga (2001): Jugendmedienschutz – Praxis und Akzeptanz. Eine Untersuchung von Bevölkerung und Abonnenten des digitalen Fernsehens zum Jugendmedienschutz, zur Fernseherziehung und zum Jugendschutzinstrument Vorsperre. Schriftenreihe der Landesmedienanstalten, Band 20. Berlin: Vistas.

Schuegraf, Martina (2008): Medienkonvergenz und Subjektbildung: Mediale Interaktionen am Beispiel von Musikfernsehen und Internet, Wiesbaden

Spindler/Schuster, Recht der elektronischen Medien, 2008, Beck Verlag München

Staude-Müller, Frithjof / Bliesener, Thomas / Nowak, Nicole (2009): Cyberbullying und Opfererfahrungen von Kindern und Jugendlichen im Web 2.0. In: Kjug – Kinder- und Jugendschutz in Wissenschaft und Praxis, Heft 2/2009, S. 42-47.

StBA – Statistisches Bundesamt (2002): Statistisches Jahrbuch 2002. Für die Bundesrepublik Deutschland. Wiesbaden: Statistisches Bundesamt.

Süss, Daniel (2003): Theoretische Grundlagen. In: Daniel Süss / Armin Schlienger / Doris Kunz Heim / Markus Basler / Stefan Böhi / Daniel Frischknecht (Hrsg.), Jugendliche und Medien. Merkmale des Medienalltags unter besonderer Berücksichtigung der Mobilkommunikation. Forschungsbericht. http://www.hapzh.ch/download/F_Jugendliche_und_Medien.pdf, S. 7-76.

Süss, Daniel (2004): Mediensozialisation von Heranwachsenden. Dimensionen - Konstanten - Wandel. Wiesbaden: VS Verlag.

Theunert, Helga (2003): Wirkungsdimension Angst – relevant für über 12-Jährige? In: tv diskurs - Verantwortung in audiovisuellen Medien, Heft 25, S. 60-65.

Theunert, Helga & Schorb, Bernd (2004): Sozialisation mit Medien: Interaktion von Gesellschaft - Medien - Subjekt. In: Hoffmann, Dagmar / Merkens, Hans (Hrsg.), Jugendsoziologische Sozialisationstheorie. Impulse für die Jugendforschung. Weinheim, München: Juventa, S. 203-219.

Thole, Werner (2002): Jugend, Freizeit, Medien und Kultur. In: Heinz-Hermann Krüger & Cathleen Grunert (Hrsg.), Handbuch Kindheits- und Jugendforschung. Opladen: Leske & Budrich, S. 653-684.

Tillmann, Klaus-Jürgen (2001): Sozialisationstheorien. Eine Einführung in den Zusammenhang von Gesellschaft, Institution und Subjektwerdung. Reinbek bei Hamburg: Rowohlt.

TS. Emnid (2003): Kids, Computer und Internet: Fast alle sind online, fast alle sind arglos. http://www.alle.de/content/stories/index.cfm/key.1093/secid.11/secid2.70

Vollbrecht, Ralf (2002): Jugendmedien. Reihe Grundlagen der Medienkommunikation, Band 12. Tübingen: Niemeyer.

VZnet & iq digital (2010): Generation Netzwerk - Die Jugendstudie von VZnet und iq digital. http://static.pe.studivz.net/media/de/dmexco/Generation-Netzwerk2010.pdf

Weigand, Verena & Braml, Birgit (2010): Jugendmedienschutz bei Onlinespielen - eine rechtliche und inhaltliche Bestandsaufnahme. In: Kommission für Jugendmedienschutz der Landesmedienanstalten (KJM) (Hrsg.): Umstritten und umworben: Computerspiele - eine Herausforderung für die Gesellschaft. Berlin: Vistas, S. 11-31.

Wölfling, Klaus & Müller, Kai W. (2010): Computerspiel- und Internetsucht - klinische Betrachtungen und psychologische Effekte. In: Kommission für Jugendmedienschutz der Landesmedienanstalten (KJM) (Hrsg.): Umstritten und umworben: Computerspiele - eine Herausforderung für die Gesellschaft. Berlin: Vistas, S. 158-173.

Zartler, Ulrike (1997): Pubertät und ihre Bedeutung für Eltern und Kinder – Ein Literaturüberblick. Österreichisches Institut für Familienforschung. Working paper 3-1997. Wien: ÖIF.

Zimmermann, Peter (2003): Grundwissen Sozialisation. Einführung zur Sozialisation im Kindes- und Jugendalter. 2. überarbeitete und ergänzte Auflage. Opladen: Leske & Budrich.

Über die FSM

Die Freiwillige Selbstkontrolle Multimedia-Diensteanbieter e.V. (FSM) ist ein Verein, der sich dem Jugendschutz und der Bekämpfung illegaler und jugendgefährdender Inhalte in Online-Medien widmet. Der Verein wurde 1997 von Medien- und Telekommunikationsverbänden sowie Unternehmen, die Online-Angebote betreiben, gegründet. Im Jahr 2005 ist die FSM als Einrichtung der Freiwilligen Selbstkontrolle für Telemedien nach dem Jugendmedienschutzstaatsvertrag von der Medienanstalt Berlin-Brandenburg anerkannt worden. Die FSM ist die einzige Selbstkontrolle für den Bereich Telemedien. Die Anerkennung hat eine teilweise Privatisierung der Aufsicht über den Jugendmedienschutz im Internet zur Folge, da ehemals öffentliche Aufsichtsaufgaben auf die FSM übertragen worden sind. Den Schwerpunkt dieser Arbeit bildet die Bewertung von Internet-Angeboten der FSM-Mitglieder auf ihre Konformität mit dem Jugendmedienschutzrecht.

Kontakt:

Freiwillige Selbstkontrolle Multimedia-Diensteanbieter (FSM) e. V.
Geschäftsführerin: Sabine Frank
Spreeufer 5
10178 Berlin
Tel.: 030/ 240484-30
Fax: 030/ 240484-59
E-Mail: office@fsm.de
www.fsm.de
Beschwerdestelle: hotline@fsm.de

Zu den Autoren der 2. Auflage

Martin Drechsler ist Referent für Jugendmedienschutzrecht in der FSM-Geschäftsstelle. Nach dem Studium der Rechtswissenschaften in Berlin und Hagen arbeitete er als Rechtsanwalt, bevor er 2008 zur FSM kam und zunächst als Beauftragter der Beschwerdestelle tätig war.

Stephan Dreyer ist wissenschaftlicher Referent am Hans-Bredow-Institut für Medienforschung. Das Forschungsinteresse des Juristen gilt dem Recht der neuen Medien, insbesondere dem neuer Online- und Verbreitungsplattformen. Ein Tätigkeitsschwerpunkt am Institut ist dabei der Jugendmedienschutz. Weitere Forschungs- und Interessenschwerpunkte sind rechtliche und regulatorische Fragestellungen im Zusammenhang mit Computer- und Videospielen sowie Datenschutzaspekte.

Thorsten Feldmann ist Sprecher des Beschwerdeausschusses der FSM und Partner der Berliner Sozietät JBB Rechtsanwälte (www.jbb.de). Er ist auf die Bereiche Medien und Technologie spezialisiert. Herr Feldmann vertritt insbesondere deutsche und internationale Unternehmen im Äußerungs- und Medienrecht, im IT-Recht sowie im gewerblichen Rechtsschutz.

Dr. Daniel Hajok, M.A. ist Kommunikations- und Medienwissenschaftler. Nach mehrjähriger wissenschaftlicher Tätigkeit an der Universität Leipzig und der Freien Universität Berlin arbeitet er heute als freier Fachautor, Dozent und Empiriker. Er engagiert sich in der Arbeitsgemeinschaft Kindheit, Jugend und neue Medien und ist seit 2004 Mitglied des Beschwerdeausschusses und Gutachter für die FSM. Seine Arbeitsschwerpunkte sind Multiplikatorenweiterbildung, Jugendmedienschutz und Jugendmedienforschung.

Dr. Achim Hackenberg ist Wissenschaftlicher Assistent am Fachbereich Erziehungswissenschaft und Psychologie der Freien Universität Berlin. Seine Forschungsschwerpunkte sind „Medienrezeption bei Kinder und Jugendlichen“ und „Rezeptionsorientierte Medienanalyse“. Herr Hackenberg ist zudem auch Prüfer bei der FSF (Freiwilligen Selbstkontrolle Fernsehen e.V.).

Anja Humberg lebt in München. Nachdem sie sich bei der Hessischen Landesanstalt für privaten Rundfunk (LPR Hessen) und später bei Premiere um das Thema „Jugendschutz" gekümmert hat, ist sie nun Mitglied im Beschwerdeausschuss der FSM und Vorsitzende der Prüfausschüsse der Freiwilligen Selbstkontrolle Fernsehen (FSF).

Imme Pathe, LL.M. (Brüssel) ist seit 2003 Justitiarin der FSM-Geschäftsstelle und betreute mehrere Jahre die FSM Beschwerdestelle. Sie ist seit 2005 stellvertretende Beisitzerin der Bundesprüfstelle für jugendgefährdende Medien.

Otto Vollmers, LL.M. (Wellington, NZ) ist juristischer Referent der FSM und beschäftigt sich mit unterschiedlichen Aspekten des Jugendmedienschutzes, darunter die Bereiche Suchmaschinen, Mobilfunk und telemediale Spiele.

Sandra Walter ist Rechtsanwältin und Justitiarin der FSM Geschäftsstelle. Dort verantwortet sie u.a. den Bereich Web2.0 und hat im Rahmen dessen den Verhaltenskodex für Social Communities miterarbeitet. Seit 2005 ist Sandra Walter Beisitzerin der Bundesprüfstelle für jugendgefährdende Medien.